刘洪一 主编

边界的意义

饶宗颐文化论坛文集（2021—2022）

商务印书馆
创于1897　The Commercial Press

序　言

2020—2022 年三年新冠疫情，给世界、给中国带来的影响究竟有多大，目前尚难定论。"饶宗颐文化论坛"于 2018 年、2019 年成功举办两届，2020 年出于疫情原因被迫停办。2021 年、2022 年疫情持续，论坛以线下线上结合的方式进行，本书即是第三届（2021）、第四届（2022）两届论坛相关成果的汇编。

"饶宗颐文化论坛"是深圳大学饶宗颐文化研究院重点建设的学术平台之一。论坛以创造性转化创新性发展为宗旨，弘扬国学大师饶宗颐先生的治学精神，力求摒弃学术的套路化、游戏化和无病呻吟，力求直面真问题、突破旧窠臼，以跨文化跨学科的思想方法，从不同的文本现象、文化个案和现实问题出发，既注重寻找事物的底层原因、根基原理，也注重贯通历史、现实与未来的过程逻辑，关注事物的因果、叠变、必然性、或然性与不定性。突发的疫情打乱了论坛的节奏，也强化了论坛的学术责任、思想向度，这在近两届论坛的论题设置上多有体现。

2021 年第三届论坛强调世界百年未有之大变局的历史节点，聚焦变局，立足当下，以"变局下湾区人文的融合与引领"为主题，围绕"湾区人文的传承与融合""湾区人文精神的特质内涵""湾区人文精神的价值与引领"等分议题，从哲学、文化学、政治学、社会学、史学、文学、科幻、人文地理与区域研究等不同角度，发掘湾区人文在变局下的传承、融合、内涵、特质，尤其是人文精神在不同价值、不同体制、不同观念的交流、碰撞和历史变局中，所具有的特殊意义与作用。2022 年第四届论坛以"边界的意义：跨学科跨文化的理论与实践"为主题，对"跨学科与学术创新""跨文化与人类文明新形态""湾区人文的特质与使命"等前沿问题，从哲学、文化学、文明史、政治学、科学、经济学、文学、地理学、物理学、方法论等不同角度展开深入研讨，尤其对跨学科跨文化的原则、方法、路径进行了原理上、实践上的深入讨论。

两届论坛正值新冠疫情肆虐，人们的生活工作受到极大冲击和改变，尤其是疫情引发的社会非常态、认知分歧与价值分离，以及诸多人类共同的命题——人与自然、人与他人、个人与集体、生与死、生命的意义、规制与选择、生存与尊严、精神与信仰等，都凸显在世人面前——不仅思想者在追问，一般民众也在思忖。疫情面前，变局之下，科学的作用与限度得到检验，人文的意义和价值得以显现——突破象牙塔的自娱自乐，更多地关注生命、生存、精神和灵魂，关注世界的现实、对反、秩序、吊诡和人类的未来，都是人文科学、人文学者义不容辞的责任。从世界的大历史、大文明演变来看，尤其在世界重大变局的历史节点上，整体性世界观和综合性知识论是应对不确定性的不二选择。当然，这并不容易做到，也要一点点地去做，因为要突破既有的学术规制往往出力不讨好，这在功利驱动的时代尤显艰难，"饶宗颐文化论坛"联合国内外同道同仁，在朝这方面努力着。第三届、第四届"饶宗颐文化论坛"在论题的思想指向、知识论方法等方面互为贯通、相辅相成，两届论坛相关成果结集《边界的意义》，大致分为五个板块，分别从边界的意义与哲学探讨、经典重塑与新文明探索、跨学科跨理论与方法创新、湾区人文与文化引领、论坛综述几个方面，展现了来自中国、美国、法国、日本等地百余位学者的思考和探索。

"边界的意义与哲学探讨"：力图从存在根基与认知原点出发，透过"边界"的区域空间范畴，发现"边界"的界域、界限、限制等的形上内涵，发现"边界"对存在的性数、质量、动变及其差异关联的根本义界，以及对自然世界、人文事实、知识体系的分区分层、秩序建构的底层逻辑意义。成中英从"宇宙自然与世界的区域分野""区域分野与边界问题""中西界限的同异""从西方二元到中国一元"等层面详述了区域分野和差别界限对界定宇宙秩序、规律以及对确立存在、知识、价值等范畴的根本意义，深入地阐述了"界限"的哲学意涵，以及中国哲学的"本体一元主义"和中国哲学的包含性、跨越性对于解决"界限的不可跨越与可跨越"问题的可能与方向。刘洪一提出，边界的始基性体现在它对事物的有无、属性、多少进行了初始性界定，开启了界分、界限、义界万物的差异本质、界域大小的存在论和认识论的关键一步，一切人文构制——知识体系、学科划分、文明演进与交流，无不建立在以差异界分为基础的属性、层级、阈值等的秩序关联上，所谓跨学科、跨文化问题本质上都是演绎着"边界辩证法"。赵全伟基于"界本论"，从界本思想的始基性、差异性、联系性、恒常性四个向度探究了界分思想对现代社会发展的意义。陈泳桦基于"边界辩证法"，从"界"的分化、"界"的媒介，以及"界"与"介"的融合三个层面思考了学科边界问题，探讨了"界"与"介"作为一种跨学科研究视角的可能。陈雅文以罗尔斯的公共理性为蓝本，着眼"合理"与"真"的边界区分问题，探讨了罗尔斯的合理性能够脱离于形而上学的真理，却离不开日常真理与世俗真理的奥妙。探讨"边界"的哲学内涵与原则意义，是对近年来有关"跨学科""新文科""跨文化""跨界"问题的一次理论突破尝试，它力图从存在论与知识论的根基原理出发辨析问题的底层逻辑，而不是就学科形制、文化形态泛论跨学科、新文科、跨文化、文明互鉴的问题。

"经典重塑与新文明探索"：着重探讨中外经典的当代重塑和新释，以及时代变局下文明新形态的演变。胡杨木国学团队以饶宗颐先生倡导重塑中国新经学为主旨，从中国经学史、中国经学思想史乃至中国哲学史的高度，系统梳理中国经学历史的演变过程，提出了将中国经学定位于哲学或具有哲学思维的思想性著作。林艳对古希伯来十诫、约书、圣洁法典、摩西律法等律法的表达观念、范畴、内涵和特点等进行了细致的考察，并阐释了这些律法思想的历史发展和当代意义。苏雅基于广泛的叙事学和文化人类学视角，以界本存在论中界分差异与关联动变的互在性、普遍性和恒定性的哲学逻辑，观察《淮南子》独特的文学表述形式，阐释了《览冥训》中对反双构式叙事结构的内涵和特征。王正基于马克思主义基本原理同中华优秀传统文化相结合下的"人"观念，阐释了中国特色社会主义创造的人类文明新形态及其具有的哲学意蕴和实践力量。任珺以文化政策理论为视角，探讨了中国当前文化建设过程中应当关注的身份建构和实践路线、资源整合，指出文化建设在实践层面需要结合文化的包容性、参与性和开放性，以及平等、协商地跨文化交流，创新并完善现代文化治理体系。

"跨学科跨理论与方法创新"：旨在从理论与实践两方面探讨跨学科、跨理论的方法创新问题。于殿利从学术本体的角度讨论了跨学科研究的方法论，指出学科知识的交叉必然要求运用跨学科研究方法，跨学科研究方法一定是实现学术创新、获得新知的重要途径。张晓芳以经济物理学在中国的理论创新为例，讨论了在"边界"的探索中实现学科交叉与融合的可能与路径，认为将"边界"转化为"交界"从而寻找跨学科研究的落脚点，是跨学科研究的重要新方向。李晓红回顾了法国著名汉学家汪德迈先生的学术成就，梳理其"知识科学血统"，讨论了汪德迈先生在西方文化与汉文化对照研究中的新方法、新视角及其启示意义。朱璇从学术史的角度，梳理了"中印学"近百年的构建与发展史，对"中印学"的根基、拓展、走向进行了细致的探究，以此证明中印思想不仅有会通的可能，而且有借助会通实现价值重建的功用。王伟均以国际友好城市为视角，以中印友好城市（省邦）跨文化交流中的太极—瑜伽跨文化交流与实践为例，分析了新世纪以来中印太极—瑜伽跨文化交流的基础、平台与内容、影响与意义，阐释了跨文化交流对中印两国的文化、经贸和外交的有效助力，以及对促进人类命运共同体建设的重要价值。海村惟一与海村佳惟以日本首部汉诗集《怀风藻》的"智水仁山"为例，从"仁智"对"山水"类型、"仁智"对"山川"类型、有"仁智"无"山水"类型、"静仁"与"流水"类型四个层面分析了日中古典文学交融的边界意义。陈雅新以图像为中心，考察了西方史料中的19世纪岭南竹棚剧场，指出清代中国外销画和中国题材西洋画是中西文化交流的产物，对其进行研究既可弥补现有资料的某些欠缺，也可拓展戏曲文物学的研究范围。薛展鸿从新文科的内涵、新文科的理念、新型人文通识课程的建设路径三个层面，对新文科背景下应用型本科院校人文通识教育，进行了理论与实践结合的辩证思考。

"湾区人文与文化引领"：着重探讨湾区人文的精神特质、文明典范的内涵意义和文化的引领作用。吴俊忠以深圳"特区精神"为例，通过对特区精神的概念与历史沿革、特区精神的丰富内涵与文化功能、特区精神在深圳"三区叠加"进程中的文化引领与精神驱动三个层面的剖析，指出将特区精神置于大湾区人文图景中加以论述，既是对改革开放精神的大力弘扬，也是对湾区人文精神的形象解读。赵全伟基于"场景理论"，分析了城市文化建构的价值向度，探讨了文化吸引、文化认同和文化自信对城市文明建构的核心作用，提出增加城市文化"舒适物供给"等发展策略来丰富深圳城市文明典范建设的实践内涵。江玉琴以科幻文化为对象，探讨了科幻文化在湾区人文建设中具有的引领作用：认识技术发展中的都市空间新界面，帮助建构一种共生的新世界观；理解科技产生的都市新型流动态，帮助建构一种进化的新社会观；以"后人文主义"精神引导都市文化新建设。李大成以当代工笔画为对象，分析了中国工笔画在当代取得的探索成果及其蕴涵的文化融合思想，强调将中国工笔画融入湾区人文建设对实现中国工笔画创新和湾区人文建设都具有重要意义。欧宇龙以深圳文学为例，从公共空间、私人空间、心理空间三个角度分析了日新月异的特区形象、人的生活状态、人的精神困境和突围，展现了湾区文学空间叙事及其城市书写的文化价值与意义。

"'饶宗颐文化论坛'综述"：对两届论坛的总体情况进行了评述，并对与会学者的发言观点进行了概要性介绍。第三届、第四届"饶宗颐文化论坛"由深圳大学与中国社会科学院世界文明比较研究中心联合举办，增加了参与者的广泛性、代表性，会议期间海内外不同领域的学者展示各自的最新研究成果，可谓新见迭出，精彩纷呈。因多种原因，部分与会学者的学术观点未能以论文形式编入本文集，论坛综述的介绍多少弥补了这一缺憾。

今年适逢深圳大学建校 40 周年。深圳大学创建于 20 世纪 80 年代，本人 90 年代起投身深大，有幸服务于深大多个不同的学术和管理岗位，参与并见证了深圳大学的重要发展阶段。尽管 40 年的发展道路并不平坦，但深圳大学向前、向上的方向不会改变。饶宗颐文化研究院全体同仁谨以此书献给深圳大学 40 周年校庆，表达对深圳大学的美好祝福，并向商务印书馆等关心、支持研究院发展的各界人士致以感谢。

刘洪一

2023 年 6 月

目　录

边界的意义与哲学探讨

经典重塑与新文明探索

跨学科跨理论与方法创新

湾区人文与文化引领

"饶宗颐文化论坛"综述

边界的意义与哲学探讨

区域分野与跨界整合

美国夏威夷大学　成中英

宇宙自然与世界的区域分野

我们观察到的宇宙自然与生活世界及生命领域都有它内在的结构和秩序。在人类的观察中，这些结构和秩序都是自然发生的，即使有人说这是上帝创造的。但所谓上帝，就其哲学的生成意义来讲，也就是一个创造性的自然或自然的创造力，这当然不同于一些宗教的说法。人类观察到的最根本的事实是：这个宇宙呈现万象万物，但也呈现了一些基本的规律，涉及时间与空间、物质与能量等具体的形象和活动。这个宇宙不是死板的存在，而是一个生动活泼的变化过程。物理学科发现这个世界具有一些内在的结构、关系以及运动规则。对于这个宇宙不断的变化以及所突显的生命现象，是人类自身可以体验的，因为人类是自然宇宙的一部分。不能说我们对宇宙的深度秩序没有最基本的潜识和感受，只是，我们如何能够清楚明白地界定这些基本的潜识和感受？

在界定宇宙秩序和规律的认识中，我们产生了区域分野的概念。这个宇宙并非只有一个向度的平面，我们很容易就发现这个宇宙是非平面而多向度的，具有四度的时空，而时空之中不仅有物质，还有我们思想的概念和各种理性与心灵所认知的价值领域和存在境界。这个宇宙的内在秩序既简单又复杂。它的简单性在于它的一致性，使这个宇宙维持一定的形象和稳定。但它的复杂性却能导致突发的变化，无论是灾难性的变化或创新性的变异，都导致人的存在时空中的内外在秩序和规则的重组。人类的活动以及现代人类工业文明如超智能的发展，也能够引起宇宙自然环境的改变。

近年来北极冰山的融化和地球温度的逐渐上升，就显示人类对自然可能的影响。人类的工业文明是一种理想的力量，可以把简单的规律加以复杂化，引发一些难以预测的自然与文化效果。

区域分野与边界问题

从我们的知识体系中，我们显然可以看到这个世界具有不同的区域层次和边界，而非只是一片混沌和模糊而已。客观地说，人类的心灵就在面对混沌之时也会建构出一套秩序和区域的分野。因为我们有基本的时空概念，以及内在的价值概念。有关早期宇宙混沌的说法，也可说为宇宙的内在秩序尚未发展出来而已。混沌不等于永远没有秩序，当然世界的秩序也并非不可以落入混沌的状态。但世界的变动性也是世界的一部分，不但从混沌中产生秩序，而秩序崩溃也并非意味着秩序不可以再生。物理学中有"熵"（entropy）的说法，当这个宇宙完全进入熵的状态，也就无秩序可言，一切平静无别。但静中有动，静极而动，这可能是一个基本的宇宙规则。基本秩序来自差别性的建立与区域分野，因此也就有所谓边界的概念。一个事物不可能和另外一个事物完全等同，除非有更高一个层次来进行差异的整合，把两个不同的领域融合为一或建立两者之间的沟通关系，使界限和限制成为相对的存在，而非绝对的存在。

在知识体系中，我们看到上下左右层次的分别以及自然物种的区别，在思想和语言中就有普遍性和特殊性、抽象性和具体性的差别。这是区域界定的最初阶段。在哲学的思考中，我们经过反思认识与外在世界相对的内在心灵世界，也认识事实和价值的差别，以及自由与规范的差别，形成有关存在、知识与价值的范畴，也就是差别界限的建立和存在性质的层次的分别。中西哲学中的上帝和世界，有与无，虚与实，一与多，动与静，外与内，客观与主观，物质与精神，身体与心灵，性向与情感，意志与意象，等等，都可以看成是区域的分野和差异的划分。必须承认两者与多者之间的界限和限制，才能问及它们之间的关系。哲学的起源从某一个意义上说，就是认清界限，掌握区域与层次，建立沟通关系和可能的整合与认同，不可能一开始就否定界限和区域层次的差别。

中西界限的同异

中西哲学固然有很大的差别，但其最初的存在范畴却有相当一致的地方。希腊哲学家巴门尼德的真理世界是永远不变的，它超越变化多端的现象，而现象只是个人的认知，有其局限性，往往主观地流入虚幻，于是就形成西方哲学的"存在本体二元主义"（Ontological Dualism）。本体真相有其自身的根源，而现象万物却有另外一个根源，那就是人类自身的感官经验和无法进行直观的理性。本体与现象形成两个不同的区域，彼此有不可跨越的差异，即本体与现象的不可跨越的差别。如果有上帝，上帝属于本体世界，上帝能够创造现象世界，但却超越现象的世界。上帝并不能把现象改造为本体，也不能把本体改造为现象。两者的分别仍然是不可取代的。当然，我们可以界定一个上帝，能够跨越现象与本体，甚至也属于现象。但这是不是西方哲学中的上帝呢？

从逻辑上说，有和无、真和假都是根本的差别，上帝不可能取消逻辑上的差别。另一方面，西方的神秘主义信仰上帝，可以把人从现象中解放出来提升到本体。这可以看成是一种区域的整合。也许只有上帝可以打破界限，而非理性可能达致的。就中国哲学而言，真理与现象本质上是可以沟通的。但就中国哲学中的自然本体宇宙论而言，人自身可以修持心性，具有沟通与整合真相与现象的能力。当然这是一种哲学思想与实践的功夫问题，需要人们诚心积虑地去追求。老子提出"道可道，非常道"，区别道之为常道和一般的现象之道。只要人们反思自我和深度观察自然，也就能理解常道和日常生活的关系。在老子看来："无名，天地之始；有名，万物之母。"（《道德经·第一章》）这就假设人们能够透过深思分辨无名之道和有名之道的差别。

老子与《易经》及《论语》

就老子《道德经》说，人们能够运用理智来分别万物之始与具体万物的存在，是因为人有超越自我欲望的能力，不为欲望所蒙蔽或迷惑而能认识世界真象和万物的出现。所以《道德经》又说："故常无欲，以观其妙；常有欲，以观其徼。"人如果没有欲望，就可以见到真象。人如果为欲念所蒙蔽，他就只能看到万物的表象以满足欲望的需要。老子最后说："此两者同出而异名"。这就表示不管是真象或现象，都从一个源头发生，只是相应于不同的名称和不同的欲望状态。因此老子代表的是一个"一元本体论"（ontological monism）的观点。

老子的"一元本体论"也就是《易经》与《易传》所包含的"太极生两仪，两仪生四象，四象生八卦，八卦生六十四卦"的本体发生学。《易经》基于长远广泛的对宇宙变化的观察和人反思自我整体的思考，建立了"太极哲学"。从太极的本体发展来说明世界的万事万物之间的自然结构关系和秩序规律。

《易经》认知宇宙自然的阴阳变化，并称之为"一阴一阳之谓道"。道是从宇宙的终极根源发展到万事万物为具体存在的过程，这个过程可表现为：

$$本 <———> 道 <———> 体$$

这个发展过程是生生不已的，这也就是宇宙不断创新的理由。这个发展也是回归和螺旋循环的，它的结构就是由本到体，再还复为本，创造新体。本也可以看成是太极，太极包含无限的生生与回归运动。老子所谓"虚而不屈，动而愈出"（《道德经·第五章》），显示出这个过程是一种永恒和无限的创造性。

《易经》《易传》与儒家

《道德经》的"一元本体论"来自中国最原始的经典即《易经》，而《易经》所包含的宇宙本体论则是孔子的《易传》所提供的。所谓孔子作《易传》是有历史根源的，孔子下半生回到鲁国，专心于易学，引发弟子们对易经哲学进行诠释的理解，完成所谓"十翼"的《易传》。由于乾坤两卦是"一阴一阳之谓道"的表现，由其根源提出"太极"一词，所以说"易有太极，太极生两仪，两仪生四象，四象生八卦，八卦生六十四卦"，这是一个本体的一元世界逐渐散发为世界万物而各有其差异的分寸。乾坤是太极的两面，但两者并不相等。乾是刚健自强，坤是厚德载物。一刚一柔，一动一静，形成宇宙的最基本的变化方式。乾坤相反对立而又彼此相需结合为一，产生新的存在物，成为现象界的万事万物。朱熹说："放之则弥六合，卷之则退藏于密"（《中庸章句》）。基于此，我们可以说，外在宇宙可以内在化，而内在的心性思辨也可以外在化，内外是相对的，并非绝对的区隔，虽然可以显现为差别的区域分野。

这样一个宇宙本体自然发生的是"本体存在一元论"，万物皆有其终极的根本，而这终极的根本却是生生不息、内外合一的创造。由此诠释万物的差别以及差别的自然性和其可持续的作用性，就有了一个高层次的整合立场。所谓本体和作用的差别在于，如果没有万象万物，就不能发挥宇宙的多种功能，包括生命和人类的文明的发生与发展。另一方面，如果没有根源的宇宙本体，则万象万物随时可以崩溃消失，也就不能够持续存在和不断地创新。这就是生命存在的基本原理，是和本体的发生一致的。在这个过程中，宇宙万物的结构和内在规则也都逐渐显现出来，生命体现的结构和内在规则也同此理。所以我说，《易经》与《易传》就其思想来说是《道德经》的灵感所在，只是《道德经》比《易经》的符号体系更为简化，只说"一生二，二生三，三生万物"。但其"本体一元论"就是《易经》的"本体一元论"。

孔子与儒家的生命哲学

儒家崇信《易经》与《易传》，并在此基础上建立了儒家哲学中的仁爱之说以及人类社会的伦理结构。既然宇宙是生生不息并万物沟通的，所谓"各正性命，保合太和"（《易·乾卦·彖传》）。在孔子来说就是"四时行焉，万物生焉"（《论语·阳货》）。人生活于宇宙之中，是天地所生。因此也具有本体的本和体，以及发展的生生不已之道。因为这都是天地赋予人的，是人内在的结构和内在的规律。因此，人们有潜力可以与万物沟通，也能够创生文明，在文明的创造活动中建立人文的宇宙，呈现其内在的结构和规律。这是人文世界的开始，也是人类文明的多样性和差异性的开始。

多样与差异存在于生命的本质，但多样与差异乃根植在一个终极的一元本体之中，显示出多样与差异是可以沟通的，也是可以融合的；是互补的，也是并存的；是创新的基础，也是持续发展的基础。人们必须要掌握这些内在的结构和规律，才能达到这样一种整合融合的目标。这当然需要人们善观天地之道，建立天地之心，发展天地之才，进而深思人的心性之理与人的存在的内外合一之道。更重要的是，要能具有天地的那种根源的凝聚力和包含性。这就是孔子所说的仁的价值之所在。孔子说："仁远乎

哉？我欲仁，斯仁至矣。"（《论语·述而》）

界限的不可跨越与可跨越

以上显示了中西古典哲学中的基本差异，一个是西哲中存在的"本体二元主义"，一个是中哲中存在的"本体一元主义"。二元主义中，由于两个区域的划分属于完全不可沟通的性质，一般是无法跨越的。这个无法跨越的现象也延伸到人和神之间的差别、超越性和内在性的差别、客观与主体的差别。就人自身而言，人建立的差别和区域也往往因为本体的范例而无法进行沟通。我想这就说明了在西方文化中，包括希腊文化和以色列文化，差别往往成为一种阻碍、一种断绝。在人类的社会文明生活中，往往形成一种悲剧，也由于人类的勇气，要克服这种不容超越的界限，而形成西方文学中的英雄主义。由于根源的世界和现象的世界不容超越，根源的神的世界只能成为人信仰的对象。而自然存在的天地万物，又变成人类要征服的对象。

经过人类对世界的征服，另一个区域或另外一个存在也就变成人类存在的工具或人类霸权的宰制对象。这就说明西方的存在二元主义即使在今天仍然让人类感觉到一种存在的焦虑，如海德格尔所指出的那样。要么就是这个超越的存在不可知，要么就是这个超越的存在被视为虚无。因此使人类必须在焦虑与无知中恍惚失落，就人类自身的文明世界而言，人与人之间，团体与团体之间，国与国之间，文化与文化之间，也都变成一种冲突矛盾，必须以假想敌对待。而人也就变成追求霸权的存在物，以满足私欲为唯一的出路，造成世界的不安和人生的空洞。这个空洞甚至不能以宗教来加以满足，因为宗教仍然是一种不可逾越的界限，使人局限在一个被动的精神拘束的存在层面之中。

西方文化中的消解问题

西方文化在本体论上是很难跨越的，现象和本体决然二分。物与物之间各有其特性，也不允许跨越界限。但西方哲学中的知识论和逻辑却允许一般性或特殊性的差别，以及抽象性和具体性的差别。一般性可以包含特殊性，而抽象性则排除具体性。但都可以在逻辑的结构中建立所谓"类型的理论"（Class/Type Theory），因此在逻辑上把一切都归纳于一个不同类别的差别结构之中。虽然这不是一种跨越，但却是一种整合。尤其在现代科学中，整合两个不同的学科会带来新的发现和新的领域，推进知识的进展。在另一方面，这个跨越的问题也就是"消解"（reduction）的问题。消解是消解存在的层次，把一切复杂的现象简化为最基本的存在现象。希腊哲学中的原子论和现代西方科学哲学中的量子论都具有消解意义以跨越区别的方法原理。一切差别都归于原子或量子，以此打破概念上区域分野的层次与种类的区别，并寻求一个终极的单一的统一场所。

这种"消解主义"（reductionism）的整合事实上有一个结果，就是把人的存在的价值加以磨灭，不承认人有物质层面之外的心性精神层面。这当然与人自身的生命基本体验相反，人的心性精神存在或活动，不等于物质身体的活动，但却表现在文明创造的活动之中。人的思考、人的情感、人的意志和心灵，可以在社会文明的创造之中看到它的痕迹，也在个人生活中产生主体性的独特价值，构成不同文化的特色。这些价值和精神的活动又怎样区分和整合呢？这可以是一个重大问题。但如果承认人的精神价值和心性活动，如果允许心性活动的内在性和超越性，人的活动就能够整合世界上人类文化的差异性和个人生活的差异性，来实现一个生命共同存在的社会存在，体现在人与人的和谐有益合作的关系之中，也呈现在人和人合作的文明哲学与艺术的真善美的创作之中。

从西方二元到中国一元

基于以上所说，西方文化与西方哲学可说已经到了一个重要关头，就是如何找到一个统合差异的终极本体根源，把一个外在超越的二元世界纳入一个内在的本体活动范围之中。这是不是就应该思考和考虑中国文化与中国哲学的特色及其解决多元分化、整合为一体的方法论呢？这也就是中西哲学可以共同追求的方向，而中国哲学已经为这个方向奠定了一个本体一元论的基础，也就是中国哲学世界化的基础。回到中国的古典哲学，我们注意到《易传》、《道德经》以及《论语》从一开始就肯定了一个终极的一元世界。终极的一元并非是人存在的外在的超越，而是包含人存在的一个整体根源。人的存在是其内在的一部分，人能够认同这样一个整体和其有限的经验自我，体现一个无限的精神或想象中的或直觉中的整体资源，不但给予了现象与本体相互差别的意义，也透露出现象与本体相互包含的整合意义。本体能够不断转化现象，而现象又不断体现本体，创造新的现象，使人类的文明彼此会通，相互依托，而不必相互矛盾与冲突，具有内在超越的人的自我存在，是宇宙本体的一部分。认识到本源及其发生的创造过程，也就实现了一个既超越又内在的整体。从无形到有形，从无有到大有，从单一到复杂多元，而且体现一个创造性源源不断的过程发展，包含对未来的无限延伸。

在这个体验中，人类可以实现一种界限的跨越。从人到天地，从自我生命到自然万物生命，体现所谓一体之仁，甚至也能够重新规划宇宙的特质，张载称之为"为天地立心"，表明天地和人是相通的，天地给人以心灵，人扩大其心灵，包含宇宙，就能够实现一个整体的融合世界，也就是《易传》所说的"保合太和"。这个世界因此呈现为一个内在的条理，同时呈现一个外在的秩序，其内在结构与万物关联以及动静秩序都能够自然贯通。朱熹在《大学章句》有这样一个描述："至于用力之久，而一旦豁然贯通焉，则众物之表里精粗无不到，而吾心之全体大用无不明矣。"（《格物补传》）

中国哲学的包含性与跨越性

在以上对中国哲学的描述中，我强调了中国哲学最原初的本体与道的精神。这是中国本体宇宙论的精华所在，用内在的超越来包含外在的超越，正如外在的超越包含了内在的超越一样。这也可以说把内外在的超越整合为一体，由外而内，由内而外，达到一个内外交融的整体存在。因此，各种存在的层次区域分野也都能够成为一个终极存在的内外在部分。各种内外存在的界限也可以在更高的内外层次中得到解除，但解除并非取消分别。本体与现象的分别和现象自身的分别是需要的，如我前面所说的是生命存在的功能所需，也是人发挥人的功能和精神之所需。因之，一元的存在并不妨碍多样性的展开，而多样性的展开也不妨碍一元性的包容。二程与朱子称之为"理一分殊"（二程与朱熹论《中庸》、张载《西铭》）。

孔子最早也提到殊途同归以及异途殊归，两者并不矛盾，因为本和体本来就是融合在一起的存在。而人的心灵不但能够体现宇宙的一元整体，也能欣赏万物的多元异彩，更能看到整体与多元之间的融合关系。多元融合在整体一元之中，而不失其为多元。一元展现为多元的现象，也不失其为一元的整体性，反而相互激荡形成创造的动力。儒家讲究"天人合一"，但从来不会忘记天人各有所能不可取代，也因此本体的概念和本体诠释的方法就成为中国哲学最根本的存在理念和方法理念。

当代中国哲学中的一些谬误

当代学者往往并不熟悉中国古典的原典，也不深思中国文化与中国哲学的根源与发展途径，这是很不幸的现象。当代中国哲学也不真正熟悉西方的哲学根源发展途径，自然无法从比较中掌握中西哲学的根本差异及其可能的互通与融合。西方哲学学者虽然对中国哲学有兴趣，并为其所吸引，但也由于认识不深，不能充分地学习。而且往往自以为是，对中国哲学做出一些毫无见识的解释，误导一些崇洋的跟随者。这是当代中国哲学最大的一个困境，造成中国当代哲学的搁浅。对已经发展的当代儒家哲学和理论体系更无法继承与发挥，形成各自为政混淆是非的乱象。外国学生往往碍于语言，无法细读中国哲学的原典，如先秦的易儒道的经典，往往自作主张自以为是，误导年轻学子。更明显的一个现象是，大多数现代西方学者只知道儒家之说，不能旁通诸家，更对宋明理学与心学无一丝一毫的亲切体验。其结果是只能从二手资料望文生义，强加曲解，把现代中国哲学推向一个混淆是非的境地。当然这并不表示不存在学有所成的西方汉学家或当代的中国哲学研究者，他们能够阅读原典，懂得分析，并讲求精确的认知，有充分的西方哲学的历史知识，可以进行可靠的哲学比较研究。从本体论的认识来说，最重要的是一个学者能否掌握中国哲学中的本体一元发生之学，不仅在儒家，也在道家或易学，并能够动态地理解有与无、一与多、动与静、刚与柔、明与暗等区域层次的分野以及可能的跨界整体融合，体现一个多姿多彩生命丰富而又秩序井然的世界形象与生命美感。戴震说的"生生者，化之原；生生而条理者，化之流"（《原善·卷上》），可说是一个非常生动的动态一元多体、一体多用、理一分殊的世界景观。在这样一个世界中，区域的划分仍然存在，而边界的跨越也是自然的一种贯通、一种融合、一种和谐、一种创造，并不否定世界存在万物的内在结构和关系规律。

不幸的是，有些中外学者不能发挥一元多体的跨越主义。反而不是肯定多元，就是否定多元。不能刻画一元与多元的原始关系。举例来说，我有一两位外国学生和中国学生，虽然上过我的课，但却自作聪明地认同新儒家唐君毅所说的中国哲学具有"一多不分"的特色，而且大加发挥。他们不求甚解，并没有说明为何如此，既无分析，又不查证文本基础而大放厥词。唐君毅先生早年之说于十年后已为他本人放弃，而此一外一中的当代学人，并不探索唐君毅为何改变他的立场。

反思现代学者的贡献

如果我们深入考察，就会发现唐君毅知道中国哲学中从来没有"一多不分"。从《易传》到《道德经》再到孔子，都重视事实的具体存在，实事求是。孟子分别"一本二本"，荀子更是主张"天人有别"，到宋明朱熹与二程主张"理一分殊"，从无"一多不分"之说。在《易传》到《道德经》中，中国哲学家却提出"天人合一"的理论。天是一，人是多。"天人合一"是"一多合一"，是先有分别，才能合一。不能一开始就讲一多不分，否则就变成一套混沌哲学的混淆之说了。这个谬误唐君毅本人已经改正，而后来者不查究竟乱加发挥，等于对中国哲学进行了莫大的扭曲，更无法面对一个动态的一元多体主义的哲学智慧，令人扼腕叹息。

在当代中国哲学中，无论熊十力、梁漱溟或冯友兰、方东美还是牟宗三和唐君毅，也都强调宇宙的复杂性和生命的多元多样性，同时也在这个多元多样性中强调宇宙本源的一体性，也强调从一体中看到万物并存，在宇宙多元森严的秩序中看到天道流形、生命融合的景象，所谓"大德敦化，小德川流"，哪有什么"一多不分"的意义。"一多"必须先分，而后合而为一，合一不等于不分。

犹太文化研究知名学者刘洪一（士尔）教授在他著名的《两界书》中，强调了不同文化的多元性和多元智慧，同时又强调了共同对话与彼此融合的整合与贯通精神。既体现了"区域分野"的重要，以成就不同的智慧，又显示了"跨越界限"的可能与必要，透露出世界人类本源的同根性和文化发展的多元创造性，把一和多合一起来，可称之为"一多合一"（合一非不分）。和"天人合一"一样，在一个更高的层次中，实现内在的超越与区域的整合，体现了一个无限丰富的生命世界。

边界的始基性与边界辩证法

深圳大学　刘洪一

对于世界的起源，东西方文明呈显了一个相似的原始性假定，即世界万物出现之前是一种无以区分的混沌，《道德经》称之为“混成”，《列子·天瑞篇》称之为“浑沦”，《庄子·在宥》称之为“鸿蒙”，《淮南子·天文训》称之为“虚霩”，等等。苏美尔创世史诗以“瀇虚”（Apsu）表述“大浸一体，混然和同”的混沌（饶宗颐《近东开辟史诗》）；希腊神话将混沌神化、人格化，称卡俄斯（Chaos）为混沌天神，是希腊神谱中最早的一代；希伯来圣经讲述创世，“起初”也是虚空的混沌。

边界的出现使得混沌有了界分和多样性，从而有了差异及其关联，也就是有了秩序。制造边界的启始性程序在中国哲学中被表述为“离”“变”（《列子·天瑞篇》），“别”“离”（《淮南子·精神训》），“易”“变”“化”等（《周易》），《庄子·应帝王》以“七窍出，浑沌死”的寓言来表述。毕达哥拉斯学派表述为从“完满的一”与“不定的二”中产生数目，由数目产生点、线、面、体乃至水、火、土、气各元素，阿那克西曼德、恩培多科勒等认为万物是借“分离”从混沌中产生出来。欧几里得《几何原本》讲：“界者，一物之始终。”可以说，边界的出现是天大的事，有了边界才开始有了差异化，有了多样性的世界。

边界的始基性体现在它对事物的有无、属性、多少进行了初始性的界定，开启了界分、义界、界限万物的差异本质、界域大小的存在论和认识论的关键一步；边界还贯通了属性与现象、结构与质量、关联与变化、方法与工具的全过程和全部构制，体现出一种不可或缺的、基准性的功能价值。一切的人文构制——学科的划分与文化的演进和交流，无不建立在以差异界分为基础的属性、层级、阈值等的秩序联结上，所谓跨学科、跨文化问题的内在机理，本质上都是在演绎着边界的辩证法。

边界辩证法不是简单泛化的对立统一观，而是呼唤建构一种新的思想工具和认知机制，一种对旧有学科工具的超越和对跨文化问题的深化。这首先奠基于对边界自身丰富意涵的发现，边界发生学的始基性与其存在论的本体性、认识论的工具性互为互为，并进而生发了差异存在的媒介性、互构性等，因而无论如何都不能把边界仅仅视作一般的空间范畴或质量范畴。边界不仅来自外部，更来自内部；不是外部派生，而是自主自为的生机体。同时，边界存在于复杂系统的各个层级和不同维度，这使得差异的存在是一种属性、数量、关联、动变的叠加态，因而边界引发的是整体性问题和复杂系统的问题，任何封闭性的学科工具与方法，都难以真正追究事物的本原本性。边界辩证法是面对复杂系统的方法论，是应对复杂系统的认知机制，它试图以更加缜密周全的新算法，在对反对成的界域划分中，寻求一个公理化的尺度和动变平衡的健康机制。

跨学科旨在从边界辩证法的逻辑原则出发，克服学科的边界壁垒及其封闭性体制、固化性程式、游戏化倾向，以万物差异存在的基本性态及其边界标识的有、无、合、变为主轴，形成有界、无界、合界、变界四种不同的认知范式和思想意识，建构起一个圆融、开放、循环、辩证、互为、融通的认知机制，以应对万物差异的绝对性、相对性、特定性、不定性，从而可能实现对旧学科的超越、对新工具的建构。亚里士多德以降，分科不断细化，学科边界总在流动中，科学研究必须以解决问题、求真向善为目标导向，不能削足适履，不能因服从工具而忘了初心。大量优秀古典资源值得深入静心地去发掘，法国哲学家德勒兹（Gilles Deleuze）对柏拉图、亚里士多德、莱布尼茨、黑格尔等的差异逻辑学和差异存在论的梳理颇有启发意义，而《周易·系辞上》所谓"参伍以变，错综其数。通其变，遂成天下之文；极其数，遂定天下之象"，其中蕴涵的中国智慧，在今天看来依然有着非凡的现代意义、世界价值。

文化是由不同层级的秩序系统所构成的，而价值则是文化运行的核心，一切存在都是价值存在和价值关联体。跨文化的要义是在不同的文化体系之间建构起有效的秩序联结，这种联结不是要消除差异、消灭边界，而是要建立融通边界的秩序机制，寻求最佳可能的秩序联结和价值通约。在这里，不同文化在价值领域的排他、纠缠、交换、动态平衡都是文化交流的平常态，价值评判的通约和不同价值观的缓冲极为重要，调适得当，则会获得价值的增益和价值级序的优化，否则会带来价值的消减和降维。

界本思想的四个向度

深圳大学　赵全伟

引言

当下社会是被信息裹挟的社会，海量的信息流布于人类周围，人们不会因为信息的"多"而获得"平静"，而是滋生一种"不确定"感。人们急于获得一种确切的"肯定"，所以极力避免或消除"否定性"。当事物退去所有否定性，当它们被压扁、抹平，当它们毫不抵抗地融入资本、交际与信息的顺流之中，事物就成了透明的。[①]对透明社会的批判成为学术圈的焦点。"透明社会是一座同质化的地狱。"[②]透明社会被定义为同质化的，具有一种相同的趋向力。同质就是缺乏"异"，虽然同质化中依然带有"异"的部分，但是同质化让"异"出现短缺，甚至隐匿了"异"，因此成为短缺"异"的地狱。透明社会所表征的同质化也从另一个侧面说明了当下社会缺乏"界"的意识，缺乏用"界"的工具思维廓清"含混"的能力。

现代人面对的社会无疑是复杂的，尤其是人工智能技术逐渐商业化后，使人类劳动的确定性出现松动。马克思曾经对"活劳动"与"死劳动"进行辨析，遇到人工智能脑机接口的商业化应用，明晰的"界分"就变得模糊。人工智能及其脑机接口（BCI）是硅基与碳基的结合，代表两种要素与两种逻辑。随着 BCI 介入生产过程并成为劳动工具，人—机之间呈现出

---

① ［德］韩炳哲：《透明社会》，吴琼译，北京：中信出版社，2019年，第1页。
② ［德］韩炳哲：《透明社会》，吴琼译，北京：中信出版社，2019年，第2页。

融合的趋向，两种劳动的区分变得不再清晰，界限也变得难以把握。[①]缺乏明晰的界限或者趋向一种"结合"，这里"结合"的产物类似于后"中人"的存在，"中人"概念出自士尔《两界书》，男女分处之人，实为天地中人，非天帝终人。[②]男女分则为中人，当下，世界处于中人阶段，但是，随着BCI逐步介入生活，人类社会的"后中人"时代已经来临。"后中人"时代有着混合和透明的特征，"界"作为廓清含混的思想工具具有十分重要的意义。

一、界本思想的"基始性"

"伏羲一画开天地"，一画之力让世界从混沌走向"实存"，这即是从确定的"一"走向了不确定的"二"，按照逻辑是先有"一"，而后才有"二"。亚里士多德《范畴篇》中认为"第一实体"优于"第二实体"，并确切地说，如"第一实体"不存在，那么"第二实体"也不会存在。世界从"一"走向"二"，"一"和"二"不是割裂，也非"同一"，而是有联系的"异"，其中包括至简与至繁的对反，也包括简与繁的整一。"第一实体"是绝对自足、不可分割的基础。[③]换言之，"第一实体"类于"道生一，一生二，二生三，三生万物"中的"一"，此"一"从道中而来，"一"的出现为"二"这一复数打下了基础。"二"并非遵循"同一律"，而是具有差异的"统一性"。中国古诗"年年岁岁花相似，岁岁年年人不同"很好地说明了这里隐含的道理，即"花相似"是不确定的"同"，"人不同"是确定的"异"。简言之，"异"是恒常的存在。这里牵涉出判定"异"的标准，说"我"与"你"不同，那么可以有多种"异"，性别之异、年龄之异、人种之异等，"异"中仿佛有一个看不见的"线"或"界"，"线"或"界"存在于伏羲"一画"的本体思想。"秩序"是"界"，"界"是本体，是世界"实存"的证据。"界本论"就是阐释世界"实存"的钥匙或思想工具。

---

① 肖峰、杜巧玲：《活劳动：从人工智能到脑机接口的迷思》，《江汉论坛》2022年第8期，第39—40页。

② 士尔：《两界书》，北京：商务印书馆，2017年，第20页。

③ 黄玉顺：《中西思维方式的比较——对〈尚书·洪范〉和〈工具论·范畴篇〉的分析》，《西南师范大学学报（人文社会科学版）》2003年第5期，第7页。

　　"界"作为思维认知与对象物的第一个交点，再集中不过地体现了"范畴"的本义，因为范畴（category）的原意即种类、等级，是对事物类性与数量的界分定义，界的本质正是以对世界万物的初始性界分、基原性界定，呈显世界万物的差异性存在，并由此开启对万物的逻辑认知。[①]"界"的出现，使天地洞开，将万物"框定"，可以说，界是认识世界最重要的思想工具。这一工具虽过早地被人类发现，却没有引起足够的重视。

二、界本思想的"差异性"

　　界具有界尺的属性，生成于世界的多样化与万物的差异性。差异是界的显著标志。宇宙的存在和演化，可以归纳为三个字：差、势、动，也就是差异、势能、运动。[②]由差异产生势能，继而产生运动，差异是万物生生不息的原初之力，也即是差异的存在。用无差异与差异对比，可以发现差异代表着一种鲜活的生命力。吉尔·德勒兹在论述无差异时，就已经将差异的潜力给表现了出来。无差异有两个方面：一个方面是未分化的深渊、黑色的虚无、无规定的动物，一切都在其中消解了；另一方面是白色的虚无，是恢复平静的表面，上面漂浮着种种互不联系的规定，就像是一些散乱的肢体，没有颈项的脸，失掉肩膀的胳膊，缺少前额的眼睛。[③]可以看出，无规定者与漂浮者均是无差异者，两者囿于黑色的虚无与白色的虚无之中，从而变得晦暗。差异之于存在，变成区隔世界种、属的工具。界的存在可以表征差异。界首先具有分的特质，上述"伏羲一画"即是分的体现。分是多元的开始，一元、二元至多元，分的动态成就了世界的势能，展现出由简入繁的逻辑演变。《两界书》中的"初人"也是经过"分"这一动作完成了男、女的区隔，由一变二，后面男女凹凸相嵌，繁衍世代。没有"分"，世界的存在就缺乏发展的质料。全球各族神话中，均有人类诞生的传说。人是由神人以泥土、石块为胚所造，这里塑人的泥土与大地的泥土是被神人隔离开的，人经过神人赋"灵"的方式，表现出与过去大

---

　　①　刘洪一：《"界"的范畴意义与工具价值》，《哲学研究》2021 年第 11 期，第 68 页。
　　②　傅广典：《生存逻辑：全球化穹顶下的人类同生共存》，武汉：武汉大学出版社，2017 年，第 365 页。
　　③　［法］吉尔·德勒兹：《差异与重复》，安靖、张子岳译，上海：华东师范大学出版社，2019 年，第 56 页。

地泥土的界限，也可以表述成"泥土"的差异。古希腊神话中，丢卡利翁和皮拉受神谕，将石头越肩膀扔出后，人类再次繁衍生息。鲁本斯的画作《丢卡利翁和皮拉》[1]正是表现这个神话故事。丢卡利翁所扔石头为男，皮拉所扔石头为女，两人动作在画中是一致的，但其结果却呈现出身体构造的差异。身体差异在尼采的权力意志话语中是最根本的差异。界总是无处不在，界的存在构筑世界这一实体，并逐渐丰富这个实体。如果将神话世界当成一个实体，那么天界、冥界、海域之界分，将世界分成了三份，天鹅与勒达、狄安娜与恩底弥昂等人神互动的故事就不会这么富有张力。界的存在是互动的开始，半人半神的英雄正是神话世界的互动的结果，赫拉克勒斯所展现的非凡能力，兼具了神与人的精神内核。界的存在才能引起反思：人与动物的界限，人与神的界限。突破或者说融合的界，才能成一种推动的力。

三、界本思想的"联系性"

界的显像是差异，但在显像的外表之下还隐藏着联系，这种联系有时不能靠经验直接获得。区隔与分就是统一的消解，"七窍出，浑沌死"，一旦有形的区隔出现，混一就不能存在，或者说变成一个分散的存在。士尔《两界书》中对人类发展的整体把握，即人从生到死可以分为初人、中人、终人。人类目前处于分的"中人"的阶段，聚焦于对分的探究，产生原子、质子、夸克等无限的界分，对"究极"做出解释的冲动，通向"终人"的一个路径。西哲从提出原子概念距今有两千多年的历史，近现代科学对量子的研究自然延续这个传统。量子理论、量子对撞机建设等在理论层面和实践层面的推进，进一步夯实界分的基础。界的存在为勾连这一行为做了最初的准备。有界可以产生碰撞，生灭的变换就其中。有界是保有自身存在的证据。笛卡尔说："我思故我在。"这里以"思"作为我认识世界的推动力，也是我与世界界分之力，我思与他思或不思相对。我思，使我暂时具备一个不同于本体的身份，这里所说的本体是生产我的母体，我思将拟化之我变成一个可以观察自身的"他者"。这里未思而"存"的我和我

① ［法］福马罗利、勒布莱特：《100名画：古希腊罗马神话》，王珺译，桂林：广西师范大学出版社，2007年，第134页。

思而"在"的我，存在着明显的界。这里突出两者的界分，有助于窥见世界整体的全貌，未思之我、我思之我，我思我在感知到未思之存在和我思我在感知他者之思之在，世界的存在与丰富就在于我思这一明显具有界分的行动。可以说，界具有明晰存在的作用。

界是存在的基础。稳定的界产生秩序，主导人的思想，指导人的行动。例如，中国封建社会中，礼教是对民族、国家生活的最高行动指规。人们的一切行为都在界中进行。三纲五常是为界。所以，在严守男女之防的社会里，"嫂溺援之以手"会作为封建社会公共话题进行讨论。僵化的界分是一种消极的存在，这种消极的存在毕竟是不长久的。历史革命经验也证明，僵化的"界分"是一种禁锢，并且一定会被消灭。僵化、消极的界分不是讨论的重点，积极的界分才具有价值。积极的界分兼具"共有"和"分有"两个性质。例如，黑种人、黄种人、白种人都是人类，人类的肤色是"分有"的，而人这一概念是"共有"的。积极的界分有助于丰富和繁荣这个世界。《两界书》中函人筑高墙、雅人挖大河、布人游牧等划界之举，对繁衍种族有积极的意义。但是，及至十代以降，疆界愈划愈细，立国愈来愈多，以至群雄并起，弱肉强食，战乱不断。①那么界分只能作为一个手段，而不能作为目的。积极的界分应该是动态的，不存在唯一不变性。创造就源于对"界"的突破。从古希腊神话中，能窥知界分是保持存在的基础，如神、人、动物、植物，看似有界，实则无界。勒达与天鹅、帕西淮与公牛，前者生出了海伦（美），后者生出了弥诺陶洛斯（丑）。美与丑就在界的一次次消弭中产生，并且是不确定的产生。可以说，创造性也是一种不确定性。创造的不确定性中又包含着确定性，如上述弥诺陶洛斯的父母是确定的，神牛与人类帕西淮，两者突破物种的界限产生了不确定性。这就引出由界而存在的确定性与不确定性的统一，也构成世界演化的本质，即世界的不确定性始终存在。反观现实，人类孜孜以求外星人的存在，做出各种假说，却并未减轻人类对于未知的不确定性。不论是斯坦尼斯拉夫·莱姆笔下的索拉里斯星，还是电影中的阿凡达，不过是科学幻想中的产物，充满着乌托邦般的幻境。本质上，不确定的存在就是存在的常态。

---

①　士尔:《两界书》，北京：商务印书馆，2017年，第54页。

四、界本思想的"恒常性"

可以说，不确定性是恒常的，那么界也是恒常的。界的形式可以是多变的，但是界的存在本质是恒定的。上述封建僵化的界被革命所推翻，但是新的"界"接踵而至。封建主义的界被打破，帝国主义的枷锁被破除，关于资本主义和社会主义的意识形态的"界"形成了冷战的铁幕。旧的冷战退却，新的冷战又涌起。逆全球化进程加剧，贸易摩擦、国家战争都遵循"界"的本质性。界有时可以理解成一种立场，一种有限的"共有"或"共识"。人们遵从文化、习惯、法律等界分的影响，从而产生一种"共有"。公共立场是"共有"的一种显著体现。

"共有"并非先天所有，而需经后天培育。文化的偏见就是一种后天培育的"共有"，心理学家解释为一种集体无意识。"黄祸"作为一个西方集体无意识的"共有"，这种带有偏见的"共有"形成了一个隐形的界线，这个界线有着难以逾越的内在阻力。因此需要可靠的哲学文化理据构建人类命运共同体，需要坚强的精神纽带，克服族群的偏见、人性的愚顽和进步的傲慢。士尔教授给出的答案是，应该尊重人类的不同认知，并联合起来，不能硬着颈项一根筋，一只独眼看世界。[①]上述"黄祸"的偏见就是"一根筋""一只眼"的真实写照。构建人类命运共同体其实就是寻求人类最大的"共有"，同时尊重人类的独特"分有"。当然，说易行难，社会实践总是倾向于"不是东风压倒西风，就是西风压倒东风"的矛盾与对立，甚至演变成对抗。

《两界书》中异族纷争，函、布拼杀，结下世仇。[②]这是"中人"阶段的人类局限性，当下，俄乌战争内含的族群之界、意识形态之界等显著表征了"中人"阶段人类的存在。有界是恒常的，怎样突破这种消极的"有界"，达到一种积极的"有界"，推动人类由"中人"向"终人"迈进一步，是时代的课题，也是士尔教授关注的焦点。他提倡的"界本论"聚焦于对"界"的重新发掘，追求在尊重"分有"的基础上推动"共有"的实现。一言以蔽之，就是回归本源。这里回归不是简单的还原论，而是经过分类综

---

① 刘洪一：《界的叙事》，北京：生活·读书·新知三联书店，2022 年，第 15 页。
② 士尔：《两界书》，北京：商务印书馆，2017 年，第 51—52 页。

合的整体论。还原与整体的结合有循环性，这个循环是综合升维的螺旋循环。[①] 简而言之，就是实现"共有"的升维。人类不能围绕种族之间竞争的此消彼长而存在，需要一种升维的智慧，扩大"共有"的集体无意识，这里"集体"被指涉的范围扩大到整个人类社会。如何实现这种升维的智慧，《两界书》提供了一个综合的逻辑思维工具箱，两界而至多界。

五、结 论

重新认识"界本论"，从界的差异、联系与恒常的三个维度探究界分思想对现代社会发展的意义。明确"界"的差异性，重视"界"的联系性，聚焦"界"的恒常性，找准人类发展的现实位置，才能廓清人与各"界"之间的关系。人类现处在"中人"之境，如果缺乏综合升维的思想理据，实现"终人"的目标将无从谈起。对界本思想的再认识，有助于帮助人们更加客观地看待全球各族之间的"分有"，世界不是某一族或某一国的世界。"界"有恒常，"分有"的恒常应引起重视。故而，应该以积极的界分思想去看待"分有"，努力去达成"共有"，为人类迈出"中人"之境做好理论基础。

---

① 刘洪一:《界的叙事》，北京：生活·读书·新知三联书店，2022年，第19页。

"界"与"介"：跨学科研究的一种视角

深圳大学　陈泳桦

20世纪以来，学界开始大力提倡跨学科、超学科和新文科等概念。一方面，它们作为学科发展的一种产物，通过不断增殖，形成了学科和专业逐渐繁荣的局面；另一方面，学科和专业的细分造成了对知识的割裂，跨学科作为一种方法论，以跨界融合实现学科内部、学科之间以及超越学科之上的一种互动，以此试图打通学科间的壁垒，弥合学科间的间隙，实现学科间一体化。跨学科研究的前提在于，确立边界，寻找差异，并通过"跨越—交叉—融合"实现学科间的交流。对边界的确立和对学科差异化的探寻正是跨学科研究的关键所在。

一、"界"的分化：跨学科研究的基础

"界"从田从介，有界限、划分、间隔等含义。在其漫长的字形演变中，它首先经历了空间上的转变（如战国文字到篆书的演变过程），"界"从左右结构转为上下结构，从一种横向、同层次的空间构造转变为纵向、有秩序的空间构造；其次还经历了从静态到动态的转变（如篆书到楷书的演变过程），"田"与"介"以空间中的某处划分为界限，实现了跨越与交叉，是一种关系的延伸和重构。值得一提的是，后一处的转变，实际上是以"田"与"介"的相对位置从有所间隔到发生关联这一事实出发，但不以空间的延伸为准则，而是重视一种间性关系的互动性，更符合当前对文明、文化和学科的洞察。

近几年，学界呼吁提倡"新文科"建设。"新文科"以"跨学科"为研究基础，以跨界融合为实践导向，实现对传统学科的更新和增补。一切的人文构制——学科的划分与文化的演进和交流，无不建立在以差界界分为基础的属性、层级、阈值等的秩序联结上，所谓跨学科、跨文化问题的内在机理，本质上都是在演绎着边界的辩证法。[①]边界不是一种简单的空间范畴，而是具有辩证法意义的空间性和互动性的逻辑起点。这种逻辑起点在文明之初就已产生。当世界还处于一片混沌之中时，"界"作为一种工具，将混沌划开，并形成对成范畴。因此，"界"作为一种"元范畴"，确立的是一种新的逻辑起点，一种先于将"二元论"作为世界本体的逻辑体系。将"界"作为"元范畴"，其价值不仅在于将"范畴的范畴"更明确地揭示出来，将对本体的探寻又向前推进一步；还在于它作为一种方法论，对于理解文明的演进、文化的流动、观念的更新和学科的更迭等现实问题具有理论指导作用。

学科的创立和发展正符合"边界辩证法"的逻辑：没有边界，就没有分化；没有分化，就无法产生差异性和多样性。现代教育正是从学科分化开始，其经历了"（确立）学科—多学科—跨学科"的发展，形成了"知识大一统—学科分化—学科交叉"的趋势。"知识大一统"指的是在现代教育体系形成之前，无学科意识、知识杂糅在一起的表征。而现代教育的出现，形成了狭义上的"学科"概念，学科与学科之间确立了边界。学科边界是学科分化的基础，并逐渐形成后来学科交叉的趋势。从这个意义上而言，"界"的分化正是跨学科研究的基础。以学科边界作为跨学科研究的基础，能更好地追溯学科的发展脉络，以及跨学科形成的根基。

在现代教育体系形成之前，并没有"学科"这一概念，而是以"知识"作为古代教育的核心之所在。无论是中国古代"六艺"（礼、乐、射、御、书、数），还是古希腊"七艺"（文法、修辞、逻辑、几何、算术、天文、音乐），都没有明确的学科划分，而是将知识作为一个整体性的统摄。值得一提的是，亚里士多德对知识的分类，对现代教育学科的产生和分化产生了很大的影响。虽然在古罗马时期出现了"学科"（discipline）一词，但它更多的是与"纪律"（discipline）一词相联系。在中国古代，有相关文献记录"学科"一词，大多是指科举考试相关的科目，也是一种知识的载体。

---

① 刘洪一：《边界的始基性与边界辩证法》，《中国社会科学报》2023年1月6日，第1页。

除此之外，还有类似"三教九流"这种能体现知识、文化与流派的词语。"三教"指的是儒教、道教、佛教，"九流"指的是九大学术流派。"三教九流"贯穿了中国传统文化的思想（内隐）与流派（外显），是知识的汇集之处。东西方这种"知识大一统"的局面维持了很长时间，知识并未分化，而是作为一个整体，其底层逻辑是为了丰富人的认知，实现人的全面发展。

随着社会的发展和大学的建立，"知识大一统"的局面逐渐被打破。先是中世纪大学的建立，"文、医、法、神"四个学科作为现代学科的萌芽，起到通识教育的作用。其次是在18世纪末，自然科学从自然哲学中断裂为各门独自学科，随后社会科学从道德哲学中分离出来，学科作为大学里的学术科目正式诞生；到了20世纪，人文科学表示自然科学和社会科学之外的学科之总称，学术科目遂基本成型①。随着大学的改革，学科更加细分，并形成了普通高等教育专业目录的学科。学科的发展不仅与大学教育关系紧密，还与现代社会结构发生改变密切相关。

尤其是随着现代工业体系的发展，劳动资源要素被重新配置，社会分工越来越精细，专业领域也越来越细化。为了更好地解决这一现实问题，现代教育进行了革新，在逐渐形成的人文科学、自然科学和社会科学并列的三种文化之下，设置了很多与现代工业体系相匹配的专业。也正是在大学教育改革和现代工业变革的双重发生下，促进了多学科的发展。几乎从现代意义上的学科诞生之后，多学科（Multidisciplinary）就伴随着学科的发展而发展，它是学科发展逐渐生成和丰富的过程。但多学科之间的发展并不是均衡的。比如1959年英国学者C. P. 斯诺在《两种文化》中批判了"两种文化"（一边是艺术或人文学，一边是科学）的分裂；21世纪初美国学者杰罗姆·凯根在《三种文化：21世纪的自然科学、社会科学和人文科学》中，将这"三种文化"并置，并将其对外部社会产生的影响进行比较。凯根认为，自然科学家强调物质过程，尽可能把历史、文化背景及其相关的各种道德价值观念的影响降低到最低限度，他们主要关注的是某个概念和一系列观察结果之间的关系；社会科学家和人文学者对过分夸大生物学影响的做法予以抵制，他们更关注一整套语义术语（semantic terms）之间的关系，并不断地寻找各种答案，以证实或证伪某种深信不疑的道德

① 曹永国：《何谓学科：一个整体性的考量》，《苏州大学学报（教育科学版）》2018年第4期，第44页。

理想①。杰罗姆·凯根虽然是以 C. P. 斯诺对"两种文化"的价值判断作为批判起点，但他对"三种文化"的方法和功用进行比较也从侧面折射出三者的割裂。多学科的发展使学科队伍不断壮大，但无疑带来学科之间的割裂。学界通过对学科内部和外部进行反思，尝试以跨学科的方法弥补学科之间的间隙，并提升学科之间的粘连性。

"跨学科"（Interdisciplinary）一词最早由哥伦比亚大学心理学家伍德沃思（R. S. Woodworth）于 1926 年提出，他认为跨学科是超越一门学科的边界，实现两门或两门以上学科的研究。20 世纪中后期，学界相继出现了一系列跨学科专著、跨学科研究平台和跨学科学术会议，推动了跨学科研究的发展。国际上对"跨学科"的讨论，也引发了我国学者对"跨学科"的关注与讨论。20 世纪 80 年代，钱学森等学者提倡"交叉学科"（Crossdisciplinary/Interdisciplinary），其目的是突破学科间的障碍，尤其是注重促进自然科学和社会科学相互交叉所形成的新兴学科之间的交流。近几年，学界提倡"新文科"（New Liberal Arts）。"新文科"概念的出现，源于新形势下对传统学科建设和人才培养模式的反思，其在范围、指向和模式三个方面与传统文科有所差异②。自 20 世纪以来，国内外学者纷纷对跨学科进行探讨，其侧重点虽有所不同，但目的都是打通学科间的壁垒，跨越学科间的间隙，形成学科间的交叉融合，并形成一个具有整体性和系统性的"学术共同体"。

学科、多学科和跨学科的发展历史，是一个学科产生和增殖的过程。而学科边界的建立，正是跨学科得以发展的基础。跨学科发展正是在学科分化向学科交叉的过程中，实现了学科间的相互交流。"（确立）学科—多学科—跨学科"的发展，是一个"合而分，分而合"的过程，但不是回到"合"的原点，而是一个"统一—分化—整合"的螺旋上升式的发展路线。如表 1 所示，通过"（确立）学科—多学科—跨学科"的发展，讨论其在目的、方法和结果上呈现出的不同景观。从目的上而言，学科的确立实现从无到有，并逐渐产生学科边界；多学科实现的是学科的增殖，也是学科发展的产物；跨学科是为打破学科壁垒，实现学科的交叉和融合。从方法上而言，学科是对知识进行分类；多学科是对学科间进行并置（静态）；跨

---

① ［美］杰罗姆·凯根：《三种文化：21 世纪的自然科学、社会科学和人文科学》，王加丰、宋严萍译，上海：格致出版社、上海人民出版社，2014 年，前言第 3 页。

② 李凤亮：《新文科：定义·定位·定向》，《探索与争鸣》2020 年第 1 期，第 5 页。

学科是对多学科进行整合（动态）。从结果上而言，学科实现了线性发展；多学科实现了非线性发展；跨学科构建学科体系和"学术共同体"。

表 1　（确立）学科—多学科—跨学科的比较

	（确立）学科	多学科	跨学科
目的	从无到有，产生边界	实现学科的增殖，学科发展的产物	打破学科壁垒，实现学科的交叉和融合
方法	知识分类	多学科并置（静态）	多学科整合（动态）
结果	学科的线性发展	学科的非线性发展	构建学科体系，构建"学术共同体"

从工具论意义上而言，"界"作为元范畴，划分了对成范畴，这些对成范畴相互之间可以转化；从学科的发展而言，"界"是学科知识分化的转化之处，也是跨学科实现学科的交叉和融合之处。

二、"界的媒介"：跨学科研究的范式

"界"从田从介，"介"本身就是"界"的衍生。除此之外，"介"还包含介质、中间物、居间性等含义。"介"是理解和沟通世界的重要方式，是多元文化呈现和发展的重要载体，也是论证和开展跨学科研究的重要范式。

"介"体现出边界、间性和差异性，它是连接差异性的中介。"任何差异物的存在有赖于在相关对反物间建立联通的媒介，使对反的否定呈现为缓冲、过渡、可存续的逻辑秩序和自然价值。在差异化的对反物之间，界的媒介（medium）起到关键作用，它不仅联结对反物，还调解矛盾、调适力量平衡。"[①]"界的媒介"所发生的场域是在自我和他者之间，它不仅表现出一种间性关系，还表现出对差异性的调解，并试图构建出新范式。就学科而言，"界的媒介"发生在学科内部、学科与学科之间，以及超学科几种间性关系中。它所体现出的是，跨学科作为一种方法论，如何在不同学科间性中发挥作用，构建出新范式，推动学科自身和其他学科的发展。

跨学科作为一种方法论，并不只发生在学科之间。在学科内部，也存在跨学科研究方法。以比较文学与世界文学为例，它具有跨民族、跨文化、

---

① 刘洪一：《"界"的范畴意义与工具价值》，《哲学研究》2021 年第 11 期，第 73 页。

跨语言、跨学科的特点。跨学科作为比较文学与世界文学的特征之一，实则经历了一个曲折的过程，甚至一度引发学科自身的危机。梵第根主张比较就是考察事实，这被韦勒克视为"比较文学的危机"，他主张将"跨领域"的观念纳入到比较文学中来，从而打破国界和语言的障碍；之后法国学者巴利塞里提倡从"多学科"和"跨学科"的角度来进行研究。①自比较文学与世界文学作为学科确立后以来，自身不断遭遇危机。也正是在学科的发展中，在不同流派的观点和理论实践的多元探索之中，才奠定了比较文学与世界文学"四跨"的学科属性。

随着现代社会的发展以及现代教育体系的细分，很多新兴领域和共性问题凸显出来。学科与学科之间的互动交流比以往更加频繁，也更加迫切。以跨媒介研究为例，数字时代大众媒介、艺术媒介、生物媒介等充斥在人们的生活中，在"一切皆可媒介"的社会里，媒介不仅成为我们表达的载体，还成为我们身体的延伸，我们存在的方式。由于媒介传播广泛，渗透在各个领域，很难通过利用单一学科或者领域去研究媒介。媒介成为这个时代的一个共性现象和问题。学科之间的跨界融合是跨媒介研究的一个重要视角。作为一种跨学科研究方法，跨媒介研究从文学、艺术学、传播学／文化研究的角度出发，聚焦于跨媒介叙事研究、跨媒介艺术研究和跨媒介文化研究三种范畴。第一种范畴是跨媒介叙事研究，它是文学叙事学理论的一个分支，它研究文学叙事文本与其他媒介的互动和融合，正如学者蒋述卓、李凤亮在《传媒时代的文学存在方式》中借用希利斯·米勒"文学性"这一术语，将一系列由媒介发挥作用的新形态的"混合体"，作为认识文学与媒介发生关联的一个重要视角，一方面，文学媒介的变化引发了文学本身的裂变；另一方面，思考"文学性"比思考"文学"更具学理意义。②第二种范畴是跨媒介艺术研究，它体现出媒介变革对艺术创作、艺术作品及艺术传播的影响，跨媒介艺术研究聚焦两个层面，一是艺术媒介化，二是媒介艺术化。"艺术媒介化"聚焦于艺术对象和艺术文本，而"媒介艺术化"聚焦的则是艺术传播的问题。但究其根本，两者很难剥离开来，"艺术媒介化"和"媒介艺术化"是艺术品从生产、流通到接受必不可少的

---

①　王志耕：《比较文学为什么要跨学科？》，《河北师范大学学报（哲学社会科学版）》2022年第5期，第101—102页。

②　蒋述卓、李凤亮主编：《传媒时代的文学存在方式》，桂林：广西师范大学出版社，2010年，第1—4页。

环节，是艺术与技术相融合并得以传播和接受的重要推动力。第三种范畴是跨媒介文化研究，它探讨的是不同媒介在传播过程中所形成的文化现象。我国学者在讨论文化研究转向时，给出了一个重要判断：从文化研究转向大众文化，再从大众文化转向媒介文化[①]。这样一个重要的研判将对媒介文化（或跨媒介文化）的研究同时聚焦在传播学和文化研究中。从传播学的角度看，跨媒介文化研究关注不同文化在传播过程中所派生出的新现象和新体验。从文化研究的角度看，跨媒介文化也是文化研究的分支，它是20世纪末文化研究转向的结果。跨媒介研究虽然看似是一个新兴的领域，而实际上，多个学科在新时代语境下，面对新技术和新业态派生出新的文化现象和文化形态，需要新的话语体系和新的研究视角去重新解读和深化。跨媒介叙事研究、跨媒介艺术研究和跨媒介文化研究，虽然三者具有特定的研究范畴，但因它们面临很多共性问题，其研究对象和研究内容也寻找交叉融合之处。

除此之外，一种作为更高层次的跨学科——超学科，被学界所呼吁与倡导。1972年，埃里克·扬奇（Eriz Jantsch）提出超学科（Transdisciplinary）这一概念，他设想的是一种以知识整合为导向的、面向生活世界中的问题复杂性的系统理论方法[②]。

1989年乐黛云和王宁在其主编的《超学科比较文学研究》中提出，所谓超学科比较研究除了运用比较这一基本的方法外，它还必须具有一个相辅相成的两极效应。一极是以"文学为中心"，立足于文学这个"本"，渗透到各个层次去探讨文学与其他学科之间的相互渗透和相互影响的关系，然后再从各个层面回归到"本体"，求得外延了的本体。另一极则是平等对待文学与其相关学科及其他艺术门类的关系，揭示文学与它们在起源、发展、成熟等各阶段的内在联系及相互作用。然后在两级效应的总和中求取"总体文学"的研究视野[③]。两位学者的观点，揭示出"超学科"的几个特点：一是"两极效应"是两个具有差异性的学科的相互渗透和影响，这也比较符合"界的媒介"的逻辑；二是"超学科"以立足本学科为

---

① 曾一果：《媒介文化论》，广州：暨南大学出版社，2020年，第37页。

② 赵奎英：《"新文科""超学科"与"共同体"——面向解决生活世界复杂问题的研究与教育》，《南京社会科学》2020年第7期，第132页。

③ 王宁：《超学科比较文学研究·导论》，载乐黛云、王宁主编：《超学科比较文学研究》，北京：中国社会科学出版社，1989年，第3—4页。

基础，在与其他学科进行交叉融合后，仍要回归本学科，形成一种螺旋式的本体超越，拓宽学科边界；三是学科跨界注重整体性，不是消除学科边界，而是跨越边界，并实现整体大于局部的总体性思想，以此关照各个学科，实现学术共同体的构建。这正如德国学者安斯加·纽宁和维拉·纽宁在讨论将文化学置于"超学科"的框架下所说的那样，跨学科和超学科合作所暗示的学科跨界是以专业特有的标准、方法和能力为前提的，这不是以取消各学科的界限（若如此，则必须对各学科的效用前提、方法和理论假设的基础进行研究，否则，将成其反面），而是以跨越其界限以利于相互关照为目标的[①]。超学科作为一种高层次的跨学科，它在现代社会的意义更加丰富。它突破了"文学为中心"，而转向对整个人文科学、社会科学和自然科学的交叉融合；它不仅仅关注学科与学理的问题，也更加关照现实问题。从这个意义上而言，"新文科"的提出与"超学科"的提出具有异曲同工之妙。

三、"界"与"介"的融合：跨学科研究的途径

以学科边界的分化作为跨学科研究的基础，以连接学科的差异性作为跨学科研究的范式，以两者的融合贯通作为跨学科研究的途径。其合理性在于，"界"本身包含着"介"，将"界"所蕴含的"边界辩证法"作为逻辑起点，将学科的确立作为学科发展的起点，以多学科、跨学科和超学科得以发展为基础，并注重学科内部、学科之间和超学科之上的跨学科互动，试图构建学术共同体以及面向现实世界复杂问题的解决。基于此，从学科发展及其外部关照两个方面，提出跨学科研究的途径。

从学科发展出发，一是要以整体性的思维去认识学科互动。随着现代社会分工的细化，专业也更加细化，这使得人无法全面把握和认知世界。正如雅斯贝尔斯所说，知识的整体坍塌导致其"局部性"无法形成"全人教育"。知识的整合、学科的交叉是实现整体性的一种途径。"整体并不等于各个孤立部分的总和，某些性质和特点在孤立的个体中并不能找到，它们只存在于其特点的总体性的相互联系之中。因此，不能把动态的、有机

---

① ［德］安斯加·纽宁、维拉·纽宁主编：《文化学研究导论：理论基础·方法思路·研究视角》，闵志荣译，南京：南京大学出版社，2018年，第4页。

的整体仅仅分割为静止的、已死的部分，机械相加来进行研究，必须从作为整体各部分的相互依赖、相互制约来揭示事物的特征和规律。"[①] 因此，一种系统性和总体性的整体观更符合跨学科研究的发展。二是以差异性作为学科间互动的工具，通过"跨界—交叉—融合"实现学科增殖，并以此构建学术共同体。差异性是学科边界确立的一种表征，也是学科之间融合和一体化所能实现的基础。在对学科差异性进行互补时，"跨界—交叉—融合"是一个动态有机的过程。首先确立学科边界，寻找学科间的差异性，然后跨界，形成交叉，并最终融合。跨界，交叉和融合常常被看作是学科互动的一个过程，但细究下去，会发现有更独特的内涵。有三个与之相对应的英语词根，可以用来形容"跨界—交叉—融合"的过程。"cross-"代表的是一个动态的跨越，意在打破学科壁垒；"trans-"所代表的是一种转化、转移、交叉和过渡，是从跨越（动态）向融合（静态）的一个过渡，既是正在交叉（动作），又是即将形成交叉（结果）[②]；"inter-"代表的是一种间性关系，是一种静态的状态和完成的结果，也就是跨越、交叉后所形成的融合状态。"跨界—交叉—融合"对应了学科整合的一个有机过程。

从外部世界出发，跨学科研究注重以问题为导向，以强化实践为根本，以关照现实为准则。与跨学科有相似含义的词语有"综合学科""复杂学科"等，由此可见，跨学科所关注的是对复杂问题的解决。当前世界面临"日益突显出严重的'文明病'症状：超级智能隐忧、基因技术隐患、生态危机、地缘政治与单边主义、文明割裂、思想隔绝、逻辑变异、秩序丧失、物奴现象与后物质主义并存，以及人性的退化、心智的弱化等"[③]，跨学科思维有助于我们面对当前的现实问题，并尝试提出解决问题方案：提取文明最大公约数，构建"人类命运共同体"。除此之外，由新技术、新产业和新业态所引发的生活方式、思维范式和学习模式的转变呼唤学科的内在改造、升级和转型，以跨界融合为特征的新产业和新业态迫切需要跨学科

---

① 乐黛云：《文学与其他学科》，载乐黛云、王宁主编：《超学科比较文学研究》，北京：中国社会科学出版社，1989年，第16页。

② 交叉学科有两个对应的英文翻译：Cross-disciplinary和Inter-disciplinary。交叉学科同时包含"cross-"（跨越）和"inter-"（融合）两重内涵，它作为两者的一个转化和过渡。

③ 刘洪一：《文明通鉴与普惠文明：人类命运共同体的文明路径》，《深圳大学学报（人文社会科学版）》2019年第5期，第6页。

和重实践的复合型人才。[①]厚基础、宽口径、专业化、创新型的复合性人才成为新的时代需求，在全球化语境下，呼唤具有不同背景的专业性人才跨界合作。

跨学科研究作为一种方法论，在确立学科边界，寻找学科间的差异性，通过"跨越—交叉—融合"实现学科间的交流和互动。除此以外，对共性问题和现实世界的关照也成为当今社会对跨学科研究的另一时代使命。

---

① 李凤亮、陈泳桦：《新文科视野下的大学通识教育》，《山东大学学报（哲学社会科学版）》2021年第4期，第173页。

"合理"与"真"的边界：论罗尔斯的公共理性 *

深圳大学　陈雅文

一、"合理性"问题

"合理性"是罗尔斯公共理性的核心概念，它包含了一种争议颇深的主张。罗尔斯将其表述如下："'公平的正义'的目的是实践的，而非形而上学或认识论的。它并不被表述为一种真理的正义观，而是被作为自由平等的公民达成知情和自愿共识的基础……为保护这种共识，我们争取避免有争议的哲学、道德和宗教问题。"[①]"政治自由主义并不诉诸真理的（true）政治正义观，而是诉诸合理的（reasonable）政治正义观。"[②] 以及，"政治自由主义既不使用（或否定）真理概念，也不质疑真理概念……政治观念可以把真理概念置于一旁"。以及，"一旦我们承认，合理多元主义的事实是公共文化的永久特征，'合理'就比道德的'真理'更适合作为公共论证的基础。把一种政治观念奉为真理，并将其作为公共理性的唯一基础，这是排他的，甚至是偏狭的"[③]。

之所以选择"合理"一词，是因为这意味着两件事："其一，政治正义观是一种有限的观点，它旨在提供一种论证的公共基础，它阐述的是政治

＊　本文的撰写得到广东省哲学社会科学规划 2021 年度项目（GD21YZX04）的赞助。

① John Rawls, *Collected Papers*, Cambridge: Harvard University Press, 2001, p.394.

② John Rawls, *Political Liberalism*, New York: Columbia University Press, 1996, p.xx, 116.

③ John Rawls, *Political Liberalism*, New York: Columbia University Press, 1996, p.129.

的价值而非一切价值；其二，政治正义观的原则和理念是基于实践理性的原则，并且与社会和人的观念联系在一起。"①

基于这样的前提，公共理性所逼显的紧张显而易见。如果公共理性旨在为人们提供一种公共视角，而人际的观点却存在深刻分歧，那么，一种整全的真理和形而上学就无法承担公共理性的使命。人人都声称自己的观念是真理，应该为公共讨论奠基，那么，其结果只能是，要么放弃公共理性的理想，要么凭借压制性的权力赋予某种整全真理以权威性。所以，罗尔斯提出了"合理的政治正义观"这一概念，并且，他还对应地使用了"形而上学"（以及宗教、道德和哲学）和"真理"，来指一种企图涵盖人类生活之全部价值的整全学说。跟随罗尔斯的这一思路，我们就不难理解他提出第二种限制的理由——避免公共政治论证中的不宽容。不过，他的用词极为冒险，首先是关于"道德"和"哲学"的用法。

在《政治自由主义》序言里，罗尔斯强调，《正义论》并未在道德哲学和政治哲学之间做出区分，然而，这种区分在《政治自由主义》中却是根本性的。②可在其他地方，他又说："'公平的正义'是一个政治的正义观念，一个政治的正义观当然是一个道德的观念。"③在讨论中立性时，他还更明确地表述，"程序的中立是指程序的合法性不需要诉诸任何道德价值"，而"'公平的正义'并不是程序的中立。它的原则是实质性的，其表述已经超越了程序的价值。……它是目的的中立"。④这提醒我们，对罗尔斯所使用的"道德"一词要十分小心。罗尔斯整个正义理论的建构方式以及政治正义观所希望赢得的正当性，绝对不是"道德的中立"。相反，这恰恰提出了一种道德要求。⑤

此外，"哲学"也隶属罗尔斯话语体系下的整全真理。罗尔斯在此意指诸如柏拉图主义的形上实在论。在讨论关于"真理"的传统看法时，罗

---

① John Rawls, *Political Liberalism*, New York: Columbia University Press, 1996, p.xx.

② John Rawls, *Political Liberalism*, New York: Columbia University Press, 1996, p.xv.

③ John Rawls, *Collected Papers*, Cambridge: Harvard University Press, 2001, p.389.

④ John Rawls, *Political Liberalism*, New York: Columbia University Press, 1996, p.192.

⑤ 当然，罗尔斯解释说，"政治正义观必然吸收各种各样关于善（道德）的理念"，但是，这种吸收需要遵守一定的限制条件，即，被吸收的善（道德）理念应该是政治的理念：（1）这些理念能够被自由平等的公民所共享，（2）这些理念不可预设特定的整全学说，关于善（道德）的理念必须尊重政治正义观的界限。（John Rawls, *Political Liberalism*, p.176）所以，尽管政治正义观的论证需要借助于道德学说，但其解释仍然独立于或者说不依赖于它们。

尔斯就特别刻画了理性直觉主义（rational intuitionism）。这种观点认为，存在某种独立的道德价值的秩序，当道德判断符合它时，道德判断就为真，而背离它时，就为假。在罗尔斯心中，理性直觉主义就是涉及"真理"用法的一种典型理论。当然，形上实在论只是哲学的一种理论，还有许多哲学理论是反形上实在论的。不过，总的说来，罗尔斯认为哲学的范围比政治宽广，论证也更深入。正因如此，他才把"哲学"纳入整全（comprehensive）真理的范畴。不过，我们也在更平实的意义上使用"哲学"一词。就此，哈贝马斯为"哲学"辩护说："哲学是一种设计，是共同追求真理的一种制度，并非一定要和（政治自由主义意义上的）形而上学保持着一种内在联系。"①

　　比"道德"和"哲学"这两个词更加令人困惑的是"合理"与"真理"的用法。"政治"与"形而上学"的区分并不等同于"合理"与"真理"的区分，后者更模糊也更复杂。可罗尔斯并未在《政治自由主义》中指明这一点，在其文本中，这两组概念常常交互使用。然而，相比"形而上学"，"真理"一词在我们日常话语中的使用要广泛得多。澄清罗尔斯在何种意义上使用"真理"，不仅可以明晰罗尔斯的论证，还可以廓清一些不必要的批评。此外，比起"真理"的词义，一个更核心的问题是，当最根本的问题发生动摇时，如何可能让公民只诉诸合理的公共正义观而非他们所理解的整全学说？最根本的问题难道不应该求助于最重要的真理理论吗？一旦如此，就必然超出公共理性所规定的范围。要想釜底抽薪地瓦解罗尔斯的回避法，要么需要指出罗尔斯的"合理性"概念依然依赖于某种真理理论；要么指出这个概念因为缺少真理理论的支持，所以无法真正发挥作用。接下来，我想结合相关批评，探讨罗尔斯希望分配给"合理性"和"真理"的不同论证任务，并追问"合理性"能否承担这一任务。进一步说，"合理性"依然依赖于某种真理理论，还是缺乏实际的效力而无法实现真正的公共理性，甚或把我们引向相对主义？

二、何谓"合理性"

　　为清晰起见，我首先借用努斯鲍姆（Martha Nussbaum）对合理性所

---

① Jürgen Habermas, *The Inclusion of the Other: Studies in Political Theory*, pp.76–77.

做的一个区分。"合理性"在政治自由主义中大致有两种用法，一种是理论的用法，另一种是伦理的用法。[1]第一种用法主要指涉合理的整全学说（reasonable comprehensive doctrines）。这些学说之所以是合理的，因为它们能满足以下三个条件：其一，它们一致而融贯地涵盖了人类生活中重要的宗教、哲学和道德观点（其中，一致性指各个层面的信念之间没有逻辑矛盾，而融贯性指它们能够在不同的程度、范围和顺序上相互支撑、架构和解释）；其二，它们拥有自己所看重的价值，能运用实践理性来权衡不同的价值，并在价值之间发生冲突时进行引导；其三，它们并非一成不变，而是能够基于充分的理由进行自我改进。[2]第二种伦理的用法主要指具有合理性的人，这样的人愿意提出合作的公平条款，并在其他人都遵守条款的情况下也愿意这样做。

前一种理论的用法从知识的角度增进了我们对合理整全学说的理解。有了罗尔斯所给出的这三条标准，我们就可以量度任何一种整全学说：它的理论是一致而融贯的吗，它能够权衡和引导彼此冲突的价值吗，它能适时地进行自我改进吗？可是，这种对合理整全学说的规定却出现了两个重要问题。一个问题是，这三条标准过于严苛。我们看到，大量的整全学说并不是系统而融贯的，甚至，在某种程度上，正是它们的不严谨造就了它们对其他学说的"宽容"。因为它们没有自成一脉，所以无法构成对严谨的政治正义观（或者其他整全学说）的强力反驳。努斯鲍姆就此指出，许多整全学说并不严格地符合上述理论用法的要求，例如占星说或者形形色色的宗教学说，"它们的非理性就是它们通往神学启示的钥匙"[3]。可是，它们却极有可能符合上述第二种用法（即伦理用法）的要求，也即是说，如果它们愿意承认其他系统而融贯的整全学说有其独立的价值，并且不会强制推行自己的学说，那么，无论是占星说还是任何一种宗教学说，就应该是可以被接受的。

与之相对的第二个问题是，这三条界定合理整全学说的标准不够详细。在实践中，单凭这三条标准不足以排解我们的疑惑，它们留下了太多的阐释余地，以至流于空洞。例如，面对第三条标准，我们会问，什么是充分

---

① 参见 Martha Nussbaum, "Perfectionist Liberalism and Political Liberalism", *Philosophy & Public Affairs* 39, no.1 (Winter 2011), pp. 3–45.

② John Rawls, *Political Liberalism*, p. 59.

③ Martha Nussbaum, "Perfectionist Liberalism and Political Liberalism", pp. 25–26。

的理由呢？在什么状况下坚持本来的基本价值，又在什么状况下做出改变，才能够称得上"合理"呢？罗尔斯坦然地承认说，他对合理的整全学说的规定是"有意的宽松"（deliberately loose），这样做是为了避免任意和草率地将某些学说贬斥为不合理的学说。可是，问题依然挥之不去：许多激烈冲突的问题难道不正是关于究竟何为合理的整全学说的争论吗？这样看来，罗尔斯对合理整全学说的这三条标准实在不能令人满意，它们一方面排除了许多"无害"的整全学说，另一方面又未能把"有害"的整全学说清理出去。

于是，我们转而考虑合理性的第二种用法，即伦理的用法。在罗尔斯的论述中，具有合理性的人与合理的整全学说是紧密联系的，具有合理性的人所认肯的学说在很大程度上也是合理的整全学说。这样一来，我们的目光就被引向了具有合理性的人。或许，我们可以用这种用法来填补理论用法留下的空隙。

根据罗尔斯的说法，合理性的人具有如下两个特征。其一，他们愿意在彼此同意的条款下进行合作，愿意提出公平合作的条款，并在其他人遵守条款的情况下也这样做。换言之，他们不会在合作中忽视他人要求的有效性，他们尊重规则本身的价值，即使条件成熟，也不会简单地受利益的摆布，仅为了私利而打破规则。其二，他们承认"判断的负担"（burdens of judgment）会引发不可避免的分歧，他们认识到，除开信息匮乏、自私自利和视而不见之外，真诚对话的人们也会提出背道而驰的观点，所以，他们能够"接受公共理性在引导政治权力的过程中所产生的结果"。[1]

罗尔斯通常对应地使用合理性（reasonable）与理性（rational）。德语中 vernünftig 一词兼具合理性与理性的双重含义，它既指一个人"明白事理""乐意倾听意见"，也指一个人以最有效的途径达成目的。[2] 前者主要指合理性，而后者主要指理性。这是两种相互依赖的能力：缺乏理性的人

---

① John Rawls, *Political Liberalism*, New York: Columbia University Press, 1996, p.56.

② 罗尔斯用合理性来解释康德的纯粹实践理性。他说："康德用 vernünftig 表示一个完整的理性概念，这个概念既包括了'合理性'（reasonable），也包括理性（rational）。"参见 Rawls, *Lectures on the History of Moral Philosophy*, p.164.

会丧失行动的目标，而缺乏合理性的人则会丧失社会合作的能力。[①] 罗尔斯特别地强调合理性的独立意义。他反驳如下观点，即，可以从"理性"中推导出"合理性"，从个体审慎追求自己目的的能力可以推导出公平合作的根据。罗尔斯强调，虽然两种能力相互依靠，但并不能彼此推导。尽管理性的主体可以爱自己，爱共同体甚至爱国家，他们也可以基于自己的目的参与社会合作，但纯粹依据理性（rational）来界定个体，并不是关于人的全部洞见，它欠缺一种道德敏感性。[②]

这就呈现对"合理性"的两种可能的理解。一种是认识论意义上的，即，它定义了人的合作能力，指明人有能力在合作中做出超越个人视角的判断。另一种是道德意义上的，它是一种规范性要求，指明合作中的人应该从他人视角看问题，把所有人可能受到的影响纳入考虑，并准备承担这种不怀偏私的行为的后果[③]。不过，罗尔斯更多地"是在道德的意义上使用合理性一词"。（这里道德一词勿与罗尔斯所使用的道德学说相混淆）[④] 他这样做出说明："合理性不是一个认识论的理念（尽管它具备某些认识论的要素）。毋宁说，它是一个民主公民关系的政治理念。"[⑤]

在《政治自由主义》中，罗尔斯更惯常使用"公民"一词代指具有合理性的人。罗尔斯说，公民是"能够参与社会活动、能够在社会生活中发挥作用，并因此能运用和尊重他的各种权利和责任"的人，是"能够终其一生充分参与社会合作的成员"。[⑥] 罗尔斯赋予了公民两个重要的属性，其一是平等，其二是自由。罗尔斯认为，这源于他们的两种道德能力，一种能力是正义感，另一种能力是追求善观念。正义感是指理解、运用和践行公共正义观念（它规定着公平合作的社会条款）的能力；而善观念是指人

---

① 所以，一个行为者可能是理性但不具有合理性的。例如，在一场合作中，A 一门心思扩大自己的利益份额而完全不顾 B 的利益。他是理性但不具有合理性的。但如果 A 因为计算失误而损失了自己的利益，那他就是既不理性也不具有合理性的。参见 W. M. Sibley, "The Rational versus the Reasonable".

② 参见 Freeman, *Rawls*, p.347.

③ W. M. Sibley, "The Rational versus the Reasonable", p. 557.

④ 参见 Freeman, *Rawls*, p. 346.

⑤ John Rawls, *Political Liberalism*, New York: Columbia University Press, 1996, p.62.

⑥ John Rawls, *Collected Papers*, Cambridge: Harvard University Press, 2001, p.397.

们形成、修正和理性地追求一个人合理利益 ① 的能力。不难看出，正义感与合理性紧密相连，它"是公平合作的社会理念的一个重要因素"，而善观念与人的理性紧密相连。如果合理性的确具备认识论要素的话，那么，这就体现在人的正义感这种道德本性上。

不难看出，罗尔斯对"合理性"的解释如履薄冰。他既不能将其放置在任何一种强硬而充分的整全学说之上（例如，康德的普遍主义就体现了合理性的要求），又不能过于稀薄地定义"合理性"以免流于空洞。所以，他反复地强调这是对民主社会中健康公民关系的阐述。

努斯鲍姆的如下建议能恰如其分地满足上述"合理性"的双重要求。我们不妨把合理性的人背后所隐含的要求理解为"尊重"。人们愿意在彼此同意的条款下合作，这是对同胞的平等地位的尊重；人们愿意承认"判断的负担"，这是对他者之不同意见的尊重——即使他们认为这些意见有误，他们也依然尊重他者根据自己的意愿追求真理的权利。② 在康德主义传统中，尊重是与能为自己立法的理性主体联系在一起的，这使他们具有不可逾越的尊严。而在政治自由主义的话语中，尊重不必蕴含如此深刻的伦理意义。换句话说，我们既可以站在康德主义的立场尊重他者，也可以基于日常的准则尊重他者，甚至，我们可以基于罗尔斯的政治概念尊重他人，即使我们在宗教或者形而上学的立场上认为这个人根本不值得尊重 ③。

即使某种整全学说荒谬而混乱，只要它的信奉者愿意遵守"尊重"原则，那么，这样的整全学说就可以在政治自由主义中占有一席之地。当我们思索是否应该对某种整全学说做出改进时，我们只需用"尊重"原则加以考量。例如，天主教自第二次梵蒂冈大公会议起调整了它的教义，从而更好地与现代社会的科学事实和政治事实相融合，这是合理的整全学说；而基督教的原教旨主义者坚守《圣经》的文本，并且把《创世纪》中关于创世的记载作为历史事实，但我们也无须匆忙将其归入不合理的整全学说，

---

①　罗尔斯既用了 advantage 也使用了 good，后者比前者的伦理意义更强，适用范围也更宽，我统一使用"利益"一词，因为即使是善好或者关于有价值的东西的观念，在行动者希望追求和推进它们时，也会成为行动者的一种"利益"。

②　参见 M. Nussbaum, *Rawls's Political Liberalim*, p.23，亦参见她的文章 "Perfectionist Liberalism and Political Liberalism"，p.17.

③　Ibid., p.19. 一个常见的问题是：只遵守尊重原则本身，而不问尊重的理由，似乎难以成其为真正的尊重。努斯鲍姆强调说，尊重并非近似于爱慕或者崇敬这样的主观情感，而是一种"政治"价值。

只要他们不把这些看法强加于其他人。尊重原则对化解如下批评也颇有裨益。这种批评说，政治自由主义意在化解多元的真理所带来的分歧，殊不料人们对何谓"合理"的看法千奇百怪。科恩（Joshua Cohen）就此评价到，"认为真理会产生不可避免的分化，甚至不宽容，这是因为真理有一种基本的逻辑属性，即，真理是独一无二的（singular），而合理性是多样的"，可是，"有各种各样的政治正义观，即使合理性是多样的，也会出现哪一种政治正义观是最合理的问题"，"'最合理'就与'真'一样是独一无二的了"。[①] 可是，罗尔斯只强调了"真"和善观念的那个方面。

如果把"合理性"理解为尊重原则，那么，"合理性"的分歧就是尊重的理由所呈现的分歧，但尊重这个要求本身是无争议的。我们可以基于康德主义中人的尊严，也可以基于功利主义中把人看作平等的每一份，抑或是基于基督教中的人人在上帝面前平等。在这些例子中，尊重的理由是不同的，可是尊重的事实没有改变。

三、何种真理：日常的真理、世俗的真理 与形而上学的真理

接下来，我们再考察与"合理性"相对的"真理"概念。罗尔斯认为，政治自由主义无须超出合理性的范畴，它可以将道德真理判断留给整全学说。为了理解这种观点，我们必须澄清罗尔斯在何种意义上使用"真理"一词。基于针对罗尔斯的各种批评，我把"真理"分作三类：日常的真理、世俗的真理与形而上学的真理。我将指出，罗尔斯的确在第一和第二种意义上涉足了"真理"，而在第三种意义上刻意回避"真理"。

首先需要指明的是，日常的真理概念并非一定要与罗尔斯所谓的"整全真理"联系在一起。用科亨的话说，我们应该区分真理概念（the concept of truth）和真理理论（the theory of truth）。真理概念是指在一切论证中所包含的思考、判断和推理等直觉概念，而真理理论是指对某一特定真理观念的系统的论述。例如，救赎、勇气、荣耀等概念就应该被排除在公共理性以外，因为这些概念明确地推崇某一种生活理想，而公共论证又完全可以不使用这些概念。换句话说，真理理论以一种更准确的方式表达了罗尔

---

① Josshua Cohen, "Truth and Public Reason", pp. 238–239.

斯的"整全真理"的含义。

还有一些真理概念是在理性的公开运用中无法回避的：当我们谈论意义时，当我们对某事做出判断时，当我们提出一个断言命题时，当我们做出假设时，都会使用"真理"概念。判断某事，就是在很大程度上对某事是否为真做出判断；提出断言命题，就是把自己断言为真的东西告诉他人；在论证中假设一个前提，就是假设该前提为真。此外，"真理"还与我们所相信的理由有关，与逻辑推导有关，与我们在思考和交往中所使用的语词的准确性有关，与表达的真诚和融贯性有关[①]。可见，公共理性无疑会使用这种日常的真理概念。事实上，罗尔斯自己也承认，真理概念在道德推理中有其自然的用法。例如，在充分知情和真诚认同的前提下，我们可以说在原初地位下所形成的原则是真的；我们也可以说，依据合理的正义原则所推导而来的判断是真的。事实上，任何哲学论证都不可能丧失基本的真值判断，罗尔斯的理论也概莫能外。

第二种真理概念与如下观点联系在一起，即，任何正义理论都必定预设某种前提。拉兹（Joseph Raz）就此评论说：一种正义理论，就是一种真的、合理的或者有效的理论。如果想要提出一种能够增进共识的正义理论，从而促进社会的稳定和统一，那么，这种以共识为基础的稳定和统一，就是该正义理论想要追求的价值；取得这些价值，就使得该正义理论成为真的、合理的或者有效的。因此，没有正义理论是可以丢掉"真"的[②]。埃斯特伦德（David Estlund）也提出了类似批评，他认为，罗尔斯的政治自由主义有一个无论如何都无法避免的真理命题，就是"被合理地接受"（the reasonable acceptability necessity）：在政治论证中，能作为前提被接受的原则，必须被所有具有合理性的公民所接受，这就是罗尔斯政治自由主义的

---

① 参见 Joshua Cohen, "Truth and Public Reason", pp. 225–26. 科恩认为罗尔斯的这种观点是"真理缺失"（no truth concept），即罗尔斯把真理概念放在一边不予置评，这种方式"既不认为真理是公共政治讨论的充分条件，也不认为真理是公共政治讨论的必要条件"（p. 230）。但我不同意科恩的这种批评。当罗尔斯声称"政治自由主义的目标是寻找一种独立的政治正义观"，这种正义观将真理置于一旁时，他是说，形而上学的真理对于参与公共政治讨论而言既非充分条件也非必要条件。罗尔斯已经持有一种对真理的理解，他不仅持有日常的真理概念，还持有世俗的真理（见下文），然后声称形而上学的真理对于公共政治讨论既非充分条件也非必要条件。

② 参见 Joseph Raz, *Facing Diversity*, p.15.

论证起点，是他的正义理论的前提。①

可是，这些批评并没有击中罗尔斯的要害，因为他并不否认这一点。罗尔斯明确提出了许多可以视为论证前提的理念，例如，公共政治文化下那些最基本的直觉观念：把人理解为自由平等的公民，把社会理解为由这样的人所组成的公平合作体系，以及罗尔斯向我们展示的五种善理念②。罗尔斯甚至还强调说，在论证基本结构及其公共政策时，我们应该"诉求现时人们所接收的常识性的普遍信念和推理形式，以及当下没有争议的科学方法和结论……应该尽可能依赖现在已经为广泛接受或普遍适应的那些朴素真理"。③

我们不妨把这些前提称为世俗的真理（mundane truth）④，罗尔斯的理论恰恰肯定了这些世俗真理⑤。当极端宗教组织宣称他们的宗教应该获得更多特权，他们的教徒在人格上更加高贵时，罗尔斯会说，这样的宗教组织是不具有合理性的，进而言之，他们的观点是错误的。这个时候，罗尔斯的论证当然做出了是非判断。而且，他并不是在日常的真理概念下使用"真"这个词的，他依据某一种成体系的观点而把另一些观点作为不合理的排斥了。值得注意的是，罗尔斯认为，他置为前提的这些真理命题，在民主社会的背景下几乎为人们所共享。现在，人们不再会理直气壮地为种族歧视、宗教特权和专制辩护，即使它们或多或少还出现在现实的生活里。所以，世俗的真理是隐含在人们所共享的文化背景中的，而罗尔斯的政治哲学则是要把这些模糊的共识系统化和明确化。

第三种真理是整全学说的真理，即形而上学的真理或者说整全真理。这才是在罗尔斯的文本中反复出现、想要予以回避的真理。罗尔斯认为，诸如康德主义、功利主义、道德实在论以及各种宗教教义等，都属于这个

---

① 参见 David, Estlund, "The Insularity of the Reasonable: Why Political Liberalism Must Admit the Truth", p.254.

② 这五种善理念分别是：理性之善、基本益品、整全的善观念、政治美德的理念、良序社会的善理念。（*Collected Papers*, p. 449）

③ John Rawls, *Political Liberalism*, New York: Columbia University Press, 1996, p.224.

④ 这里，我借用了乔纳森·邝（Jonathan Quong）在《毫不完美的自由主义》（*Liberalism without Perfection*）中的用词。

⑤ 当然，罗尔斯本人对"真理"一词的使用是十分谨慎的。在《交叠共识的理念》中，他写到："有人也许会说，达成了反思的共识，这就可以成为政治正义观为真的基础。可是，我们不往前推进一步：因为对于寻找公共的论证基础而言，这是不必要的，甚至会干扰这个实践性的目标。"（*Collected Papers*, p. 436）

范畴。在罗尔斯那里，形而上学的真理至少包含如下两个特点。其一，它的理论目标是终极的和完备的，它企图对部分或全部人类价值做出系统而全面的说明；其二，它是排他性的，它的观点或多或少与另一套观念相抵触。

罗尔斯的论证所面临的第一个困难来自"形而上学"这个词的使用。正如罗尔斯本人所指出的那样："并没有对什么是形而上学的学说的统一理解。"例如，在原初地位中，罗尔斯设定各方需要屏蔽自己的特殊信息，这似乎已经预设了正义就应该摆脱社会和历史的偶然性，这本身是不是一种形而上学预设？或者，人们深思熟虑地选择正义原则，并对自己的选择负责，这是不是一种对人之本性的形而上学的规定？再或，认为正义原则无须以形而上学的学说为前提，这本身是否又落入了形而上学的循环？罗尔斯说，他不否定这样的质疑。但他强调，他的"论证前提并未牵涉某种特殊的、与其他学说相抵触的对人性的形而上学预设"，他还温和地补充说，如果真的涉及形而上学前提，那也是因为这些前提太普遍，以至许多形而上学学说都会使用它们，所以并不会成为某一种整全学说的特殊标志。

诚然，罗尔斯的论证的确起始于一些普遍的直觉观念。其中一个构成"公平的正义"的基本的直觉观念是，"社会是由自由和平等的人所组成的公平的合作体系"。我们对公平合作的概念并不陌生，因为今天的时代或多或少就由民主社会的公共文化所主导；而过往把社会秩序看作给定的自然秩序或者自上而下的等级秩序的观念，已经掩埋在历史的尘埃里。这种对合作的理解在本质上蕴含着一种对人的理解：人应该是自由平等的人。正是基于此，任何社会合作的条款都需要征得每一个参与者的同意。

于是我们追问，这种对人的理解（以及基于此的合作理念）是否是一种形而上学的学说？在《正义论》中罗尔斯采取了一种康德主义的方式来定义人，即，把人视作自由平等的理性存在者，其最核心的品质是自主。原初地位的设计正是旨在逼显这样一种"本体的自我"："我们作为理性存在者的本质必须在决定选择的条件中被反映出来，只要我们按照这个本质被反映出来时我们将会选择的原则来行动，我们就显示了我们的本质。通过他们在原初地位中将会承认的方式行动，人们就彰显了他们的自由，彰显了他们对于社会的偶然因素的独立性。"[1]这种对人的理解立刻引起争议。

---

① John Rawls, *A Theory of Justice*, Cambridge: Harvard University Press, 1999, p.225.

桑德尔就将其斥为"空洞的自我"：仅仅用理性和自主性来刻画人，就忽视了人们在真实生活中的经验和需求。罗尔斯注意到了这种批评，并且在后来希望修正这种有争议的阐释。在《政治自由主义》中，尽管"人"依然延续了《正义论》中关于"自由"和"平等"的规定，但却出于不同的理由。现在，我们无须用一种康德主义的方式来理解"自由平等"，换句话说，我们无须从"自主的人"或者"具有道德责任的理性人"这样的角度来理解"自由平等"。鉴于"公平的正义"的目标，"人"是参与社会合作的公民，而公民是一个政治的概念，"他们拥有那种使他们能够参与社会合作的道德人格所要求的能力"，而"自由平等"就是指人们能够基于理由而行动。

但把这样的理论统一冠以形而上学之名，不免粗糙。不错，宗教学说是典型的形而上学理论，它不仅对人类的存在和生活的价值做出了终极的解释，还把忠诚和服从作为内在的美德贯穿于教义，此外，宗教学说还程度不等地排斥与之相冲突的理论。可除开宗教学说，还有许多其他类型的形而上学理论，这类理论尽管是成体系和全面的，但是也具有包容性。以哈贝马斯的商谈理论为例，它基于语言的使用而提出言语行为的前提，进而提出交往的有效性要求（真实、真诚和合准则），从而寻找人们相互理解的基础。

尽管罗尔斯把宗教学说和商谈理论都归为整全学说，但睿智的读者可以迅速把捉到二者的不同。尽管商谈理论与宗教理论一样，也力图寻找普遍性，但它只要求从哲学视角对交往行为做出解释。这就好比心理学力图对某种人类认知和情绪做出解释，而社会学力图对人类的社会结构及活动做出解释。罗尔斯也许承认说，我们可以把心理学和社会学的权威理论作为人们所共享的知识前提，也即作为世俗的真理予以接受。如果是这样，那么，为何类似于哈贝马斯的商谈理论这样的整全学说就应该被排除在政治讨论之外呢？我们看到，从世俗真理到形而上学真理，这之间的界限并不如罗尔斯所设想的那样可以截然两分。世俗真理与形而上学的真理在许多方面纠缠在一起，世俗真理的许多观念都有其形而上学的依据和基础。罗尔斯也许会说，正是这些理论的系统性和全面性造成了多元的事实，而如果想要从中开出共识，就需要把它们归入形而上学而交给个人自行做出判断。我认为，把这样的理论统统划入形而上学并不能一劳永逸地解决问题，相反，其中的诸多观点对于公共理性而言本身就是可取的。罗尔斯只说:"（我）不往前推进一步，因为对于寻找公共的论证基础而言，这是不必要的，甚至会干扰这个实践性的目标。"[①]这未免显得过于潦草。

因此，罗尔斯在日常和世俗的意义上使用了"真理"概念，而在形而上学的意义上力求回避"真理"概念。真正的争论并不在于我们是否会在前两种意义上脱离"真理"的使用，而在于罗尔斯如何在最后一种意义上自圆其说。

---

① John Rawls, *Collected Papers*, Cambridge: Harvard University Press, 2001, p.436.

经典重塑与新文明探索

关于重塑中国新经学的几点思考

——纪念饶宗颐大师首倡重塑中国新经学20周年

山东省委党校/山东大学　胡杨木[1]国学团队

2001年11月2日，饶宗颐先生在北大百年纪念论坛上作题为《新经学的提出——预期的文艺复兴工作》的发言时指出："我们现在生活在充满进步、生机蓬勃的盛世，我们可以考虑重新塑造我们的新经学。"[2]20年过去了，我们胡杨木国学团队沿着饶宗颐先生所倡导的思路进行了初步的探索。现将我们探索的成果向学界的专家、同仁做一汇报，请不吝指正。

一、经学的概念形成及演变的过程

（一）经和经学

经，中文的本义是恒久不变的原则、道理以及社会的规范等。现实社会中当我们说到"经"的时候实际指的是"经书"，而经学则是关于这些"经书"的训诂注疏、义理阐释以及学派传承、演变等的学问。一般来说，经学包括两方面内容：一是学术层面，包括经书文字训读、人物事件、名物制度的注释、经书中文字含义的阐释；二是信仰方面，经是指人类社会的常行之道，对经典中所蕴含的价值观的认同。[3]

---

①　胡杨木：本名孙矩，山东省委党校（山东行政学院）儒学研究中心首席专家、教授、博导，山东大学历史文化学院特聘教授，山东财经大学中华文化研究院院长。

②　下文对饶先生的引用均出自此次发言。

③　姜广辉：《中国经学思想史》，北京：中国社会科学出版社，2003年，第2—3页。

（二）经学的形成及演变

中国经学源远流长。源远，是因为它概括了孔子之前二千五百多年中华文明起源与早期文明发展的历史。流长，是指它在孔子之后影响中华文明二千五百多年的绵延发展。[①]但是，经学形成于何时，却是仁者见仁，智者见智。皮锡瑞先生认为，经自孔子始，孔氏之前未有经。[②]马宗霍先生则认为，自古以来就有经。[③]《诗》《书》《礼》《乐》《易》《春秋》是中国最早的一批书籍，史称孔子对其加以删修整理，使六部典籍流传于后世。秦代"焚书坑儒"与战乱，《乐》一书失传。西汉时期，汉武帝采纳了董仲舒"罢黜百家，独尊儒术"的建议，设立五经博士，才有了经和经学的概念的初步形成。周予同先生说，中国经学，假使我们慎重点说，追溯到西汉初年。[④]所以，学界一般将汉武帝设立五经博士作为经学正式确立的标志。至东汉时期，又在五经之外，把《论语》《孝经》定为读书人必读之书，这样五经便扩大为七经。其后，又有九经之说，即在原来七经的基础上，由单一的《仪礼》，增加了《周礼》《礼记》。唐文宗年间，用楷书刻《周易》《尚书》《毛诗》《周礼》《仪礼》《礼记》《左传》《公羊传》《穀梁传》《论语》《孝经》《尔雅》于长安太学，称为十二经。这些经书刻至今保存于西安碑林，这就是有名的开成石经。北宋时《孟子》列入，形成十三经。[⑤]南宋大儒朱熹把从《礼记》中抽出的《大学》《中庸》两篇与《论语》《孟子》结为《四书章句》，之后便有了"四书五经"之说，四书是指朱熹的《四书章句》，五经是指汉、唐时期的五经。应当说宋代奠定了中国经学"十三经"与"四书五经"两套文本体系，而其中尤以朱熹《四书章句》及"四书五经"影响最大。明代已有《十三经注疏》刻本。清乾隆四年有武英殿刻本《十三经注疏》；清嘉庆时期，阮元主持重刻《十三经注疏》，流传于后世，成为学者使用最广的本子。

（三）经学的主旨

是由所蕴含的信仰层面的内容决定的。徐复观先生提出"经学思想"的概念，即为了经学自身的完整性，必须把时代各人物所了解的经学的意

---

① 姜广辉：《中国经学思想史》，北京：中国社会科学出版社，2003 年，第 1 页。

② 皮锡瑞、周予同：《经学历史》，北京：中华书局，2011 年，第 1 页。

③ 马宗霍：《中国经学史》，郑州：河南人民出版社，2016 年，第 1 页。

④ 周予同：《中国经学史论著选编》，上海：复旦大学出版社，2015 年，第 45 页。

⑤ 袁行霈：《新编新注十三经刍议》，《北京大学学报》2009 年第 2 期。

义作为经学与经学史的研究对象。经学的主旨，即经之所以为经，就在于它所倡导的价值观。所以经学思想即关于经学的"价值"和"意义"的思想。[①] 经学是中国文化的根基和主干，因为它反映了中国文化的价值体系。[②]饶宗颐先生从中国哲学史的高度，把先秦称为子学时代，汉和汉之后称为经学时代。[③] 徐复观、姜广辉、饶宗颐三位先生的精辟论述，已经到达将经学定位于哲学的门槛。

二、现通行"十三经""四书五经"两套文本的局限性

现在通行的经学文本，是宋代形成的"十三经"和"四书五经"两套文本体系。出于历史的原因，存在着先天与后天的诸多局限性。

第一，"十三经"和"四书五经"，从收入范围上来讲，只收入了儒学之内的篇目，或者说并未收入儒学之外的其他各家的篇目经典。这主要是汉武帝时期提出"罢黜百家，独尊儒术"，由此排除了其他（如道家、墨家、兵家、佛家等各家）的经典著作篇目，并一直延续至今。

第二，从收入的时限来讲，上述两套文本体系仅收入了汉代以前先秦时期的经典著作篇目，汉代及汉代之后的各家著作都没有收入。

第三，"十三经"和"四书五经"两套文本体系，所选各类篇目并非全是经学主旨经典。除《周易》《论语》《孟子》等篇外，有的（比如《尚书》与"春秋三传"）属于史学著作，有的（比如《诗经》）属于文学类著作，有的（比如《尔雅》）属于工具类著作，等等。按照经学的本意来讲，史学、文学、工具类等是不应当列入经学篇目的。

第四，"十三经"和"四书五经"两套文本选择的篇目，虽然都是历史上的重要典籍，但由于"独尊儒术"的影响及时代的局限，特别是与新经学的条件和要求相比，其代表性、权威性稍显不足，因而两套经学文本没有真正展现出中国自文王演《周易》以来三千多年来的伟大思想家的最高水平与整体思想风貌。

第五，现通行两套经学文本需要用新的考古发现和学术成果匡正完善。由于时间久远，"十三经"和其他各家经典中的不少著作，其年代、作者、

---

① 姜广辉：《中国经学思想史》，北京：中国社会科学出版社，2003 年，第 3—5 页。
② 姜广辉：《中国经学思想史》，北京：中国社会科学出版社，2003 年，第 1 页。
③ 2001 年 11 月 2 日饶先生在北大百年纪念论坛的发言。

版本不一，其意隐晦，其文艰涩，不免有见智见仁之别，常有六经注我、我注六经之情发生。这就需要我们随着新的考古发现和学术成果的呈现，对原来的经典进行探索、求证、匡正完善，编纂出代表时代最高水平的新经学文本。

三、近代以来对重建新经学的探索

（一）钱穆先生倡导必读的九部书

早在 20 世纪 80 年代，钱穆先生就提出复兴中华文化人人必读的九部书，分别是《论语》《孟子》《大学》《中庸》《老子》《庄子》《六祖坛经》《近思录》《传习录》。从这九部著作来看，前面四部是朱熹的四书，后面的五部著作分别是道家的《老子》《庄子》两部著作、佛学的《六祖坛经》和南宋朱熹的《近思录》及明代王阳明的《传习录》。钱穆先生把这九部典籍，作为复兴中华文化人人必读之书提出来，可以说具有开创先河的意义。虽然钱穆先生没有提出重塑或者重建新经学这个概念，但是他事实上突破了原有的"十三经"和"四书五经"的框架，对后世重建新经学具有重要的启发和指导意义。

（二）饶宗颐先生的建议

2001 年 11 月 2 日，饶宗颐先生在北大百年论坛上的发言中对重建新经学提出了探索方案的建议。他说，经学的重建是一件繁重而具创辟性的文化事业，不能仅局限于文字上的校勘解释工作，更重要的是，对过去经学的材料、经书所构成的古代著作成员，重新做一次总检讨。他提出了以下几点意见：

1. 《尔雅》是训诂书，不得列作经书；

2. 与经书具有同等时代与历史价值、一些较长篇而重要的铜器铭辞，可选取二三十篇作为弥补《尚书》的文献列入经书，《逸周书》可选部分列入经书；

3. 《国语》一类著述，可以入经；

4. 思想性重要的出土文献，像马王堆的"经法""五行"等可以入经；

5. 道家的《老子》《庄子》等书，应当列入新的经书体系之内，作为重要成员。

（三）袁行霈先生的《新编新注十三经》

北京大学出版社 20 世纪 90 年代后期，编辑出版《十三经注疏》新校点本，对经学研究做出了新贡献，得到饶先生的充分肯定。

21 世纪初期，北京大学袁行霈教授开始重新编纂《新编新注十三经》。袁先生有三个方面的突破：一是对经的概念不必拘泥于儒家，对其他诸家思想性纲领性代表著作皆可名之为经；二是经学篇目是长期形成并不断变化的，"现在通行的十三经并不是不可调整的"；三是"现在我们研究经书跟古代的出发点已有很大的区别，已不再需要那样一套钦定的教科书或考试用书，而是将它们作为中国传统文化的源头来研究"。袁先生《新编新注十三经》对原十三经做了重大调整，只保留七种，即《周易》《尚书》《诗经》《礼记》《春秋左氏传》《论语》《孟子》，去掉了《周礼》《仪礼》《公羊传》《穀梁传》《孝经》《尔雅》六种，新增《荀子》《老子》《庄子》《墨子》《孙子》《韩非子》六部，这可以说是对构建新经学的重大突破与创新探索。

（四）胡杨木团队的探索历程

2001 年年底至 2002 年年初，我们获知了饶宗颐先生"关于重塑中国新经学"的发言之后，被饶先生重塑新经学的宏愿深深打动了。经过一段时间的初步准备，我们开始认真研究中国经学史的有关著作，研读了中国自周文王三千多年来的思想资料及中国历代哲学史上的重要思想文献，特别是反复研究探讨饶宗颐先生的几点建议方案、袁行霈先生的《新编新注十三经》方案、钱穆先生提出复兴中华文化人人必读的九部书，更是收获了极大启发。经过十多年的认真学习与探索，在 2012 年之前，初步形成了我们的"中国新经学"方案。2013 年、2014 年春，胡杨木等两次登门拜访请教李学勤先生，得到了李先生的肯定与支持，更加坚定了我们沿着这一思路往前走的信心和决心，并开始编撰两套经书文本——"国学十六经（学术版）""国学九经（通识版）"的前期准备工作。

四、重新构建中国新经学文本体系

如何重塑新经学？一句话，就是重新构建新经学文本体系。通过对中国经学史的长期、系统的梳理与考察，综合起来讲，新经学应当满足四个条件。一是权威性。饶先生讲：经书是我们文化精华的宝库，是国民思维模式、知识涵蕴的基础；亦是先哲道德关怀与睿智的核心精义、不废江河的论著。二是代表性。新经学不仅仅是儒学经典论著，还应当涵盖道、佛、法、墨、兵家经典论著。从时间上不仅是先秦诸子经典著作，还应适当选取汉代以后一些大师的著作。三是传承性。形成于北宋的"十三经"与形成于南宋的"四书"及"四书五经"，都是经历了长期的不断变化而逐步固定下来的。重塑新经学是在原有基础上随着人们认识的不断深化而不断探索的过程，因此必然有着内在的割舍不断的联系，作为新经学文本应当保持这种历史的传承关系。四是新经学应当与现当代科学、专业与学科划分接轨。综上四点，我们认为应当把新经学定位于中国哲学著作或富于哲理的思想性著作。根据这一定位，借鉴钱穆先生倡导必读的九部书、袁行霈先生的《新编新注十三经》的做法，我们设计了"国学十六经（学术版）"和"国学九经（通识版）"两套经学文本。现分别介绍如下。

国学十六经（学术版）文本体系

分别是《周易》《论语》《孟子》《孝经》《礼记》《孔子家语》《荀子》《管子》《老子》《庄子》《墨子》《孙子》《六祖坛经》《春秋繁露》《近思录》《传习录》十六部。与原"十三经"比较，保留了《周易》《论语》《孟子》《礼记》《孝经》五部，替换了《尚书》《诗经》《周礼》《礼仪》《左传》《公羊传》《穀梁传》《尔雅》八部，新增收了十一部；与袁行霈先生《新编新注十三经》比较，保留了九部，增收替换了七部。现分类分别说明。

（一）原十三经保留的五部

1.《周易》

《周易》包括《易经》和《易传》两个部分。据传伏羲创立了原始八卦，周文王姬昌演"易"，由原始八卦为六十四卦并作卦辞和爻辞，孔子为《周易》作《易传》。《周易》是一部指导人们利用自然规律及社会发展规律的哲学著作，被世人称誉为"群经之首、大道之源"，历经三千多年至今经久不衰，对中国乃至东亚的文化产生不可取代的重要价值和巨大影响。

2.《论语》

《论语》是中国春秋时期主要记录孔子及其弟子的言行，集中地反映了孔子思想的伟大著作，对中华民族的心理素质及道德行为起到重大影响。孔子（前551—前479）是中国古代伟大的思想家、教育家，儒家学派的创始人，位列"世界十大文化名人"之首。孔子和《论语》已经成为中国文化的名片。

3.《孟子》

《孟子》为战国中期孟子及其弟子万章、公孙丑等著，集中反映孟子思想的伟大著作。孟子（约前372—前289），是中国古代仅次于孔子的著名思想家、教育家，孔子学说的继承者，儒家的重要代表人物。史称"亚圣"，儒学又称"孔孟之道"。《孟子》同《论语》一样是儒家的核心经典。

4.《孝经》

《孝经》是中国古代儒家的伦理学著作。其作者，一般认为是孔子的弟子曾参或再传弟子。比较集中地阐发了儒家的伦理思想，对实行"孝"的要求和方法也做了系统而详细的规定。《孝经》在唐代被尊为经书，南宋以后被列为"十三经"之一，对传播和维护社会纲常、社会太平起了很大作用。

5.《礼记》

《礼记》又名《小戴礼记》，是中国古代一部重要的礼仪文章选集，为西汉礼学家戴圣所编。戴圣，字次君。平生以学习儒家经典为主，尤重"礼"学研究。终生以授徒讲学和著述为业，编纂的《礼记》一书集中体现了先秦儒家政治、哲学和伦理思想，其中《大学》《中庸》《礼运》《学记》《乐记》都是千古不朽的名篇。

（二）先秦儒家经典三部

6.《孔子家语》

《孔子家语》又名《孔氏家语》，或简称《家语》，是一部记录孔子及孔门弟子思想言行的著作，原书二十七卷，今传本共十卷四十四篇，为三国时魏国经学大师王肃注。长期以来被认作伪书以致埋没了《孔子家语》在孔子及其弟子研究中的价值。1973年，河北定县（今定州市）八角廊西汉墓出土的竹简《儒家者言》，内容与今本《家语》相近。1977年，安徽阜阳双古堆西汉墓也出土了篇题与《儒家者言》相应的简牍，内容同样和《家语》有关。这些考古发现说明，今本《孔子家语》并非伪书。对研究儒家学派的哲学思想、政治思想、伦理思想和教育思想，有巨大的理论价值，可以称得上"儒学第一书"。

7.《荀子》

《荀子》是战国末期最重要的儒家典籍，是记录荀子思想的主要著作。荀子（约前313—前238）是战国后期著名的思想家、文学家。先秦儒家思想的集大成者。司马迁在《史记》中曾把他和孟子相提并论。可以说，孔、孟、荀是儒家三大代表人物。袁行霈《新编新注十三经》已将《荀子》列入。

8.《管子》

管仲（约前723—前645），名夷吾，字仲，又称管敬仲，颍上人（今安徽颍上）。管仲早于孔子170年，是春秋著名思想家、政治家，有"春秋第一相"之称。《管子》是一部论文集，其书涉及政治、哲学、经济、法律、军事、伦理道德等各个方面，是先秦诸子百科全书式的巨著，理应列入中国经学之列。

（三）道学代表经典两部

9.《老子》

《老子》又称《道德经》，是道家学派的代表著作。一般认为是春秋时期道家学派创始人老子所著。老子，姓李名耳，字伯阳，一说即老聃，《史记》记载为楚国苦县（今河南鹿邑）人。《道德经》共81章，文意深奥，包涵广博，被誉为万经之王。对中国乃至东亚传统哲学、科学、政治、宗教等产生了巨大而深远的影响。

10.《庄子》

《庄子》又名《南华经》，是道家经文，亦是道家学派代表著作。庄子（约前369—前286），名周，字子休（一说子沐），战国时代著名思想家、哲学家、文学家，是道家学派的代表人物，老子哲学思想的继承者和发展者。《庄子》一书主要反映了庄子的哲学、艺术、美学与人生观、政治观等，在我国思想史、文学史上都占有极其重要的地位。

（四）墨学代表经典一部

11.《墨子》

《墨子》是战国百家中墨家学派的经典著作总集，一般认为由墨子的弟子及再传弟子在不同时期记述编纂而成，集中反映了墨家的思想。墨子（约前468—前376），本名翟，鲁国人（有说是宋国人），是春秋末战国初时期的著名思想家、墨家学派的创始人。《墨子》内容广博，包括了政治、军事、哲学、伦理、逻辑、科技等方面。西汉时刘向整理成七十一篇，六朝以后逐渐流失，现所传共五十三篇，是研究墨家学派的主要史籍。

（五）兵家代表经典一部

12.《孙子》

《孙子》又称《孙子兵法》，为春秋时期齐国人孙武（约前545—约前

470）所作，是中国现存最早的兵书，也是世界上最早的军事著作，被誉为"兵学圣典"。全书分 13 篇，总计 5900 余字。特别是《孙子兵法》中所参透的"不战而屈人之兵""虚实"等辩证思想，说明它首先是一部伟大的哲学著作，应当之无愧列入经学。

（六）中国佛学禅宗经典一部

13.《六祖坛经》

《六祖坛经》，全称《南宗顿教最上大乘摩诃般若波罗蜜经六祖惠能大师于韶州大梵寺施法坛经》，是唐代佛教禅宗祖师惠能（638—713）讲经，弟子法海等集录的一部经典。惠能大师把佛学禅宗思想与儒家思想巧妙地结合起来，实现了佛教的中国化、平民化、现世化。他与孔子、老子被并称为"东方三圣"，惠能大师的《六祖坛经》作为中国佛学禅宗思想宝典列入中国经学之列是当之无愧的。

（七）汉以后儒家传承经典三部

14.《春秋繁露》

《春秋繁露》是西汉时期董仲舒的政治哲学著作。董仲舒（前 179—前 104），西汉时期著名的唯心主义哲学家和今文经学大师。《春秋繁露》是董仲舒以《春秋公羊传》为依据，将周代以来的宗教天道观和阴阳五行学说结合起来，吸收法家、道家、阴阳家思想，建立的一个新的思想体系，对当时社会所提出的一系列哲学、政治、社会、历史问题，给予了较为系统的回答。清代学者苏舆曾盛赞《春秋繁露》："西汉大师说经，此为第一书矣。"

15.《近思录》

《近思录》是南宋朱熹（1130—1200）、吕祖谦（1137—1181）二人依自己的理学思想体系编排的我国第一部哲学选录之书。《近思录》共分 14 卷，全面阐述了理学思想的主要内容，囊括了北宋五子及朱吕一派学术的主体，代表着古代思想文化的发展水平，在理学史上具有重要地位。国学大师钱穆说："后人治宋代理学，无不首读《近思录》。"

16.《传习录》

《传习录》是明代王守仁的哲学著作，记载了他的语录和论学书信。王守仁（1472—1529），字伯安，自号阳明子，世称阳明先生，中国明代哲学家、教育家、军事家、文学家。"传习"一词源出自《论语》中的"传不习乎"一语。《传习录》集中反映了王阳明的心性之学，在中国古代哲学史上有着重要的地位。

国学九经（通识版）文本体系

南宋大儒朱熹从《礼记》这部文集中抽出"大学第四十二""中庸第三十一"两篇与《论语》《孟子》两部要典合成《四书章句》一书，并做了精要解读，此后成为学子研学、科举命题、士大夫处世做人的金科玉律，影响中国近千年。朱熹编撰解读"四书"，内容上我们不加评判，单就"四书"编选的效果影响还是应当肯定的。从整体上看，编纂经学通识版还是少了些。通过反复斟酌研究、筛选比较，我们提出经学（通识版）九部方案，分别是《论语》《孟子》《老子》《礼运》《大学》《中庸》《学记》《乐记》《六祖坛经》。分类说明一下。

1.《论语》《孟子》两部是儒家的核心经典，上面已做了介绍。通识版拟采用中华书局全文全注全译版本为基础编纂。

2.《老子》，道家代表经典。《六祖坛经》，佛家的代表经典。上面已做了介绍，作为中华文化精华"儒释道"已齐全了。拟采用中华书局全文全注全译本为基础进行编纂。

3.《礼记》是一部经学文集。选择其中的礼运第九、大学第四十二、中庸第三十一、学记第十八、乐记第十九共五篇，各自独立成书。《礼运》是经学文献中阐释、论述小康社会、大同理想最精彩的文字，自当收入。《大学》《中庸》是朱熹"四书"所选，这次以全文本收入。《学记》把教化民众、获取知识、教育体系、学习态度与教育方法、教学之道、治学之理、师生之礼等都讲得非常深刻且入情入理。《乐记》讲的"凡音之起，由人心生也""乐者，音之所由生也，其本在人心之感于物也""乐者，通伦理者也""乐由中出，礼自外作""大乐与天地同和""乐（yuè）者，乐（lè）也"等，能够把"乐"的主体与客体及内心的体验参透到如此精妙之程度，特别是相传孔子编修的《乐经》一书失传的情况下，收入《乐记》更有其特殊意义及作用。以上从《礼记》（全本）选出的五部著作，以《礼记译解》王文锦译解本为基础进行编纂。

以上九部，作为"国学九经（通识版）"文本体系。细心的读者会发现这仅仅是抽取了"十六经"中很少很少的一部分，目的是使中等以上文化程度的国民能够用较少的时间来阅读学习中国新经学，掌握中国经学精髓要义。从这个意义说，这个九经通识本又是朱熹《四书章句》的扩展版，我们与朱子的本意及用心是一致的。南宋时朱熹《四书》问世后，社会上形成的"四书五经"版本体系，因为经学的标准发生了变化，国学九经（通识版）可完全可起到这个作用，故不再照应"四书五经"体例再设计一套版本。

五、按照近代科学分类构建国学名著体系

一部经学史说明，如果说先秦时期是子学时代，西汉之后则是经学时代，那么"五四"之后则进入哲学时代。现在一个现实的问题是，原"十三经""四书五经"中被移出或替换掉的这部分经典著作怎么办？我们认为，既然经学定位为哲学的一部分，那么就应当按照近现代科学分类以及高等学校学科专业划分的标准，重新审视中国三千年来的全部经典著作，在经学（哲学）之外分别推出哲学、史学地理、诗词文论、小说戏曲、医农科技、工具资料等六类各自系列名著。从原"十三经""四书五经"中移出或替换掉的部分著作，分门别类划入各自系列名著中。现简要说明如下。

（一）哲学类名著：除了"国学十六经"已列入的之外，尚有《周礼》《仪礼》《韩非子》《逸周书》《铜器铭辞》《吕氏春秋》《淮南子》《盐铁论》《论衡》《日知录》等。以上包括从原"十三经"移出的《周礼》《仪礼》两篇，袁行霈先生《新编新注十三经》中的《韩非子》一篇，饶宗颐先生建议列入"十三经"而未能列入的《逸周书》、《铜器铭辞》（节选）两篇。其他为新选录篇目，作为中国新经学（哲学）的补充，或者说是中国新经学的一个副本。

（二）史学地理类名著：《尚书》《左传》《公羊传》《穀梁传》《史记》《资治通鉴》《国语》《晏子春秋》《水经注》《徐霞客游记》等。《尚书》被称为"政书之祖，史书之源"，作为史学地理类名著的首部列入，它和"春秋三传"都是原"十三经"中的重要著作。

（三）诗词文论类名著：《诗经》《楚辞》《陶渊明集》《李太白集》《杜工部集》《苏东坡集》《白氏长庆集》《格萨尔王传》《文心雕龙》《兰亭集序》等。《诗经》是从"十三经"中引入的一部伟大著作，是我国最早的一部诗歌总集，是一部思想性、艺术性俱佳的伟大著作，作为诗词文论类名著的首部列入。

（四）小说戏曲类名著：《山海经》《窦娥冤》《西厢记》《三国演义》《西游记》《牡丹亭》《桃花扇》《红楼梦》《聊斋志异》《儒林外史》等。

　　（五）医农科技类名著：《黄帝内经》《九章算术》《伤寒杂病论》《齐民要术》《梦溪笔谈》《本草纲目》《天工开物》《甘石星经》《氾胜之书》《千金要方》等。

　　（六）工具资料类名著：《尔雅》《说文解字》《大藏经》《道藏》《永乐大典》《康熙字典》《古今图书集成》《四库全书总目》《儒藏》《中华大字典》等。《尔雅》是"十三经"中的一部伟大训诂著作，作为工具资料类名著的首部列入。其他都是新选入的著作。

结语

　　二十年前，饶宗颐先生说："如果以后我的新经学观点有人重视，认为有可取之处的话，我这一点小意见不妨作为一点星星之火，引起大家的考虑。"我们胡杨木团队从 2002 年年初开始着手探索新经学方案，2012 年 7 月已形成基本框架。并于 2013 年 3 月和 2014 年 3 月两次征求了李学勤先生意见，对新经学方案做了进一步修订完善。2014 年秋开始，我们与饶先生的秘书和家人进行了多次联络，准备赴香港给饶先生汇报，由于种种原因终未成行，成为永远的缺憾。

　　饶先生说："我们的哲学史由子学时代进入经学时代，经学几乎贯彻了汉以后的整部历史。"19 世纪末 20 世纪初，近现代科学理念冲击着中国。经历过五四新文化运动，经学本可以也应该进入哲学时代，但是正如饶先生所言，"'五四'以来，把经学纳入史学，只作史料来看待，不免可惜！"这一状况直到 20 世纪 80 年代后期，钱穆先生提出复兴中华文化必读的九本书，从事实上冲破了经学的旧的羁绊。历史刚刚进入 21 世纪，饶宗颐先生在北大百年纪念论坛上倡导重塑中国新经学，我们胡杨木团队荣幸赶上了这一伟大的历史机遇，并为此进行了二十年孜孜不倦的求索，我们终于可以自信地宣布："国学十六经（学术版）""国学九经（通识版）"两套文本体系方案已成雏形，中国经学已经进入哲学时代。饶宗颐先生重塑中国新经济学的夙愿已经接近实现。

附录

中国经学文本体系对照表

十三经 （北宋）	四书五经 （南宋）	国学九部书 （钱穆）	新编十三经 （袁行霈）	国学十六经 （胡杨木）	国学九经 （胡杨木）
《周易》 《尚书》 《诗经》 《周礼》 《仪礼》 《礼记》 《左传》 《公羊传》 《穀梁传》 《论语》 《孝经》 《尔雅》 《孟子》	四书： 《大学》 《中庸》 《论语》 《孟子》 五经： 《诗经》 《尚书》 《周易》 《礼记》 《左传》	《论语》 《孟子》 《大学》 《中庸》 《老子》 《庄子》 《六祖坛经》 《近思录》 《传习录》	《周易》 《尚书》 《诗经》 《礼记》 《左传》 《论语》 《孟子》 《荀子》 《老子》 《庄子》 《墨子》 《孙子》 《韩非子》	《周易》 《论语》 《孟子》 《孝经》 《礼记》 《孔子家语》 《荀子》 《管子》 《老子》 《庄子》 《墨子》 《孙子》 《六祖坛经》 《春秋繁露》 《近思录》 《传习录》	《论语》 《孟子》 《老子》 《礼运》 《大学》 《中庸》 《学记》 《乐记》 《六祖坛经》

希伯来律法思想及其当代意义[*]

深圳大学　林　艳

引言

希伯来《圣经》的头五部书卷《创世记》《出埃及记》《利未记》《民数记》《申命记》被称作律法书，许多现代读者喜欢将上述五部经卷称作五经。五经蕴含丰富的律法思想和资源，比如十诫、约书、圣洁法典、申命法典等，希伯来律法主题不应简单地被理解为民法和刑法，而必须置于立约的处境下来理解。

国内学者对希伯来律法思想做了大量研究。有学者从宗教学的角度研究希伯来律法思想。田海华的《希伯来圣经之十诫研究》从学术回顾、古代近东文化参照、女性主义进路研究十诫，多方面呈现十诫律法蕴含的丰富文化内涵。[①]

有学者论述希伯来律法思想对后世法律思想产生的影响，例如徐爱国分析了《圣经》里的契约制度和保护弱者的法例，指出《圣经》对后世法律文化产生的重要影响。[②] 顾俊杰认为《圣经》的独特法律性格与形象，曾深刻影响了西方社会与文化对法律的态度、观念、信仰、情感等认知状

---

　　* 本文为深圳市哲学社会科学规划共建课题"希伯来经典与中国古典文学女性群像的跨文本研究"（编号：SZ2022D052）的阶段性成果。

　　① 田海华：《希伯来圣经之十诫研究》，北京：人民出版社，2012年。

　　② 徐爱国：《解析〈圣经〉里的法律思想》，《西北政法学院学报》2004年第4期，第10—15页。

态与认知心理。① 杨宇冠分析了《圣经》中的案例和相关事件，例如人类始祖犯罪并受上帝审判、该隐杀死兄弟并受上帝审判、亚伯拉罕为所多玛和蛾摩拉求情等，认为这有助于了解人类的社会制度，特别是西方司法制度的起源和意义。② 王思杰的博士论文《希伯来圣经中的审判研究》勾勒了古代以色列审判形态和审判观念的大致图景，进一步探寻上古民族之审判以及法律实施的真实样态，归纳和总结希伯来《圣经》中的审判意识形态在当时以及对后世产生的重大影响。③

有学者从文化比较的视野分析希伯来律法思想，例如文渊、龙宗智、李琰从中国文化和希伯来文化的比较出发，研究《圣经》中的诉讼思想。④ 刘进一发掘《圣经》中包含的宪法、民法、刑法和诉讼法的思想，分析了它们与西方现行法律制度的关联，并阐述了《圣经》对我国法制建设的启示。⑤

有学者从现代法的范畴，归纳希伯来律法思想的基本特点。例如杨宜默根据与律法相关的经文概括提炼出《圣经》律法高举智慧和正义、崇尚法治、重视审判的特点。⑥ 宋潇纶以《圣经》中契约思想为例，分析出《圣经》契约思想所蕴含的平等价值、正义价值以及秩序价值等一系列思考。⑦ 张立新从法律的独特视角对《圣经》进行全面分析，揭示出《圣经》法律的主要特点、内容和规律性。⑧

有学者从后世三权分立思想，分析希伯来律法蕴含的现代性。例如乔飞认为以色列王国的王权、祭司权和先知权在律法之下行使权力，体现出

---

① 顾俊杰：《可敬、可畏的法与可亲、慈爱的法——论〈圣经〉中法律的性格与形象》，《同济大学学报（社会科学版）》2012年第2期，第84—91页。

② 杨冠宇：《〈圣经〉中的法律问题初探》，《社会科学论坛》2017年第3期，第4—24页。

③ 王思杰：《希伯来圣经中的审判研究》，上海：华东政法大学，2016年。

④ 文渊：《圣经中的诉讼——从西方诉讼文化中借鉴》，《今日中国论坛》2003年第10期，第241—242页；龙宗智：《为什么称〈圣经〉是一部诉讼法教科书——司法审判在两大文化中的意义比较》，《法学》2003年第10期，第3—9页；李琰：《春秋与圣经——中西传统诉讼文化之比较》，《武汉科技学院学报》2005年第3期，第90—92页。

⑤ 刘进一：《〈圣经〉中的律法》，《法制与社会》，2007年第2期，第33—35页。

⑥ 杨宜默：《〈圣经〉中的法律思想》，《河南科技大学学报（社会科学版）》2012年第5期，第97—101页。

⑦ 宋潇纶：《圣经中的契约思想及其蕴含的法的价值》，《法学研究》2018年第4期，第80—81页。

⑧ 张立新：《文学与法律之间——对〈圣经〉中法律与法律文化建构的认识与解读》，《外国语言文学》2016年第2期，第105—113页。

法律之治和神权之治，并得出以色列王国是主权在神的"宪政"国家。①

有学者认识到希伯来律法与以色列一神论之间的紧密关系，例如乔飞、范忠信认为古代以色列的法律包括摩西成文律法和不成文的先知命令，法律在古代以色列具有至上权威，法律的最高地位来源于希伯来一神信仰。②综合国内学者对希伯来律法思想的研究，笔者发现学者们大多立足现代西方法学，运用现代法学的概念和范畴研究希伯来律法思想，较少从希伯来《圣经》内在的学理和范畴分析希伯来律法，研究多涉及法律学，鲜有从神话学的角度分析希伯来律法。

国外学者艾伦·德肖维茨（Alan M. Dershowitz）的著作《法律〈创世记〉——从圣经故事寻找法律的起源》从十则《圣经》故事，揭示《圣经》与现代法律相互龃龉的地方，从而引出对《圣经》神学的诸多思考。③这部著作立足现代法学，考问希伯来律法，是古经今读的范本。彼得·沃格特（Peter T. Vogt）反对流行的看法对《申命记》所做的世俗化和解神话的处理，通过对《申命记》逐章解析，他发掘隐藏在经文里的耶和华临在的证据，而律法正是耶和华临在的保证，以此证明《申命记》是有着深刻神学内涵的书卷。④安妮·菲茨帕特里克 – 麦金利（Anne Fitzpatrick-McKinley）综合多位学者的观点，分析了律法与社会的关系，并在此基础上，梳理了《旧约》律法的一些研究路径，厘清了从神圣道德教诲到律法发展的轨迹。⑤约翰·柯林斯（John J. Collins）从多角度说明《申命记》律法的起源和特点。⑥总之，国外学者的研究大多集中在《申命记》的律法思想，缺少从宏观层面对整个希伯来律法思想的研究。

---

① 乔飞：《从〈圣经〉看古代以色列王国的"宪政"特色》，《南京大学法律评论》2010年第2期，第219—235页。

② 乔飞、范忠信：《古代以色列法对王权的制约——以〈圣经〉扫罗王被废一事为例》，《时代法学》2009年第2期，第23—29页。

③ ［美］艾伦·德肖维茨：《法律〈创世记〉——从圣经故事寻找法律的起源》，林为正译，北京：法律出版社，2011年11月。

④ Peter T. Vogt, *Deuteronomic Theology and the Significance of Torah: A Reappraisal*, University Park, PA: Penn State University Press, 2006, pp.93–226.

⑤ Anne Fitzpatrick–McKinley, *The Transformation of Torah from Scribal Advice to Law*, London: Bloomsbury Publishing Plc, 1999, pp.11–182.

⑥ John J. Collins, "Deuteronomy and the Invention of the Torah," in *The Invention of Judaism: Torah and Jewish Identity from Deuteronomy to Paul*, Oakland: University of California Press, 2017, pp.21–43.

本文综合国内外学者的研究，从希伯来律法的观念和范畴出发，逐个分析十诫、约书、圣洁法典，以及申命法典的背景和内容，以期勾勒一幅整全的希伯来律法的样貌。

一、十诫

十诫出现于《出埃及记》20章、《申命记》5章，以及《出埃及记》34章。这样，十诫就有了《出埃及记》的祭司典版本（E版）和《申命记》的申命典版本（D版）的伦理十诫（Moral Decalogue），以及《出埃及记》34章跟献祭有关的仪礼十诫（Ritual Decalogue）。《出埃及记》20章描写从埃及走出的百姓不懂如何与神沟通、与人交往，上帝要教导百姓遵守他的道。于是，上帝吩咐摩西到西奈山上等候他给百姓颁布律法。上帝规定了十个基本的道德律令，确立了以色列和耶和华的关系（神道），也规定了人们之间的关系（人道）。《申命记》5章描写公元前1250年左右，百姓跨越约旦河进入迦南地之前在外约旦发生的事。摩西对所有以色列人说话，催促他们信仰耶和华，这样他们就能在新的土地上获得繁荣和平安。为了与应许之地的定居生活相适应，摩西重申了律法，不过有稍许不同。旷野出生的这一代人需要重新聆听诫命，"申命"就是重申西奈山第一份律法之意。

《出埃及记》的祭司典版本（E版）十诫和《申命记》的申命典版本（D版）伦理十诫（Moral Decalogue）有类似和差异之处。这两个版本的十诫中大多数诫命采用了绝对法（absolute law/apodictic）的形式，是无条件的，没有诸如"如果"、"和"以及"但是"这样的连词。尽管大多数诫命是否定形式（"不可"），但这并不意味着上帝的要求都是严刑峻法。以色列人并不认为十诫是约束人的律法，他们甚至喜悦上帝的律法。[1] 无论E版，还是D版，这两个版本，在语言风格与内容上，都具有很显然的申命学派的特征，而且，《申命记》的十诫版本是最先形成的，而《出埃及记》的十诫是后加入西奈神圣显现与立约语境之中，这是申命学派的编修者所为。[2]

两个版本关于安息日的诫命显然有不同的说法。在E版中，是要记念

---

[1] ［美］巴瑞·班德斯塔：《今日如何读旧约——希伯来圣经导论》，林艳译，上海：华东师范大学出版社，2014年，第138页。

[2] 田海华：《希伯来圣经之十诫研究》，北京：人民出版社，2012年，第110页。

安息日，而 D 版是要守安息日。E 版中的记念隐含纪念之意，纪念耶和华在创造之后休息，这是祭司神学的一个主要观念。而 D 版中的守安息日基础是以色列人在埃及为奴，强调安息日的神学与历史意义。① 两个版本在孝敬父母这条诫命上也有较大的差异。较 E 版而言，D 版多出了"照耶和华你神所吩咐的"和"使你得福"两句。《申命记》版的用语突出律法对个体生命的量与质所产生的影响。两个版本在最后一句话上也有较大的差异。在 E 版中，"贪恋"的两个动词用的都是חמד，意指"垂涎"或"贪婪"；在 D 版中，第一个"贪恋"用的是חמד/covet，而第二个是אוה/crave，其意与חמד所表示的"贪恋"相通。② E 版贪恋的内容缺少了"田地"一词，这是因为 E 版反映了被掳的处境，被掳的犹太人在外邦并无土地，也就不存在贪恋田地一说。③

相对于《出埃及记》20 章的"伦理十诫"，《出埃及记》34 章的"仪礼十诫"更为初始。当摩西下山时，看见百姓正在为异教神狂欢。他摔碎了法板，部分是出于愤怒，部分是为了传达这样的信息：因百姓离弃耶和华，先前的约就被毁坏。先前的两块法板已毁，摩西按照指教又上西奈山接受另一份写有律法的石板。然而，这个版本的律法和《出埃及记》20 章有所不同。《出埃及记》34 章虽然也是十诫，但是此处的律法和崇拜活动有关，也被称作仪礼十诫。这里面规定了各种行为规范。如果说伦理十诫规定了上帝和人以及人和人之间的关系，那么仪礼十诫初步规定了崇拜时当遵守的规定。崇拜的具体内容和细则在《利未记》和《民数记》得到进一步展开。

从文学批评考察仪礼十诫，可以说它是前《申命记》的；它最初是敬拜的场景。这段经文的口传历史可以追溯到以色列过定居生活之前。10—11 节最初以口头方式作为耶和华的话流传，耶和华的话在敬拜中再次呈现，并受约观念的塑造。④ 11b—15a 是核心命令，阻止以色列人与该地上的居民有联系，以免出现同化危机。15b—16 是对 15a 的再次解释，警告耶和

---

①　Peter T. Vogt, *Deuteronomic Theology and the Significance of Torah: A Reappraisal*, University Park, PA: Penn State University Press, 2006, p.145.

②　Ibid., p.99.

③　Ibid., pp.83-86。

④　Anne Fitzpatrick-McKinley, *The Transformation of Torah from Scribal Advice to Law*, London: Bloomsbury Publishing Plc, 1999, p.24.

华社群可能卷入敬拜巴力的性混乱危险。因此，仪礼十诫最早的形式反映了耶和华社群定居在这片土地时的问题和危险。因此，仪礼十诫从一开始就建构以色列身份、价值和道德。作为早期以色列信仰和身份核心的仪礼十诫，是前君主制时期的敬拜传统。它不仅影响了《约书亚记》9 章和《士师记》2 章这样的经文，在耶典思想里扮演着核心地位，而且塑造了约书。因此，正是通过仪礼十诫的影响，约书诞生了。①

二、约书

约书（Book of the Covenant）也被称作约典（Covenant Code），是《圣经》律法的最早集成。约书的基础是决疑法，它包括《出埃及记》21: 12, 18, 22ab, 28, 32, 33ab, 34a, 37; 22: 3, 9, 13ab，使用分词形式是其特点。它的成书时间确定在公元前 11 世纪的前君主制时期。其反映的社会是碎片式平等主义和乡村社会。它也许受一般的近东文士传统的影响，通过有限地接触都市文化而受到调整，它是以色列式的，表达了本地的风气，表现出与扩展法截然不同的价值。这个最初的决疑法没有神学动机，也没有神圣、权威的基础，它直接反映了其生活和价值。

约书核心层是《出埃及记》22: 20a, 22b, 24—26, 30; 23: 1—7。约书的核心层与仪礼十诫有关。例如，二者有很多术语上的平行，23: 15b//34: 20b, 23: 19b//34: 26ab；或者是缩写形式，23: 15a, 17 是 34: 18, 23 的缩写形式；或者是修改后的表达，23: 12a, 16ab, 18ab 是 34: 21a, 22ab, 25ab 的修改形式。核心层的背景是君主制时期耶和华身份的丢失，这样带来的不仅是社会分层，而且还有同化的危险。如果耶和华的百姓活过社会分化和宗教同化的危险，那么就能获得所需的重视。在第一次扩张后，约书成为敬拜中的权威文书。②

在前君主制时期，以色列身份的完整性保障了人们服从律法。然而，随着君主制的引介，家庭/部落的亲密性消失了，让曾经的平等主义、耶和华立约的理想主义社会发展成为一个等级制国家。社会的完整性不可能

---

① Anne Fitzpatrick-McKinley, *The Transformation of Torah from Scribal Advice to Law*, London: Bloomsbury Publishing Plc, 1999, p.28.

② Ibid., p.27.

再作为法律的基础，因为社会本身现在成为冲突和压迫的根源。[①] 这带来了两个主要的变化：首先是外邦人混杂进以色列帝国，导致宗教同化的威胁；其次是社会分化的加剧。这两个变化导致威胁社群延续下去的耶和华百姓的身份危机。[②] 以仪礼十诫为基础的古代价值的理想主义之约书，正是对这个危机的回应。[③]

三、圣洁法典

祭司的圣洁法典很可能出自以色列君主制晚期，它在耶路撒冷得到编修，出现在被掳巴比伦前不久。圣洁法典出现在《利未记》17—26章，是最全面涉及"圣的""俗的""洁净的""不洁净的"人和事物的法典。《利未记》将世界分成"洁净"／"圣的"和"不洁净的"／"俗的"。"圣的"和"圣洁"这两个概念是上帝的首要属性；"俗的"一般指以不敬或羞耻的方式对待神圣事物的行为。《利未记》的祭司仪式要把人类从并不完美的世界里区分出来，这样人们就可以理解上帝的圣洁。以色列人要成为圣的，他们需要戒绝罪恶，远离不洁净的东西。如果罪恶和不洁净曾使以色列民和上帝分离，那么一些最重要的仪式，就是用动物牲祭可以缓和二者的关系。[④]

"洁净"和"不洁净"的观念是祭司群体理解这个被造世界的方式，在这样的世界观里，所有事物都有其恰当的位置。根据创造时的次序，大地长有反刍、分蹄的动物；大海里住着有鳞和鳍的鱼类。不符合这一标准的生物就是不洁净的。例如蟹和虾。规定什么适用于人类食用（洁净），什么不适用于人类食用（不洁净），也被称作"卡什鲁特"（洁食的规定）。洁净和不洁净的律法不仅涉及食物，也提到哪种线可以织成布匹，哪些人之间可以婚配。祭司的律法确定了一整套生活模式，包括饮食、卫生、社会活动以及日历。[⑤]

---

① Anne Fitzpatrick-McKinley, *The Transformation of Torah from Scribal Advice to Law*, London: Bloomsbury Publishing Plc, 1999, p.32.

② Ibid., p.28.

③ Ibid., p.34.

④ ［美］巴瑞·班德斯塔：《今日如何读旧约——希伯来圣经导论》，林艳译，上海：华东师范大学出版社，2014年，第154页。

⑤ 同上书，第155页。

祭司眼里最圣洁的地方就是耶和华居住的至圣所。至圣所是大祭司举行仪式的地方，是最圣洁的所在。其次是普通祭司活动的地方。再有就是利未人和洁净的以色列人聚集的前厅。营地是罪轻之人活动的地方。营地外是罪重之人和死人滞留的地方。上帝的居所由至圣所至营外，其圣洁程度在依次下降。①

祭司眼里以色列百姓也有圣洁的次序。利未支派的成员有资格担任宗教职分，这些人也就是所谓的圣民。摩西和亚伦都来自利未支派，只有亚伦的直系后裔能够担任祭司职分。祭司是唯一被允许进行宗教献祭或者进入圣所的人。利未支派的其他成员，也就是那些不属于亚伦家族的成员，他们的职责是帮助亚伦祭司守卫圣所，以及在以色列迁徙时负责拆除和建立圣所。以色列其他十一个支派不能从事宗教祭祀活动。②

以色列的宗教仪式包括敬献谷物和畜类的祭物，主要有五种类型的祭物：燔祭、素祭、平安祭、赎罪祭，以及赎愆祭。燔祭是上乘祭品，是将整只动物放在祭坛上用火焚烧，主要是为了取悦上帝，而不是弥补罪过。素祭是献给上帝的礼物，这种祭品部分用来维持祭司的生计。平安祭是保留一部分祭肉给献祭者吃，包括上帝在内的献祭双方一起享用祭肉。赎罪祭是一个人做了不洁净的事情后所献的祭，例如接触死尸。这种祭品也被用作犯罪后请求宽恕之用。如果一个行为导致某人经济上受损，就要用赎愆祭和额外的惩罚补偿这个人的损失。献祭仪式的总体意义可以按照这个思路加以理解：各种不洁净和故意犯的罪干扰了上帝创造的有序宇宙，献祭仪式是修正这种干扰的有效机制。各种洁净仪式可以把人带进神圣的维度。③

空间有圣俗之分，时间也一样。犹太社群至今仍然坚守的五大圣时，其中有些圣时和西方世界的历法对应。季节的变化被赋予宗教意义，这样的节日被确定下来后就融入民族的历史经验。逾越节是春天收割大麦时的节日，七七节是夏天收割小麦时的节日，住棚节是秋收时的节日。圣所、圣民、圣时以及神圣的仪式，所有这些事物的特征都通过赎罪日（yom kippur）的仪式表达出来。赎罪日是所有圣时里最圣洁的。任何人都可以

---

① ［美］巴瑞·班德斯塔:《今日如何读旧约——希伯来圣经导论》，林艳译，上海：华东师范大学出版社，2014 年，第 155 页。

② 同上书，第 156 页。

③ 同上书，第 157—158 页。

在这一天进入至圣所。①

四、摩西律法

　　大量摩西律法出现在《申命记》中。这是五经在"法典"（《申命记》17: 19—20; 28: 58; 29: 19; 21: 11—12）意义上使用"妥拉"一词的第一部书卷。《申命记》是五经唯一一部归于摩西（不是作为作者，而是作为他讲话的记录）的书卷。"妥拉"是唯一从《申命记》扩展到整部五经的词语。②

　　在过去的两个世纪，以韦特（W. M. L. de Wette）为代表的学者认为《申命记》核心与公元前 621 年约西亚王的敬拜改革有关。这个改革在《列王纪下》22—23 章和《历代志下》34—35 章都有记载。《王下》22—23 章讲述了"律法书"的发现。为了回应这本书，约西亚"在耶和华面前立约，要尽心尽性地顺从耶和华，遵守他的诫命、法度、律例，成就这书上所记的约言"（《列王纪下》23: 3）。毋庸置疑，"这书"指的是《申命记》。③在古代近东文学里，发现律法书的主题通常意味着让宗教和政治改革合法化。然而，是否约西亚本人受一本律法书的启发而进行改革，这是有争议的。诺伯特·洛芬克（Norbert Lohfink）怀疑改革报告是一个预先存在的典源。其他学者把改革报告看得更古老，把发现律法的讲述看得更晚。④

　　《申命记》强调以色列准备进入应许之地时摩西所说的话。摩西对律法的本质进行提炼，并写在《申命记》6: 4—5 这种最明显的段落里。犹太社群称之为示玛（Shema），取自这一段话的第一个词。示玛和《申命记》11:13—21 以及《民数记》15: 37—41 共同成为犹太教的主祷文，供信教的犹太人日常背诵。耶稣称它为大诫命（《马可福音》12: 29—30）：

　　　　以色列啊，你要听！耶和华我们上帝是独一的主，你要尽心、尽性、尽力爱耶和华你的上帝。我今日所吩咐你的话都要记在心

---

　　① ［美］巴瑞·班德斯塔：《今日如何读旧约——希伯来圣经导论》，林艳译，上海：华东师范大学出版社，2014 年，第 159—160 页。

　　② John J. Collins, "Deuteronomy and the Invention of the Torah," in *The Invention of Judaism: Torah and Jewish Identity from Deuteronomy to Paul*, Oakland: University of California Press, 2017, p.27.

　　③ Ibid., pp.27—28.

　　④ Ibid., p.29.

上，也要殷勤教训你的儿女，无论你坐在家里，行在路上，躺下，起来，都要谈论；也要系在手上为记号，戴在额上为经文；又要写在你房屋的门框上，并你的城门上。(《申命记》6:4—9)

大诫命的核心思想是，耶和华是唯一的上帝，值得并且需要以色列的敬爱。犹太人将这些话戴在前额和手臂，也放在家中的门楣或公共建筑内，这种做法会让律法成为以色列人日常生活的指南。

《申命记》解释了耶和华在离开何烈山的百姓后继续临在以色列的方式，耶和华将通过律法和百姓遵守律法继续与他们接近。《申命记》强调了服从律法是实现耶和华临在的一种方式。偶像是实现耶和华临在的不恰当方式，耶和华是天上地下的神，他的临在不可能被局限在一个偶像内。摩押一代的祖先进入与耶和华立约是不够的，每一代的百姓必须承认通过持守律法完全忠于耶和华的责任，强调了每一代的责任。律法在《申命记》中也表现为能适应各种环境和形式，律法本身不会改变，但是它能够在不同环境中被适应和应用。[①]

五、希伯来律法与古代西亚律法的关系

希伯来律法思想很多借鉴比之更早的古代西亚律法思想。古代西亚城市遗址出土了大量法典文献，最早的一部是苏美尔的乌尔纳姆法典（Code of Ur-Nammu），形成时间约在公元前 22 世纪。其他包括公元前 21 世纪至公元前 18 世纪的汉谟拉比法典（Code of Hammrubi）、里皮特伊什塔尔法典（Code of Lipit-Ishtar）、埃什努那法典（Laws of Eshnunna）、中亚述法典（Middle Assyrian Laws）、赫梯法典（Hittite Laws），以及新巴比伦法典（New Babylonian Laws）。这当中最有名的律法就是汉谟拉比法典。[②]

《出埃及记》对于伤害有孕的妇人和《汉谟拉比法典》类似："人若彼此争斗，伤害有孕的妇人，甚至坠胎，随后却无别害，那伤害她的总要按妇人的丈夫所要的，照审判官所断的受罚。"（《出埃及记》21:22）而《汉

---

① Peter T. Vogt, *Deuteronomic Theology and the Significance of Torah: A Reappraisal*, University Park, PA: Penn State University Press, 2006, p.112.

② ［美］巴瑞·班德斯塔：《今日如何读旧约——希伯来圣经导论》，林艳译，上海：华东师范大学出版社，2014 年，第 140 页。

谟拉比法典》第 209 条规定："如果一个人打了另一个人的女儿，造成她流产，那么他为她的胎儿应付出十舍克勒银子。"

《圣经》中同态复仇的条例跟《汉谟拉比法典》中的相关规定类似。例如："以眼还眼，以牙还牙，以手还手，以脚还脚，以烙还烙，以伤还伤，以打还打。"（《出埃及记》21: 24—25）《汉谟拉比法典》的同类法条第 197 和第 200 规定："如果他折断一个人的骨头，那么他也应该折断他的骨头；如果一个人打掉了与他地位相同的人的牙齿，那么也应该打掉他的牙齿。"

《圣经》中关于赔偿的条例也跟《汉谟拉比法典》类似，例如："倘若那牛素来是触人的，有人报告了牛主，他竟不把牛拴着，以致把男人或是女人触死，就要用石头打死那牛，牛主也必治死；若罚他赎命的价银，他必照所罚的赎他的命。"（《出埃及记》21: 29—30）《汉谟拉比法典》第 251 条规定："如果一个人的牛是头顶人的牛，他的邻里也通知了他的牛是头顶人的牛，他却不锯掉牛角，或把他的牛拴住，结果那牛顶死了人之子，那么他应交出半米那银子。"

从形式来看，古代美索不达米亚法典的法条基本上是条件句，以"如果"为句首，针对第三人称单数的情景描述，并非绝对命令。而希伯来律法，尤其是十诫，多以否定词开始，并针对第二人称单数的句子，或说是毫无选择余地的绝对命令语气。这是因为希伯来律法确立了耶和华神至高无上的一神崇拜，由耶和华直接发出的命令也是至高无上的、无条件的。[①]

从《汉谟拉比法典》对希伯来律法的影响，我们认为希伯来律法有很多是适应初代社会的需要，虽然它在某些方面彰显了尊重个人的思想价值，但是总的来说，希伯来律法还是相当早期原始的，是适应早年生活的法律法规，应该辩证地看待它。

赫梯与新亚述帝国的条约文献和《申命记》里的条约内容有很多类似之处，存在大量惊人的平行关系。

赫梯与新亚述帝国的条约文献	《申命记》经文
介绍：介绍并规定签约双方	"这就是摩西在以色列人面前所陈明的律法。"（4: 44）
历史回顾：回忆条约签订双方在历史上的关系	回忆以色列在何烈山的经历。(1—3)

---

① 田海华：《希伯来圣经之十诫研究》，北京：人民出版社，2012 年，第 125 页。

续表

赫梯与新亚述帝国的条约文献	《申命记》经文
条件：条约的限制性内容	"要谨守遵行的律例、典章乃是这样。"(12: 1)
出版条款：规定条约文献存放在何处以及何时当众诵读。	"你要将这律法的一切话，明明地写在石头上。"(27: 1—10)
见证神祇：神祇将不会放过任何违约行为	"我今日呼天唤地地向你作证。"(30: 19)
祝福和诅咒的细节	"你若留意听从耶和华你上帝的话，……这以下的祝福必追随你，临到你身上。"(27: 11—28: 68)

这种相似性表明申命派作者有意识地用条约的形式构建耶和华和以色列的关系。申命派作者很显然受到古代西亚律法传统的影响。他使用条约这种政治比喻将耶和华和以色列之间的精神关系纳入约的观念并发展出清晰的神治政体。

结　语

希伯来律法有其自身的表达观念和范畴，本文就是在这样的观念和范畴下梳理十诫、约书、圣洁法典、摩西律法等内涵和特点。希伯来十诫有伦理十诫和仪礼十诫之分，前者是绝对法，服务于以色列一神信仰，后者是在敬拜场合下使用的律法。以仪礼十诫为基础的约书回应了曾经的平等主义、耶和华立约的理想主义社会发展成为一个等级制国家的危机。圣洁法典从圣所、圣时、圣民、圣物等方面阐述了何为圣洁的神学思考。摩西律法（《申命记》）解释了耶和华在离开何烈山的百姓后继续临在以色列的方式，强调了服从律法是实现耶和华临在的一种方式，而偶像是实现耶和华临在的不恰当方式。摩押一代的祖先进入与耶和华立约是不够的，每一代的百姓必须承认通过持守律法完全忠于耶和华的责任，摩西律法强调了每一代的责任。最后，本文考察了希伯来律法与古代近东律法之间的影响关系，指出将耶和华和以色列之间的精神关系纳入约的观念，并发展出清晰的神治政体。

《淮南子·览冥训》的对反双构式叙事结构

深圳大学 苏 雅

在叙事作品的创作过程中，以结构始，亦以结构终。叙事结构是一套完整叙事系统的基础和骨架。本文所关注的叙事结构，与西方结构主义方法论指导下的叙事结构理论有所不同。结构主义叙事学将结构视为机械式、无感情的组合体，因此可以任意裁剪和编排。比如托多罗夫从结构主义"科学"的角度，对文学作品加以拆解和分析，一部叙事作品即是一个陈述句的扩展，由此语法学成为其展开具体作品研究的主要理论依据和方法论指导。而本文将从内涵更为广泛的叙事学出发，将叙事结构的分析置于人类文化的大背景上考察，不再拘泥于小说、散文、诗歌等文体形式的框定，也不局限于人物视角、情节模式等结构主义分析要素的规定，而是以界本存在论中界分差异与关联动变的互在性、普遍性和恒定性的哲学逻辑，以及《淮南子》独特的文学表述形式，阐释《览冥训》篇中叙事结构的内涵和特征。

一、叙事内容：经验叙事与超验叙事

《淮南子》成书的时代，儒法尊王攘夷与黄老萧规曹随两大意识形态激烈相争，主张顺应自然、无为而治的淮南王刘安遂献此书于汉武帝，以示"清尽之道""太浩之和"的哲学理念和治国方略。而其中《览冥训》篇旨在"览观幽冥变化之端"，以揭示自然客观规律、人所处的位置及其与自然的关系，进而表达出作者对当下王朝统治秩序缔造的建议。因此在《览冥训》中，一种立足于人类现世生活和历史经历的经验叙事，成为其重要的叙事内容之一。

作者以精练独到的笔触，选取了历史生活中具有代表性的人物与事项：其中既有上古帝王、诸侯将相，亦有善弹奏、弋射、骑行、垂钓、行医、铸剑等能人异士者；既有"风雨暴至""晋国赤地""雷电下击""景公台陨""海水大出"等可怕灾景的再现，亦有周武王挥钺伐纣、楚韩构难战酣日暮，以及七国异族举兵相角等战事场面的生动刻画；既有君臣乖戾、尔虞我诈、求取己私、挑拨离间等阴险勾当的描写，亦有对民众恃强凌弱、以众暴寡、侵畔争限等社会丑行弊端的揭露。

除了以上典型经验叙事的表现，其更多的经验叙事内容与以道为中心的形而上学世界相结合，进而形成经验叙事与超验叙事的双构性融合。在《览冥训》篇的叙事中，一个以"道"为中心、以阴阳和合为导向、以自然为凭依的超验世界，不仅体系构建整顿，逻辑推演严密，而且内嵌于经验世界之中，成为叙事重点。在这个超验的世界中，"道"是其核心，"道"的本质是自在自永，是运行于宇宙之间，万物依其而行的形上法则；阴阳二气则是化生万物的动力源头，这两种对反力量的相互作用和能量配比，决定了万事万物发展的运行轨迹，或平衡或偏斜或倾覆；而自然则是"人、地、天、道的终极原则，是人、地、天、道的凭依、域限和实现路径，它无所不在、无始无终，呈现出弥散往复的循环性"①是对人与天地以及道的终极统纳。

超验世界与感性世界紧密联系，并通过这种联系，"道""气""自然"的属性和本质才得以彰显。所以在《览冥训》篇的叙事中经验世界与超验观念的贯通结合是其叙事内容的根本特点。

首先，《览冥训》篇中的叙事对感性世界的时间向度和空间向度给予格外的强调，所表现的超验神话事迹均以可感知的时空维度作交织，在感性世界的认知平台上演绎超验的哲学逻辑，使道哲学的超验观念得到历时化和人文化。比如从时间向度上，作者以历史发展的脉络，上溯往古之时女娲补苍天、正四极、涸浧水、平冀州，以示其彰"真人之道"，"从天地之固然"；逮至夏桀之时，"主暗晦而不明，道澜漫而不修"，以致春秋匿和，天地除德，仁君处位不安，大夫隐道不言，君臣乖戾，骨肉疏离；再至晚

---

① 刘洪一：《"界"的范畴意义与工具价值》，《哲学研究》2021 年第 11 期，第 69 页。

世之时，七国异族举兵相角，自三代以后，天下百姓不曾安其性、乐其俗、保其命，而夭于人虐，是因众王侯将相不能"消知能，脩太常"，所以未曾"大通混冥，解意释神"①；最后至当今之时，因天子上位，持以道德，扶以仁义，"脩伏牺氏之迹，而反五帝之道"②，所以"四海宾服"，"天下混而为一，子孙相代"③，以此暗喻大道的无时不在，且顺道则利，逆道则凶之理。从空间向度上，作者又以神话寓言为载体，向下有蛇鳝欲与螭虬争于江海之中，向上有燕雀欲与凤凰争于宇宙之间，以此暗讽蛇鳝、燕雀只知"小动之迹"而晦于大节之所由出，并从侧面凸显实为"大节之所由者"的螭虬、凤凰可上天入地、翱翔四海、徜徉洲际，以此暗喻大道的无处不在、无所不能。

其次，《览冥训》叙事还将超验的哲学观念、神话事迹纳入经验世界的世俗化序列，使超验世界的一切在价值取向上与经验世界的世俗标尺一致和同步，这不仅为道的形而上世界建构奠定坚实基础，也在利益和价值层面上实现形而上的超验世界与形而下的经验世界的贯通与联结。比如，传说黄帝治天下时，"治日、月之行律，治阴、阳之气；节四时之度，正律历之数；别男女，异雌雄；明上下，等贵贱"④，因其依道而行，顺时而为，所以人民保其命，岁时熟而不凶，百官正而无私，法令明而不暗，四海宾服，天下合一。而至夏桀之时，因其昏庸无道，掩道灭德，且"举事戾苍天，发号逆四时"⑤，所以谗佞之端起，巧辩之说生，人民水深火热，国家乱而不兴，以至神社崩裂、容台倾覆、西母折簪、黄神吟啸。作者将天道的运行与帝王品行及国家兴衰紧密结合起来，顺道而行，则利国利民，背道而驰，则天地乱国运衰。

这种对经验世界与超验世界贯通结合的复调双构式叙事内容，是以道与人和自然的紧密联结作纽带。在具体叙事操作中，《览冥训》以超验的哲学逻辑来统纳经验世界和经验事实，以经验的世俗秩序串联超验神话事迹和超验哲学观念，两种逻辑秩序的结合、互补和互动，不仅将两个叙事世界有机沟通，而且增加了叙事内容的可信性和可靠性。

---

① 陈广忠译注：《淮南子》上卷，北京：中华书局，2022 年，第 332 页。
② 同上。
③ 同上书，第 331 页。
④ 同上书，第 321 页。
⑤ 同上书，第 326 页。

《览冥训》的叙事内容实现经验世界与超验世界的整合贯通，其根本的理论基础在于天人的界分与连合，天人关系是贯穿于中国哲学发展脉络中的关键，是"自然秩序与人事认知联结的机枢"①。同时，在具体的叙事操作中，《览冥训》还使用了一些特殊的叙事处理来实现二者的贯通，诸如"雷电下击""日反三舍"等天地异象的出现和解析；以及其他生活化、个人化因素的调动，比如在表现"道"自在自永的客观规律性时，叙述者以"王孙绰之欲倍偏枯之药，而欲以生殊死之人""以火能焦木也，因使销金""以磁石之能连铁也，而求其引瓦，则难矣"②的经验叙事，阐明"天道者，无私就也，无私去也；能者有余，拙者不足；顺之者利，逆之者凶"③的超验哲理。

二、叙事指向：理性推演与超理性呈现

在看似杂乱无章、天马行空、跨越理性的文字表述之下，实则渗透着作者极强的哲学理性思考。通过捕捉和夸张所欲表述对象与真实世界之间的抽象相似性，以舍弃外形的相似、求取夸张的真实为宗旨，通过一个个自然人事的形象刻画、怪异诡谲场景的想象虚构，将真实历史与神话传说、自然异象与怪力乱神、终极本原的哲学思考与绮丽浮华的文学叙事等众多元素，水乳交融般杂糅在一起，由此实现了理性推演与超理性呈现的有机结合、共存互补、交相辉映，在对反对成的双构式叙述中揭橥世界的本质。

在《览冥训》篇中，叙述者将深厚的道气哲学思想倾注于生动的文学叙事之下，其体系整顿、论证缜密，呈现出三段严谨的逻辑序列：从万物界分差异到物类相应；从统纳连合差异事物的因果秩序，到受制于其下的人与自然关系；从行无为之法，到太浩之和、大通之境。其中每一段逻辑序列又分别聚焦于"阴阳""本末""小大"三个界对范畴。

（一）阴阳之合同气之应

伏羲一画开天地伊始，混沌死而万物生。边界的出现使得世界脱离虚廓之态而有了界分和多样性，进而形成差异及其关联，也就是有了秩序④。

---

① 刘洪一：《"界"的范畴意义与工具价值》，《哲学研究》2021年第11期，第70页。
② 陈广忠译注：《淮南子》上卷，北京：中华书局，2022年，第312页。
③ 同上。
④ 刘洪一：《边界的始基性与边界辩证法》，《中国社会科学报》2023年1月6日第8版。

在《览冥训》中，作者聚焦于"阴阳"界对范畴的对反对成，通过超理性、夸张化的描写刻画，及形象化、具体化的事项举例，解释万物产生的由来。"故至阴飂飂，至阳赫赫，两者交接成和而万物生焉"①，寒气逼人的至阴之气，与烈火般炽热的至阳之气，二者对反对成、和合化生。此外，阴阳界对存在而缺一不可，否则造化之功停，万物之生止。正如《览冥训》篇中所言："众雄而无雌，又何化之所能造乎？所谓不言之辩，不道之道也。"②

万物生而后万物应，《览冥训》以"物类相应"概其体征。阳燧取火、磁石引铁、螃蟹败漆、冬葵向日等自然客观现象，时至今日都难以辨其底层的因果逻辑，当作者面对这些自然奇观也就自然而然生发出"夫物类之相应，玄妙深微，知不能论，辩不能解"③的感叹。面对难以言说的"物类相应"之理，作者巧妙选取一个个形象具体的自然现象、真实存在的历史人物或事件进行类比说明，以论证物类相应的深刻原理。比如，《览冥训》中写道"东风至而酒湛溢"④"蚕咡丝而商弦绝""画随灰而月运阙""鲸鱼死而彗星出""峣山崩而薄落之水涸""区冶生而淳钩之剑成"⑤等。至于万物相应之理何出，《览冥训》有言："然以掌握之中，引类于太极之上，而水火可立致者，阴阳同气相动也。"⑥作者以"阳燧取火于日""方诸取露于月"为具体实例，以"阴阳同气相动"的抽象概念作结，由此说明同气相应之理。

（二）因果有序遵本顺末

万物化生，物类相应，差异既成，秩序始生。"天道者，无私就也，无私去也"，"顺之者利，逆之者凶"⑦，《览冥训》此言旨在表达宇宙万物间，因果秩序客观存在之实。因果链条不会招之则来，挥之则去；顺其而行得之利，背逆而行凶将至。《览冥训》通过聚焦于"本末"界对范畴之辨，论证因果时序不可违，时至弗失事竟成的思想。作者以溯古追今的时间序列，详叙"往古""夏桀""晚世""当今"四时所发生的因果关系之事，并巧妙安排上古神话传说、地理自然现象、历史人物事项等叙事要素于历史叙事

---

① 陈广忠译注：《淮南子》上卷，北京：中华书局，2022年，第310页。
② 同上。
③ 同上书，第308页。
④ 同上。
⑤ 同上书，第313页。
⑥ 同上书，第310页。
⑦ 同上书，第312页。

脉络之中，在随意自由、大开大合的超理性叙述之下，呈现出对因果秩序原理的缜密思考。

由因生果，明本而知末；易果弃因，舍本而逐末也。《览冥训》中以"往古顺序而行"与"夏桀弃因乱果"的正反对比，以及"晚世逆序乱性，夭于人虐"与"当今万物归附，四海宾服"的反正烘托，论证了因果序列不可违之理。

首先，作者以原始神话思维方式，虚构了往古之时"四极废，九州裂，天不兼覆，地不周载"，以及"火爁炎""水浩洋""猛兽食颛民""鸷鸟攫老弱"①等叠生乱象，以示因果乱、秩序废。遂女娲出世补苍天、正四极、涸淫水、平冀州；狡虫死而颛民生；春和夏阳、秋杀冬约、"枕方寝绳"。这里叙述者以传说中的神人奇事为据，刻画了女娲持道以平乱正序的光辉伟绩，呈现因果牵制而后秩序井然之理，进而阴阳合通、理气正顺，物养而民厚。

其次，作者以历史纪实的笔调，杂糅天地异象、神鬼乱行、鸟兽异状等奇思妙想的虚幻之笔，表现夏桀之时的晦暗不明、澜漫无修。夏桀弃捐五帝恩刑、推蹶三王法籍；"举事戾苍天，发号逆四时"②，最终招致德灭道掩、春秋匿和、天地除德的灾祸，致使世界再度陷入乱序之中。作者通过虚构神社槁枯裂崩、容台坍塌掩覆、群犬嗥吠入渊、野彘衔蓐席澳、美人挈首墨面、歌者吞炭内闭、西母折簪、黄神吟啸、飞鸟铩翼、走兽废脚等诡异怪谲之象，以示秩序废而乱象生。面对如此灾状，夏桀欲易果而不援因，实为本末倒置之陋行；纵使金银积但棱角折，璧玉聚却纹理污；罄空龟腹、昼夜蓍策以求神明，也无法改变自身弃因乱序招致的祸果。

再次，作者以夸张却不失其真、怪谲却露骨深刻的超理性笔法，复现晚世之时，七国异族战火纷争，财物毁百姓亡的惨悸，以示本末倒置而乱象叠生。作者运用电影镜头般流动的视角，将"坟墓""人骸""冲车""重京""战道""死路"等一个个恐怖意象直充于读者眼前，随后又将镜头拉至伤死甲卒、创亡百姓，以及"枕人头，食人肉，菹人肝，饮人血，甘之于刍豢"③的恐怖荒诞画面。由此，刻画出鲜血淋漓、死亡蔓延的战事灾象，并以夸张怪谲之笔揭示因天下未合一家，而成诸侯武力相争之果；重

---

① 陈广忠译注：《淮南子》上卷，北京：中华书局，2022年，第323页。
② 同上书，第326页。
③ 同上书，第329页。

征伐之末，而轻天下一家之本的因果逻辑链；所以天下不曾"安其情性"，人民未尝"乐其习俗""保其脩命"，而"夭于人虐也"①。

最后，作者以"拱揖指麾，而四海宾服；春秋冬夏，皆献其贡职"②的浩荡壮阔场景，呈现当今之时太平祥和之象。此状皆因五帝迎天德，遂承天下混一、子孙相代之果。重天德之本，天下、子孙之末自然顺道而来。"夫圣人者不能生时，时至而弗失也"③，意即因果时序，自在永在，时至弗失，方能"大通混冥"，"万物各复归其根"④。

（三）顺势而为太浩之和

因果秩序统纳万物，即便具有高度自主性的人类社会，也受制其中。"夫道之与德，若韦之与革，远之则迩，近之则远"⑤，影射宇宙普遍规律、因果关系的天道之序，与内指自然人类社会的德性之殊，二者关系如同韦与革：看似甚远，实则相近；看似相近，实则甚远。所以圣人面对如此深微窈冥、难以知论辩说的道理，便如明镜般"不将不迎，应而不藏，故万化而无伤"⑥。如此顺势而为，无为而无所不为。

作者以神话寓言般的超理性叙事，阐发不仅要明于小宇宙之德，更要知于大宇宙之道的内涵要旨。赤螭、青虬神游冀州，"入榛薄、食荐梅，嚼味含甘，步不出顷亩之区"⑦，蛇鳝遂轻视其不能与己"争于江海之中"；凤凰翔于天际，"雷霆不作，风雨不兴，川谷不澹，草木不摇"⑧，燕雀遂轻侮其不能与己"争于宇宙之间"。作者以形象生动的寓言式叙事，讽刺蛇鳝燕雀只"明于小动之迹，而不知大节之所由"⑨的行径，以此暗示知大节之道的重要性。

秩序自在，道德既明，顺其而行，无为而无所不为。作者以真实历史人物王良、造父，与传说得道之人钳且、大丙驾驭之术做对比，凸显后者"弗御御之"的本领。钳且、大丙不借一鞭一策，即可使马奔走而动，驰骋

---

① 陈广忠译注：《淮南子》上卷，北京：中华书局，2022年，第329页。
② 同上书，第331页。
③ 同上书，第332页。
④ 同上。
⑤ 同上书，第314页。
⑥ 同上。
⑦ 同上书，第316页。
⑧ 同上书，第318页。
⑨ 同上。

若飞，奔骛若绝，这便是"嗜欲形于胸中，而精神踰于六马"的缘故，亦即"假弗用而能以成其用者也"①。

顺势而为，不离其宗，达致太和，是谓大通。作者巧妙选取弹琴鼓瑟的形象实例，阐明玄远幽深的太和大通之理。调弦者，"叩宫宫应，弹角角动"②，此乃"同声相和"之理；改调宫音，而"二十五弦皆应"，且"未始异于声"，是因"音之君已形也"③，意即主音既成，余音相随，未出其道，太和大通。

三、叙事方式：字面意义与隐含寓意

《览冥训》在叙事意义的呈现上，表现出字面意义与隐含寓意两种不同呈现方式。"字面意义是一种直接的意义呈现，隐含寓意则是在叙事文字与其呈现意义之间经过了一个曲折转换，呈现出一种超越字面的意义内涵。"④两种意义呈现方式的结合，成为《览冥训》叙事结构中的一种重要特征。其具体叙事操作是以文学语言为媒介，用文学化的处理方式、表现技巧来彰显其内在隐藏暗含的叙事要旨；以形象生动的语言、大开大合的笔势，表现出对天人界分和连合的交互感应与人类在世生存方式的超脱感悟。

采用文学化的虚构，是《览冥训》文学叙事的一个重要内容。就《览冥训》整篇叙事而言，从阴阳和合到物类相应；从天地因果有序到万物顺势而为等各种关系的建构与演绎，其本质即是文学化虚构的产物，只不过该虚构塑造了一个以"道"为中心、以阴阳和合为导向、以自然为凭依的超验体系，并由此演化出系统而严密的哲学推演。

创造异象，是《览冥训》文学化虚构的主要手段之一。"异象是不以现世经验为摹写内容，而是着意塑造超验的、变异的非现实景象。"⑤叙述者凭借多种异象的创造，表达出特定的意义指向。比如神社槁枯裂崩、容台坍塌掩覆、群犬嗥吠入渊、野豕衔蕏席澳、西母折簪、黄神吟啸、飞鸟铩翼、走兽废脚等诡异怪谲之象，其内在意图便是暗指夏桀治国晦暗不明、澜漫

---

① 陈广忠译注：《淮南子》上卷，北京：中华书局，2022年，第319页。
② 同上书，第315页。
③ 同上。
④ 刘洪一：《圣经叙事研究》，北京：商务印书馆，2011年，第89页。
⑤ 同上书，第161页。

无修，以致生灵涂炭、民不聊生。

寓意性的隐喻、象征以及拟人化等修辞亦是《览冥训》文学叙事的重要手段。比如在论证大节之道的重要性时，作者创造性地选取蛇鳝、燕雀为反面对象，以拟人化、寓言式的口吻揭露其丑行弊端，以此表明不可只明小动之迹，而不知大节之出的道理。异象、隐喻、象征等文学技巧的运用，体现出《览冥训》典型的文学叙事特征。其文学化叙事的宗旨便在于：借助某种形象生动具体的物象设置，形成一系列意味丰富的意象符号，进而提升和传达一系列抽象的思想观念和情感。同时，该文学化的叙事方式，即字面意义与隐含寓意的复式叙事，也塑造了《览冥训》文本事实的生动性、具象性，以及文本意味的深厚性、复杂性和多解性。

《览冥训》叙事意义的上述呈现方式，与中国古人含混抽象的思维方式和审美特质密不可分，对天人感应之笃定，便是其中的一个重要原因。从根本上讲，天人感应是贯通联结人事与天道的主要方式，加之天道的不可言说性，更决定了道义真理直白自显的不可行性；所以这种天人感应与天道感悟，需要借助自然万象、神话传说、历史典故等媒介载体，形成一个个意义隐秘的叙事指向，要求受述者以静默、揣摩、沉思的方式，领悟其中藏匿隐晦的意义暗指。

结　语

《淮南子》作为一种整体性的叙事建构，内含了多层级、多维度的叙事系统，具有复杂的结构内涵和结构特征。而在《览冥训》篇中，则具体呈现出一种独特的对反对成的双构叙事结构。首先，在叙事内容层面，表现为经验叙事与超验叙事的结合，即以超验的哲学逻辑来统纳经验世界和经验事实，以经验的世俗秩序串联超验神话事迹和超验哲学观念，由此实现两种逻辑秩序的结合、互补和互动。经验叙事与超验叙事的结合，不仅将两个叙事世界贯通连合，而且增加了叙事内容的可信性和可靠性。其次，在叙事指向层面，表现为理性推演和超理性呈现的有机结合，其具体叙事操作是将真实历史与神话传说、自然异象与怪力乱神等或实或虚的笔触，水乳交融般杂糅在一起，并统纳于哲学逻辑与文学话语的叙事之下，完成对万物界分差异、物类相应、因果秩序、顺势而行、太浩之和、大通之境逻辑秩序的论述。最后，在叙事方式层面，以字面意义与隐含寓意结合为特征，具体表现为：以文学语言为媒介，运用形象生动的描写、大开大合的笔势，表现出对天人界分与连合的交互感应，以及人类在世生存方式的超脱感悟。此对反对成的双构叙事结构，不仅是一种叙事技巧的体现，更是一种包裹着生命本原问题的思考和镌刻于历史图画中的文化投射。

"人"之视野下的人类文明新形态

中国社会科学院　王　正

《中共中央关于党的百年奋斗重大成就和历史经验的决议》指出："党领导人民成功走出中国式现代化道路，创造了人类文明新形态，拓展了发展中国家走向现代化的途径，给世界上那些既希望加快发展又希望保持自身独立性的国家和民族提供了全新选择。"[1] 人类文明新形态这一极富创造性、创新性的理论深刻表明，中国共产党领导人民创造的社会主义的文明形态，从世界文明形态看是中华文明的新形态，从现代化形态看是社会主义现代化文明的新形态，从文化形态看是中国特色社会主义文化的新形态，从人的形态看是人的全面发展的新形态。[2] 中国共产党之所以能够创造人类文明新形态，就在于把马克思主义基本原理同中华优秀传统文化相结合，并积极借鉴人类文明的一切有益成果，在中西、古今比较的张力中更新了人类对"人"的理解。这种新形态既是以马克思主义为主导的，又是重视中华优秀传统文化的，更是避免了西方现代性弊端的。[3]

一、反思西方现代文明

人类文明的发展经历数千年的历史，诸多人类族群创造了丰富多彩的人类文明。而在此前数百年占据统治地位的是西方的现代文明，它在物质维度诞生于近代工业革命，在文化维度诞生于启蒙运动。启蒙运动在很多

---

① 《中国共产党第十九届中央委员会第六次全体会议文件汇编》，北京：人民出版社，2021年，第93页。

② 颜晓峰：《人类文明新形态的道路基石》，《光明日报》2021年8月18日第6版。

③ 王立胜：《"七一"重要讲话的重大理论创新及意义》，《人民论坛》2021年第21期。

方面都取得了巨大成就，尤其相对于神本主义的中世纪来说，它让人类建立起人本主义的精神，从而促进了人类文明的蓬勃发展。它的这种成就大体可以分为三个方面：一是形成了以个人为基本单位的人类生活样态和社会运作模式。也就是说，个人权利与个人自由成为西方现代文明的基石，个人一定程度上也被构建为西方现代文明的一种"神话"。二是形成了以理性思维为人类根本特性的人类思维模式，强调理性在社会生活中的主宰意义。三是形成了代议制的民主政治和现代科层制的行政体系。这使得现代政治和社会运行的形态较之古典时代发生了根本转变，普通民众获得了较强的政治参与度和社会主动性。

　　然而，当启蒙运动的"红利"逐渐消耗殆尽之后，它巨大成就下的阴影开始笼罩人类的生活。同时由于与启蒙运动相伴随的近代工业革命释放出了强大的生产力和科技创造力，因而其造就的阴影更加可怕、更加深暗。（1）以个人为基本单位的人类生活样态使得每个个体成为孤零零的原子式存在。[①]一方面，人本主义的"祛魅"解除了人类此前不得不负担的神灵的重压，但同时人生命中的神圣性、英雄性维度也逐渐丧失，人成为仅仅为自我乃至仅仅为当下这个自我的存在，于是类似"小确幸"的人生追求成为时下不少人的生活标准，他们不愿再为一些高尚的价值、长久的目标而奋斗。另一方面，个人在启蒙运动后成为社会运转的核心，于是社群的意义逐渐失落，尤其是家的意义不断减弱，这造成了原子化个体的彻底孤单。现代人生活在数量无限的陌生人构成的社会中，看似具有丰富的公共领域生活，却恰恰忽视了对个人具有根本性意义的家庭生活。这种私人领域生活的缺失与不足，实际上造成了我们从幼年开始就无法习得恰当的与他者相处之道，由此在成年后也无法真正过上优良的公共领域生活。（2）理性的胜利带来了人类文明的巨大进步，但工具理性和"经济人"理念却让人类陷入坚固的"铁笼"中。[②]现代文明的经济发展总量已经远远超越了此前数个世纪的总和，但是这种堪称伟大的成就把经济领域的利益至上和效率崇拜无限扩大到一切生活中。应当说，能够以"经济人"的身份来看待人，进而运用工具理性来筹划经济生产、物质生活并实现人更好的物质生活状态，这是现代人物质生存状况逐渐变好的重要原因。但是，当人

---

　　① 刘擎：《刘擎西方现代思想讲义》，北京：新星出版社，2021年，第25—27页。
　　② ［加］泰勒：《现代性的隐忧：需要被挽救的本真理想》，程炼译，南京：南京大学出版社，2020年，第143—145页。

类不再以美德、公益、神圣等作为更高尚、更长远的标准来衡量自身的行为与追求，这就陷入了人类为自己划定的"铁笼"中——让"经济人"成为自己的唯一属性，让工具理性成为自己的唯一思维样态。（3）现代民主制度和科层制度令平民社会的曙光呈现，令人类政治运行的文明度得到提升，但民主制度中的盲目性因素和科层制的僵化性发展也令现代政治出现柔性专制主义的倾向，从而违背了民主制度所应遵循的"以民为本"精神。科层制的僵化问题使得西方政治的行政运行能力日渐降低，而僵化背后的阶层固化令西方当前的教育日渐精英化并偏离了现代教育的宗旨。民主制度的盲目性既使西方目前在面对重大政治问题上表现出进退失据的情形，又令"政治正确"成为阻隔普通民众实现真实诉求的天堑鸿沟。①

在上述三个方面的深刻影响下，西方现代文明表现出诸种难以克服的顽疾。（1）技术至上主义。富兰克林指出："技术搭建起了我们居住的这所房屋。房子仍在持续扩张和改造之中……与早先的人类相比，我们几乎已没有生活在房屋之外的机会。"②启蒙运动和工业革命促进了现代科学技术的更新与革命，但这也造成了人类的自我膨胀，尤其是对理性的迷信和对效率的崇拜，科学技术具有了"至高无上"的价值。科技的价值因人而产生，当我们以科技本身为至上价值后，反过来令科技成为人类的控制者。一定意义上，"低头族"反映了人类普遍臣服于智能手机背后的科技，大数据的社会性管理令人类近现代以来的"自由"价值追求在未来变得堪忧，至于人工智能可能造成的对人的柔性专制、尊严伤害、反制人类等更是目前学界讨论的热点。（2）世俗主义的观念。当神圣性的观念渐次消散后，人类进入了世俗性的生存中，在一定程度上，这是自人诞生以来人类真实面对自我的最重要契机。面对这种情形，人类形成了一种"本真性的伦理"，即以自我实现作为人的生活追求与道德目标。③然而西方现代文明对何谓"本真性"即到底"何谓人"的理解出现了巨大偏差。他们将人理解成原子化的个体，人越来越自我中心化和"自恋"，进而陷入相对主义、主观主义乃至精致利己主义，变得不再具有真正的生活创造性和人生完整

① ［美］麦金太尔：《依赖性的理性动物：人类为什么需要德性》，刘玮译，上海：译林出版社，2013 年，第 109—110 页。

② ［加］富兰克林：《技术的真相》，田奥译，南京：南京大学出版社，2019 年，第 9 页。

③ ［加］泰勒：《现代性的隐忧：需要被挽救的本真理想》，程炼译，南京：南京大学出版社，2020 年，第 53—58 页。

性，一些人甚至自主性地沦落为"娱乐至死的动物"。（3）虚无主义的死结。从尼采宣称"重估一切价值"和"上帝死了"之后，人类就面临着一个根本性问题：人在现代社会中，到底应当怎样生活？迄今为止，西方现代文明没有给出令人满意的回答。无论是存在主义的诸种努力还是西方马克思主义的众多尝试，都未能系统给出对虚无主义的解决方案。这意味着西方现代文明始终无法给予现代人以安顿，反而令现代人在西方现代文明的阴影下越陷越深。①

综上所述，西方现代文明的根本问题在于对人的理解出现了重大偏差：当它以绝对的个体作为社会运转和政治运行的基石时，这一现代的"神话"既释放出强大生命力、创造了西方现代文明的诸种辉煌，也带来了巨大的黑暗——对社群意义的遮蔽、对道德价值的无力、对人类命运的惶惑。面对这种情形，人类需要从人类文明的一切有益成果中探寻可资凭借的资源，让人类找到不同于西方现代文明的人类文明新形态。

二、中华优秀传统文化对人的理解

相对于西方现代文明对人的绝对个体性的理解，中华优秀传统文化始终将人理解为既具有个体性又具有社群性的存在，从而让人的生活尽可能在两者间保持张力性的平衡。

孔子指出："鸟兽不可与同群，吾非斯人之徒与而谁与？"（《论语·微子》）人是离不开社群而独立存在的，必然生存在社群当中。这种社群是人与人结成的人伦性的社群，不是动物性的社群。在孔子的社群理念中，人伦是社群形成的原因，道德是社群运作的原则，和谐是社群理想的状态。因此他指出："群居终日，言不及义，好行小慧，难矣哉！"（《论语·卫灵公》）人们群居在一起，应当以德义为行动准则，而不可以利益为原则，否则这一社群将是难以持续的。在这样一种对人与社群关系的理解下，孔子认为个体一方面有其个体性，且这种个体性需要得到发挥；另一方面应当是具有同情心、同理心的个体，因为只有这样他的个体性才能具有真正的现实性以及更普遍意义的个体性。孔子的这种理解将个体与他者乃至社群融合为一。孔子指出："古之学者为己，今之学者为人。"（《论语·宪问》）

---

① ［英］沃森：《虚无时代》，高礼杰译，上海：上海译文出版社，2021年，第2—7页。

学习的目的不是为了获得外在的功名利禄，而是为了自己的能力提升、人格养成等。由此，他将个体的主体性予以突出：个体的价值与意义不在于外在的地位、财富、势力等，而就在于个体本身。近现代批评儒家文化之人常认为儒家以社群压抑个人，却不知"儒家仁学始终把关注行为者本身——人——放在重要的地位"①。那么个体本身的价值与意义在哪里呢？孔子认为就在于人的自主性。这又包含两方面：我为自己的意识与行为做决定，我为自己的所作所为承担责任。因此人不应当怨天尤人，而是"君子求诸己，小人求诸人"（《论语·卫灵公》）。在孔子看来，人虽然都具有一定自主性，但常不能理解真正的自主性何在；只有真正理解了自主性的个体才能真正发挥自主性。同时，自主性的发挥并不意味着对社群的背离，而是恰恰在社群中实现个体性。个体的自作决定、自担责任是在与社群之他者的交往中实现的。个体与他者的交往原则有二：一为"己所不欲，勿施于人"（《论语·卫灵公》）；二为"己欲立而立人，己欲达而达人"（《论语·雍也》）。前者意味着人在社群生活中能够以真正的自主性来把握自己行为的界限，为自己的行为负责，从而使自己能坚守底线、不伤害他人；后者意味着人在社群生活中能以真正的自主性来"自作主宰"，进行道德实践，"自觉地遵守社会的行为规范"②，从而将自身的价值予以最大程度的实现——使他者和自己一样都能实现自身的价值。可以说，这两种一消极、一积极的行为准则一方面将个体的自主性完全呈现与实现出来，另一方面将个体与他者的关系予以和谐化处理，使个体与社群取得融合。可见，孔子理解的人是在人伦性中的主体性存在：人生活在社群中，但社群并不是压迫个体的，个体的真正自主性的实现必须在社群中完成。这样一种群己关系平衡论的对人之理解，是由孔子开始后儒家普遍坚持的一种观念。

道家对人的理解虽然表现出重视个体的倾向，但相对于西方现代文明中绝对的个体主义，道家还是试图在个体与社群间保持一种动态的平衡。《老子》肯定个体和社群都是必然存在的，同时明确强调，无论是个体还是社群都应当遵循自然无为的原则，即按照自身从"道"那里所得之"德"去生存。"修之于身，其德乃真；修之于家，其德乃余；修之于乡，其德乃长；修之于国，其德乃丰；修之于天下，其德乃普。故以身观身，以家

---

① 陈来：《儒学美德论》，北京：生活·读书·新知三联书店，2019 年，第 431 页。
② 李存山：《中国传统哲学纲要》，北京：中国社会科学出版社，2008 年，第 194 页。

观家，以乡观乡，以国观国，以天下观天下。吾何以知天下然哉？以此。"
（《老子·第五十四章》）个体依照自身的"德"生存，家、乡、国、天下等
层层扩大的社群也按照各自的"德"生存，这样个体和社群就都能各得其
宜。《老子》既没有以天下、国家来淹没个体，也没有否定天下、国家的存
在的重要价值，而是认为从个体到社群都有其存在的必然性，即它们皆是
从"道"而来；因此只要它们皆能依照"德"而行，就可以相互和谐、皆
得其宜。不过老子所生活的春秋时代之现实情况是当时的诸侯国统治者以
国家的名义对个体施加了难以弥补的伤害，个体从生命的保存到自由的发
展无不受到统治者的限制和掌控。针对这种现实，《老子》指出："治大国
若烹小鲜。以道莅天下，其鬼不神。非其鬼不神，其神不伤人；非其神不
伤人，圣人亦不伤人。夫两不相伤，故德交归焉。"（《老子·第六十章》）
统治者在现实政治生活中要发挥施政、治理的具体作用，有道者的治理是
顺从"道""德"的，即这种治理不是伤害民众的，而是让民众可以自然
发挥其本身之"德"，从而成就一个个体与社群关系平衡的良好社会秩序，
即"两不相伤，故德交归焉"。在《老子》中，"道"生育万物但不干预万
物的自主发展，因此社群之"德"也当是生育个体而令个体可以获得恰当
的自由发展。故而《老子》劝诫当时的统治者接受"道""德"的指引，让
个体和社群获得平衡的状态，这一状态就是"无为而治"。显然，《老子》
对人的理解虽然侧重对个体生命和个体自由的尊重与保障，但也认为这种
个体性的实现需要在个体与社群、他者的动态平衡中获得。正如刘笑敢指
出的："一般人常误以为道家只强调个体自由，不讲整体之秩序，这当然是
不对的。老子一方面强调个体之尊严与自主，另一方面也强调对个体自我
的限制。"[1]绝对的自主性和彻底的个体性并不是道家所主张的，因为那种
对人的理解其实在根本上拒绝了"道"，尤其失去了道家所特别重视的超
越性视野。

　　由上可知，在中华优秀传统文化中占据主流位置的儒家、道家都认为
人是兼具个体性与群体性的存在，人的生存应当在个体性与社群性的张力
中保持动态平衡。中华文明博大精深，我们不可能一一列举。在整体和总
体上，这种对人的理解具有丰富的哲学意蕴和深厚的文明内容，是我们面

---

　　① 刘笑敢：《老子：年代新考与思想新诠》，台北：台北东大图书股份有限公司，2015年，
第84页。

对西方现代文明带来的危机时值得借鉴的重要思想资源。

三、以更新的"人"之理解创造人类文明新形态

习近平总书记指出："我们坚持和发展中国特色社会主义，推动物质文明、政治文明、精神文明、社会文明、生态文明协调发展，创造了中国式现代化新道路，创造了人类文明新形态。"① "五大文明"的"协调发展"正是人类文明新形态的特质所在。物质文明指人类物质生活的进步状况，包括社会生产力的发展、生产工具和技术的改进、生产规模的扩大、社会财富的积累以及人的物质生活的改善等。政治文明指人类社会政治生活的进步状态和政治发展取得的成果，包括政治制度方面的国家管理形式、结构形式和政治观念层面的政治价值观、政治信念、政治情感的更新发展等。精神文明指人类在改造客观世界和主观世界的过程中所取得的精神成果的总和，是人类智慧、道德的进步状态。社会文明指人类社会的开化状态和进步程度，包括社会主体文明、社会关系文明、社会观念文明、社会制度文明、社会行为文明等方面。生态文明指人类遵循人、自然、社会和谐发展的客观规律而取得的物质与精神成果的总和，是以人与自然、人与人、人与社会和谐共生、良性循环、全面发展、持续繁荣为基本宗旨的文化伦理形态。"五大文明"包含了人类生活的方方面面，它们的共同发展与协调更新促成了人类文明新形态的产生。"五大文明协调发展"中最关键的核心创造力是它超越了现有诸种文明对"人"的认识，形成了一种全新的对"人"的理解。它在将马克思主义基本原理同中华优秀传统文化相结合的基础上，吸收了人类文明的一切有益成果，克服了西方现代文明对"人"的原子式理解和世俗主义、虚无主义认知，将人类的个体性与社群性重新缔结在一起，从而为人真正获得解放奠定根本性前提。

应当承认，西方现代文明因为将人从神本主义中解放出来，让人获得了人本主义的生存方式，因而较之此前时代的人类文明程度大有进展。但是如上所述，西方现代文明造成的原子式个人主义、技术至上主义、世俗主义、虚无主义又将人囚禁在工具理性、效率至上、阶层固化等打造的

---

① 习近平：《在庆祝中国共产党成立100周年大会上的讲话》，《人民日报》2021年7月2日第2版。

牢不可破的"铁笼"中，因而牢牢限制了人的文明程度的继续提升。也就是说，西方现代文明的"人"观念在诞生之初虽然解放了人、促进了人的进步，但是随着其观念背后的阴暗面日益扩散，这种"人"的观念已经成为阻碍人、束缚人的牢笼。因此马克思主义的理论目标之一就是"人的解放"。恩格斯把人的解放具体展开为三个维度：首先，人在和他者的关系中即社会性的生存中获得解放，也就是通过摆脱阶级压迫而获得自由，成为自身的"社会结合的主人"；其次，人在自然界的生存中获得解放，即通过掌握自然界的必然规律而获得改造客观世界的自由，使人成为自觉的"自然界的主人"；最后，人在和自身的关系中获得解放，即通过正确认识人自身而摆脱对自身的束缚，"成为自身的主人——自由的人"。① 显然，西方现代文明根本无法承担起实现"人的解放"的重任。因为它对人的原子式个人主义理解和工具理性、"经济人"预设等使人始终无法正面面对个体与他者（他者既包括他人，也包括自然界）的关系问题，而其导致的世俗主义、虚无主义等又让人给自身遮上重重迷雾而无从获得自身的解放，所以西方现代文明已经无法、无力指引人类走向光明前景。只有通过借鉴人类文明的一切有益成果，尤其是把马克思主义基本原理同中华优秀传统文化相结合，才能创造人类文明新形态。中国共产党正是这样实践的，从而将人类的文明程度予以了极大提升，并创造了人类文明新形态。

马克思主义的"人的解放"思想与中华优秀传统文化对"人"的理解具有很强的亲和力，两者的结合突破了西方现代文明对"人"的局限性理解，使人的生存获得最大解放与最高和谐，极大提升了人类的文明程度。马克思指出："只有当现实的个人把抽象的公民复归于自身，并且作为个人，在自己的经验生活、自己的个体劳动、自己的个体关系中间，成为类存在物的时候，只有当人认识到自身'固有的力量'是社会力量，并把这种力量组织起来因而不再把社会力量以政治力量的形式同自身分离的时候，只有到了那个时候，人的解放才能完成。"② 在这样一种对"人"和"人的解放"的理解中，马克思把抽象的个体性的人、具体的现实实践的人、作为劳动关系中的人、作为类存在的人统一起来，形成了"完整的人"概念。这样一种对"人"的理解，和中华优秀传统文化中对人在个体与社群的张

---

① 《马克思恩格斯选集》第3卷，北京：人民出版社，1995年，第760页。

② 《马克思恩格斯全集》第3卷，北京：人民出版社，2002年，第189页。

力中动态平衡之理解具有极强的对话性和沟通性。两者的结合超越了西方现代文明对"人"的片面性认识——仅从绝对个体性即原子式个人主义的角度理解人，而将人的完整性、平衡性和盘托出，从而全面提升了人类的文明水平，"创造了一种不同于现代西方文明的人类文明新形态，不仅为中国的未来发展，而且为人类的未来发展，提供了新的道路"①。本文尝试重点从"五大文明"中的精神文明、社会文明、生态文明三个方面做阐述。这三个方面基本对应于《中共中央关于党的百年奋斗重大成就和历史经验的决议》中总结的党在文化建设上、社会建设上、生态文明建设上所推进的工作和取得的成就。

马克思主义基本原理同中华优秀传统文化相结合下的"人"观念，促进了精神文明的提升。（1）科学文化方面。在西方现代文明的理性主义思维促进下，科学技术在近三百年来获得了前所未有的飞速发展，但是这种飞速发展令人类对科技产生了近似"神灵"般的迷信和崇拜，以致产生了技术至上主义和绝对科学主义，有的人甚至认为通过绝对客观、绝对中立的科学技术就可以编织出最美好的未来。然而这种所谓的客观、中立在一定程度上打开了"二战"种族主义和当代恐怖主义的闸门，释放出无数的"洪水猛兽"。可惜人类却在这条道路上越走越远，未进行彻底的反思和积极的转变，西方当前教育体系中人文主义教育的不断萎缩就是鲜明的例证。显然，这种忽视人本身的科技至上主义挤压了人类成长与教育中必不可少的人文社会科学空间，加深了人类的世俗主义与虚无主义，更令科学技术的发展走上了歧途。科学固然以探索世界的客观现象和形成关于世界的系统知识为目的，但科学始终是"人"的科学，剥离了"人"的科学是根本不可能的，因此科学如果走向了对人类进行柔性专制和使人盲目崇拜的面向，就违背了科学本来的精神。技术是为了方便人类生活而创设的，它的目的就是帮助人、服务人，因此蕴含着反人类倾向的技术至上主义是需要予以严肃批判和彻底反对的。马克思主义基本原理同中华优秀传统文化相结合下的"人"观念，深知科技至上主义的弊端，从"完整的人"的视野来正视科技、文化与人类文明的关系，从而使我们既尊重科学技术带来的人类智慧的发展、生产方式的进步，又将科学技术限定在合理的范围内，

---

① 王京清：《不断推进马克思主义中国化　奋力实现中华民族伟大复兴——学习习近平总书记在庆祝中国共产党成立 100 周年大会上重要讲话》，《哲学研究》2021 年第 7 期，第 13 页。

让人类的文化、艺术、体育等方面也获得积极的发展与不断的进步，进而促进人的全面发展。（2）思想道德方面。西方现代文明受到绝对个人主义的影响，造成了世俗主义、虚无主义等思想道德方面的困境，近年来西方政治哲学界的社群主义思潮和伦理学界的美德伦理复兴运动，正是尝试对原子式个人主义的社群观念和道德观念进行转化与更新。社群主义试图弥补新自由主义的困境而重建社群的积极价值，美德伦理尝试在具有绝对现实力量而欠缺道德性的功利主义和具有形式意义而欠缺内容性的义务论之外走出一条新的伦理学道路。然而因为他们始终无法彻底改变西方现代文明对"人"的理解，因此欠缺改变现实和影响更广泛人群的力量。马克思主义基本原理同中华优秀传统文化相结合下的"人"观念既强调人的个体性与社群性之间的动态平衡，又具有将这种理念在中国深入推广与实践的能力。这其中的关键性因素就是中国共产党，正因为中国共产党"始终把为中国人民谋幸福、为中华民族谋复兴作为自己的初心使命，始终坚持共产主义理想和社会主义信念"[①]，才能将马克思主义基本原理同中华优秀传统文化相结合下的"人"观念予以真正实践，并克服世俗主义、虚无主义的西方现代文明弊病，让人的个体性在社群性之中得到完美实现，进而推动"人的解放"的真正实现，创造人类文明新形态。

马克思主义基本原理同中华优秀传统文化相结合下的"人"观念，促进了社会文明的更新。（1）社会主体文明，包括个人发展、家庭幸福、邻里和谐、社会和谐等内容。在西方现代文明的原子式个人主义和效率至上的影响下，个人发展主要聚焦于经济财富的增长和社会地位的提升，忽视个人发展的诸多面向，从而造成了功利主义的泛滥和世俗主义的横行。马克思主义基本原理同中华优秀传统文化相结合的"人"观念则关注人的全面发展，既包含物质上的极大丰富，更包含精神上的极大提升；既包含兴趣爱好的满足，更包含道德价值的实现，从而使人获得整全性的发展，真正提高社会主体的文明程度。（2）社会关系文明，包括人际关系、家庭关系、邻里关系、社团关系、群体关系等内容。西方现代文明对家庭关系产生了重大冲击，因为其对绝对个体的过分强调，令个人纷纷成为走出家庭的"娜拉"，然而当"娜拉"走出家庭后，她又将走向哪里安顿自己的生

---

① 《中国共产党第十九届中央委员会第六次全体会议文件汇编》，北京：人民出版社，2021年，第19页。

活呢？马克思主义基本原理同中华优秀传统文化相结合下的"人"观念则肯定家庭形态的重要意义，尤其强调家庭中的爱与和谐及其对个人发展的重要价值，从而使"离家"的现代人重新"归家"，在家庭中获得生命的平衡与饱满。（3）社会观念文明，包括社会理论、社会心理、社会风尚、社会道德等内容。西方现代文明因为以绝对的个体为出发点，所以始终无法正视社群的价值和意义以及多元文明、多样现代性的事实，从而无法解决民族之间、种族之间、文明之间的冲突问题。马克思主义基本原理同中华优秀传统文化相结合下的"人"观念则重视个人与社群的融合，肯定社群存在的基础性意义，进而正视多民族、多种族、多文明之间的平等、对话、共建、共享，反对单边主义、保护主义、霸权主义、强权政治等，因而可以真正构建起具有美好未来的人类命运共同体。（4）社会制度文明，包括社会制度、社会体制、社会政策、社会法律等内容。西方现代文明构建的代议制民主和科层制行政系统因为阶层的固化和运转的僵化，已经偏离普罗大众的利益诉求，既开始转向柔性的专制主义，也表现出行政中的极强惰性。马克思主义基本原理同中华优秀传统文化相结合下的"人"观念则始终坚持以人为本、以人民为中心的政治原则，始终坚持全过程、全领域、全方位的人民民主，从而实现了社会制度文明的重大提升。（5）社会行为文明，包括社会活动、社会工作、社会管理等内容。西方现代文明构建的工具理性、效率至上的"铁笼"使得现代人以绝对的个人中心主义视野来对待他人，尽管从康德就开始疾呼"人是目的，不是手段"，但始终无法令人们挣脱"铁笼"并学会以同情心、同理心来对待他人。马克思主义基本原理同中华优秀传统文化相结合下的"人"观念则秉持个人与他者、个人与社群的互动、融合，摆脱个人中心主义的窠臼，挣脱工具理性的"铁笼"，努力实现个人与他者的共赢，进而实现社会的和谐，建立起人人有责、人人尽责、人人享有的社会治理共同体。

马克思主义基本原理同中华优秀传统文化相结合下的"人"观念，促进了生态文明的发展。（1）关于人与自然方面。西方现代文明以绝对的个人主义形成了绝对的人类中心主义，因而在造就人类自古未有的物质与经济文明的同时，也造成了人类有史以来对地球自然环境的最大破坏，进而让当今人类普遍面对着资源约束趋紧、环境污染严重、生态系统退化的严峻形势。中华优秀传统文化在对"人"的理解中清楚认识到人和他者的动态平衡关系，蕴含着深厚的关于生态保护的思想资源。《中庸》认为，"能尽人之性，则能尽物之性；能尽物之性，则可以赞天地之化育；可以赞天地之化育，则可以与天地参矣"，即人的主观能动性的充分发挥、人类社会的全面发展是和天地间他者的自然生长相辅相成的，因此儒家的人文主义并不是一种人类中心主义的观念，而是天人合一的人文主义理念。道家崇尚自然，认为人的行为应效法天地、顺应自然，尤其需要克制人类过分的物质欲求和控制自然的欲望。中华优秀传统文化对人与自然关系的和谐化处理，与马克思主义基本原理对人掌握必然规律、改造客观世界但又始终遵循自然规律的正确理解相结合，扭转了绝对的人类中心主义，从心理意识、制度措施、行为实践等方面使人类真正获得与自然的和谐相处。（2）关于人与人方面。西方现代文明始终无法在个人主义的"神话"中恰当安置他者的位置，因此造成了现代社会中的人日渐丧失同情心、同理心。人的这种内在情感性存在的丧失和西方现代文明对人的过分理性化存在的强调，使得人自身内部的身体与心理、肉体与灵魂极度不协调，各种现代性的精神疾病严重困扰着现代人类。马克思主义基本原理同中华优秀传统文化相结合的"人"观念既承认他者在人的生存中的重要意义，认为他者不仅是自我存在的前提和确证，而且自我与他者是相互依赖、相互塑造的平等关系；又努力构建人的身体与心灵的良性互动，认为人的全面发展是人的身体能力与思维能力、情感感受和理性认知、道德精神和审美情趣等多方面的统一发展。这种完全更新了的对人与他者、人与自身的理解，使人与人良性互动、人与自身和谐统一的人类文明新形态得以产生。（3）关于人与社会方面。如前所言，西方现代文明无法对人与社群的和谐共生关系予以恰切的认识，故而造成了现代社会中的诸种社群冲突。马克思主义基本原理同中华优秀传统文化相结合的"人"观念则真切肯定了人与社群、人与社会的和谐共生关系，认为人与社会是动态平衡的，这种认识可以让人类深刻理解并真正认同"和平、发展、公平、正义、民主、自由的全人类共同价值"[①]，从而有利于人类文明走向持续繁荣。

综上所述，马克思主义基本原理同中华优秀传统文化相结合下的"人"观念具有深厚的哲学意蕴和强大的实践力量，突破了西方现代文明对"人"的局限性理解，克服了西方现代文明对人类造成的可怕阴影，从而极大提

---

① 《中国共产党第十九届中央委员会第六次全体会议文件汇编》，北京：人民出版社，2021年，第88页。

升了人类的文明程度，创造了人类文明新形态。今天，全人类正处在一种新的形势中，"新一轮科技革命和产业变革突飞猛进，经济全球化在曲折中发展，世界治理体系变革加速调整，霸权主义和强权政治出现新的形式"[1]。马克思主义基本原理同中华优秀传统文化相结合所开辟的人类文明新形态将指引人类实现人的全面解放，让人在人类与自然界、社会、自身的关系中实现最完满的和谐和最充分的自由，从而使人类在"百年未有之大变局"中"把人类前途命运掌握在自己手中"[2]。

---

[1] 谢伏瞻：《在把握历史发展规律和大势中引领时代前行——为中国共产党成立一百周年而作》，《中国社会科学》2021年第6期，第28页。

[2] 习近平：《习近平谈治国理政》第3卷，北京：外文出版社，2020年，第460页。

身份认同与文化建设路径探讨：
以文化政策理论为视角

深圳市社会科学院　任　珺

一、文化理论中的身份／认同

身份／认同是从英语 Identity 翻译而来的。"二战"后，身份／认同成为当代世界的一个关键概念，并广泛用于文学和文化理论。英语 Identity 从语义看，含有身份、特质、认同和自我同一性等内涵。从概念上讲，其意义在不同语境中会有所改变。美国学者于连·沃尔夫莱在《批评关键词：文学与文化理论》中将不同的引语交织起来，呈现"我／身份"（I/DENTITY，斜杠表明该术语的"主体性"内涵）这一概念不一致的定义，以论证意义的不确定性。①在英美文化研究学者编著的《新关键词：文化与社会的修订术语》中，英国学者凯文·罗宾斯给 Identity 的界定是："认同在任何时候、任何情况下都是与一个人或一个社会群体想象的同一性有关。它关系到一个人或一个群体的存在及延续，关系到其本身而不是其他某人或某物的特质。认同也许可以看作是一种虚构，它试图将一个有序的类型和叙事置于心理世界和社会世界现实的复杂性和多样性之上。认同问题的核心是主张统一性原则，而不是多元论和多样性；主张连续性原则，

---

① ［美］于连·沃尔夫莱：《批评关键词：文学与文化理论》，陈永国译，北京大学出版社，2015年，第5—6、122—127页。

而不是变迁和转型。"①

可以发现，英语世界中的身份/认同存在同一性与差异性、虚构性与真实性二元结构，以及统一性与多样性、连续性与变化性二元对立。在西方理性支配的结构性思维方式中，对该词的界定是将同一性或具有一致性的事物看作独立的个体，以区别于其他事物，即通过区分方法描述事物的本质。尽管西方学者对身份/认同有不同的理解，但这一方法及思维方式却被不同程度地采用。

在中文语境中，身份是名词，认同是动词，这使得该词语包含了动态的习得过程。与西方文化强调主体或本位思想不同，中国传统文化更强调互动与和谐。梁漱溟曾在《中国文化要义》中指出：中国文化既不是个人本位，也非群体本位，而是把重点放在人际关系上，是伦理本位或关系本位。可见对 Identity 语义上的理解，体现了中西文化方法论上的不同。整体性思维在中国文化中占主体，西方文化则偏向分界、分析和分割。②无论中西语境，身份/认同均被认为是一种文化心理过程，将自身视为对象或共同体的一部分，从而在社会关系中产生"自我和社会归属关系的感觉"③。由于身份/认同不仅涉及个人与某些人的共同之处，而且也涉及个人与他者的差异，故身份/认同也给人一种寻觅位置的感觉。④首先是个体对自我认识的定位和把握；其次是对内群体分享和维持的文化传统、价值观念及行为规范的确认以及对外群体的差异识别，由此形成国家和社会建构的基础。本文是以集体主义和社会学的理念探寻身份认同，而非基于个人主义和心理学的观点。身份认同由于所处环境的变化，往往呈现阶段性的新问题。皮埃尔·布尔迪厄曾断言人们通常根据社会条件、历史情境、个体或集体的过往经历来选择、参照身份认同的不同形式。⑤因此，身份既是一个

---

① Tony Bennett, Lawrence Grossberg, and Meaghan Morris, ed., *New Keywords: A Revised Vocabulary of Culture and Society*, Oxford: Blackwell, 2005, p.196.

② 卢玮銮、熊志琴：《双程路——中西文化的体验与思考1963—2003（古兆申访谈录）》，香港：牛津大学出版社，2010年，第280—281页。

③ ［英］吉姆·麦圭根：《重新思考文化政策》，何道宽译，北京：中国人民大学出版社，2010年，第197页。

④ Chris Weedon, *Identity and Culture:Narratives of Difference and Belonging*, London: Open University Press, 2004, p.2.

⑤ ［法］阿尔弗雷德·格罗塞：《身份认同的困境》，王鲲译，北京：社会科学文献出版社，2010年，第3页。

历史的过程，也是一个不断参与建构的动态过程，其中文化是身份认同的核心内容。

身份／认同和文化是"后殖民""后现代"的关键问题。[①] 本文对当代文化建设中政策选择和身份建构问题的讨论集中在身份转化中的积极面向，摒弃后现代流动性以及主体身份自我指涉导致的去中心化认同等负面影响。许多学者对身份认同的变化过程和机制做出了阐释，如英国学者斯图亚特·霍尔将身份界定为一个策略性的、定位性的概念，由面向过去的寻根——"我们是谁"转为面向未来的追问——"我们可能会成为什么"。[②] 霍尔对身份认同的界定强调主体的文化生产过程，在他看来身份显然不是固置在某种本质化的过去，而是受到历史、文化和权力的影响。作为后殖民理论代表人物之一的印度裔美国学者霍米·巴巴则尝试通过后殖民经验将殖民分析的焦点转移至认同构成（identity formation）问题上，针对"整体里的部分"提出"混杂性"的"介乎之间"策略，消解了固有的居于中心的权威，以打开一个协商的空间。这里，协商既非同化，也非协作，而是实践主动的抵抗形式。[③] 霍米·巴巴的反殖民主义理论是一种话语赋权的政治实践。他从非／反二元界线的角度，探讨殖民者与受殖者关系下身份认同建构中的矛盾、混杂状态。他认为身份和认同不是固定不变的存在，而是始终保持开放性与未来指向。巴巴构想超越二元思考，以混杂身份的模棱两可策略对抗殖民统治及其强加的认同，发掘出两者之间的复杂互动关系，但这种微观抗争不足以颠覆殖民权力的整体结构。同时模棱两可策略亦不能明晰重塑身份的位置和目标，易造成新的混乱和矛盾。

如何改变由霸权体系强加形成的认同，英国学者凯文·罗宾斯批评仿效西方模式的努力几乎不曾转化为地方真正的现代化，也未引发文化创造和解放，反而导致身份的本质论倾向，即向原初和传统的再确认。为此，罗宾斯指出讨论文化身份必须在文化关系脉络下进行，并提出文化交流互惠的重要性，认为文化的相互关系和交流沟通可以提供差异可能，也因此

---

① Chris Weedon, *Identity and Culture: Narratives of Difference and Belonging*, London: Open University Press, 2004, p.1.

② ［英］斯图亚特·霍尔：《导言：是谁需要"身份"？》，载［英］斯图亚特·霍尔、保罗·杜盖伊主编：《文化身份问题研究》，庞璃译，开封：河南大学出版社，2010年，第4页。

③ ［美］霍米·巴巴：《文化中介》，载［英］斯图亚特·霍尔、保罗·杜盖伊主编：《文化身份问题研究》，庞璃译，开封：河南大学出版社，2010年，第73页。

产生创造转化的潜能。如果文化间相互封闭，则容易被恐惧和焦虑的文化情绪所控制，对他者产生漠视或怨恨的感觉。[①]开放性及包容性是文明得以延续的重要因素，文化身份的自觉是主体诉求的核心内容。现代化并非西化，现代与传统也不必然对立。从以上学者的观点看，身份认同是一种主体性探索过程，是主体意识实践的表现。其特征不仅包含已经固定的存在（being），而且包含成为（becoming）的过程，这就决定了文化建设过程中应该关注身份建构的路线，将有效的、可转换的、积极面向的资源运用于身份建构中。

二、文化政策概念探讨及研究方法

（一）文化政策概念界定及内容

文化政策是指文化领域内的公共政策，尤指有关文化产品（包括物质形式及精神内容）生产和管理制度的公共政策。文化政策内容涉及文化政策的目标、文化领域内的立法及行政管理框架、公共财政及社会资源、社会价值建构等。一般来说，文化政策及其相关立法工作始终处于管制、回应社会需求以及制度重构的过程之中。它直接反映了社会的历史经验及价值系统。譬如，美国学者凯文·马尔卡希就认为文化政策是有关文化艺术活动治理的公共政策决定，文化政策的目标取决于其体现的政治制度的性质和意识形态的价值。[②]不同国家、国际组织以及学者对文化政策的界定受一定的价值准则和所处的政治、制度背景影响；定义背后的理论及方法论也是其中的决定因素。国际上学术界也有将"文化政策"置于更为广义的范围中去理解。比如《国际文化政策研究》杂志认为文化政策不只是政府行为，还包括公司、其他机构和个人对文化实践和价值所做的明确或隐含的提倡或禁止。因此，在相关研究中，可以看到政府和政府间组织、非政府组织（公司、私人机构、慈善机构）以及个人在文化实践领域发挥的影响。

---

① ［英］凯文·罗宾斯：《撕裂的身份：土耳其/欧洲》，载［英］斯图亚特·霍尔、保罗·杜盖伊主编：《文化身份问题研究》，庞璃译，开封：河南大学出版社，2010年，第79—107页。

② ［美］凯文·马尔卡希：《公共文化、文化认同与文化政策》，何道宽译，北京：商务印书馆，2017年，第1—2页。

　　文化政策的核心内容通常被认为与道德伦理及政治规划相关。① 以托比·米勒和乔治·尤迪思所界定的文化政策为例，他们认为文化政策是联结美学创造力和集体生活方式的组织力量，它借由公众教育和其他文化制度、系统规范的行动引导及论述技巧，发现、提供并培育一种归属感，形塑和管理"伦理不完整"的公民个体。② 两位学者致力于从美学和人类学两方面将文化与公共政策进行关联，强调生产主体的方式是将文化治理性与品味加诸个人或公众层面，突出文化的价值和功能。这实际延续了19世纪欧洲对文化的理解，他们倾向将文化的阐释建立在两种方法之上：一是视文化为艺术实践或产品；二是将文化纳入人类学意义系统。其中，马修·阿诺德关于艺术的文明本质的观念至今影响西方国家的文化政策，并在此后的一个半世纪中作为文化政策的基本原理。③ 他提出"文化要确立的是国家，是集体的最优秀的自我，是民族的健全理智"；阿诺德提倡的"文化"是指"通过阅读、观察、思考等手段"获得的"学习"文明，强调全社会、全民性的启蒙益智教育。④ 借助的手段则是国家权威的行使。米勒和尤迪思汲取了其中对文化艺术变革力量的肯定，将国家隐匿在文化制度及公共政策之中，但又不可避免地需要文化政策中介市场机制与政府管制两种话语立场。市场活动增加了参与和文化表达的机会，也参与了个人身份和集体身份的建构，但市场活动并不能作为集体行动的全部。

　　鉴于市场本身固有的逐利特性，实施必要的政府干预在不同制度的国家或地区广泛存在。公共文化领域一方面被赋予保障作为公民权的日益重要的文化权益地位；另一方面也被赋予保护作为集体权的文化生活方式，以及物质和精神活动创造的特殊性。公共政策从某种角度看是一项集体管理，文化政策也不例外。尽管人们试图给文化政策一个明确的界定和范围，

　　① B. David, O. Kate, *Cultural Policy: Key Ideas in Media and Cultural Studies*, New York: Routledge, 2015.

　　② ［澳］托比·米勒、［美］乔治·尤迪斯：《文化政策》，蒋淑贞、冯建三译，台北：巨流图书公司，2006年，第1—22页。

　　③ B. David, O. Kate, *Cultural Policy: Key Ideas in Media and Cultural Studies*, New York: Routledge, 2015, pp.24–25.

　　④ ［英］马修·阿诺德：《文化与无政府状态：政治与社会批评》，韩敏中译，上海：上海三联书店，2012年，第3、19、64页。

然而正如吉姆·麦圭根所言，"文化政策本身是一个不稳定的概念"①，文化政策的职责领域时有拓展。从国际趋势看，文化政策早就从单一议程发展到多元综合议程阶段，文化服务范围及规模扩大许多。因此涉及的内容不再限于传统的艺术资助政策，也不只是文化经济政策，还与社区治理、土地规划、文化艺术教育，乃至文化外交等相联系，成为更具广泛意义的公共政策范畴。

（二）处理身份认同议题的文化政策及研究方法

从现代民族国家文化政策的发展来看，文化作为治理的客体和工具，其双重属性非常明显。艺术政策发展到文化政策，其内在逻辑已由"为艺术而艺术"而被各种大量的文化功能所替代。这也常被学者们批评——需要反思文化的内在价值。文化通常被认为与地域和传统紧密相关，将身份认同视为在文化中形成的观点，仍然是文化政策研究的核心。②尽管各国受自身的文化、历史及政治因素影响，在文化干预模式及文化领域的公共投入方面均存在很大差异，但很多都明确将国家认同或归属认同（a sense of belonging）作为文化政策的一项重要内容。如澳大利亚将身份认同列入文化政策基本文化需求目标之中。在德国，文化政策明确被作为一项社会政策用于处理价值体系塑造、移民流动、经济化、数字化等一系列社会问题。再比如，促进身份认同原则在希腊文化政策中占主导地位。由于近些年西班牙语言互为分离的地区局势有所恶化，故促进国家认同也成为西班牙文化政策的主要目标。③美国作为超民族国家，坚持多元文化格局中主流文化的主导性；强调以建立在政治价值之上的"美国人"叙事增强其认同感，并在"大熔炉"中化为具有同一性的"美国人"。英国近几十年来，同样面临着文化和种族的多样性，多元文化主义、国家和身份认同等成为社会首要问题。④虽然不同文化政策所包含的文化意识形态是不同的，但共同之处均需政府采用行政管理的方式介入个体化的心理、行为机制。

目前大部分民族国家都不是单一化的，多数具有多文化、多族群和多

① ［英］吉姆·麦圭根：《文化政策的三种话语》，载［英］尼克·史蒂文森编：《文化与公民身份》，陈志杰译，长春：吉林出版集团股份有限公司，2007 年，第 180 页。

② Carole Rosenstein, *Understanding Cultural Policy*, New York: Routledge, 2018, p.62.

③ ［西］保罗·劳塞利·科斯特尔等：《欧洲的文化政策》，载胡惠林、陈昕主编：《中国文化产业评论》第 27 卷，上海：上海人民出版社，2019 年，第 107—126 页。

④ Chris Weedon, *Identity and Culture: Narratives of Difference and Belonging*, London: Open University Press, 2004, p.23.

教派的多样集合特性。虽然内部地区性的各个群体之间千差万别，但他们也是民族国家共同身份认同的承载者。如何调和社会内部固有的文化、身份的多样性与民族国家对政治统一及社会凝聚性的诉求？既承认不同群体特定的文化和身份（从文化上而言多样性更利于文化活力和文化创新），又不会使国家身份（认同）的共识受损，这一挑战成为民族国家经济、政治和文化调控治理的内在要求。由于不同国家的政治体制和社会文化实践呈现出国家间意识形态的差异，因此我们可以看到治理文化和身份多样性的基本模式也存在差异。"同化政策"采用的是去类别化的认同管理策略，倾向去除差别，使用统一化的措施建立平等的族群或社群关系。"多元文化主义政策"采用亚类别化认同管理策略，强调公共空间维护文化统一，私人空间宽容多种文化。"多元一体文化政策"采用再类别化认同管理策略，鼓励不同文化间接触、对话与沟通。① 在全世界范围内，由文化和身份的多样性治理引发的博弈、辩论和问题非常复杂，每个社会都会显示出一种自身特殊形态。对于任何社会来说均不是简单化地采用某种模式，每个社会都必须找到一条适合自己的道路，跳出不同社会融入模式之间固有的对立状态是十分关键的一步。费孝通曾在《中华民族的多元一体格局》一文中描述了我国文化治理策略：中华民族多元一体格局即承认中华民族的统一体之中存在着多层次的多元格局。既强调民族间的互助团结、相互影响，又强调中华民族作为一个自觉的民族实体承载着共命运的情感。②

以文化政策为研究对象，学术界已形成两种不同的研究范式。一种是运用"工具性知识"的研究，另一种则是运用"批判性知识"的研究。两种学术传统存在不一致因素，甚至产生对抗性的焦点。③ 以"工具性知识"为范式的文化政策研究，所采用的公共政策理论来源主要是多元政治科学和新古典经济学。研究路径从广义上来说，是对社会活动的不同过程进行分析和评估，狭义上理解则对公共政策制定过程进行分析和评估。公共政策研究的政治学视角，是从国家主义出发的，认为决策最终权力归属国家，

---

① 吴莹：《文化、群体与认同：社会心理学的视角》，北京：社会科学文献出版社，2016年，第38—40页；陈国贲：《漂流：华人移民的身份混成与文化整合》，香港：中华书局（香港）有限公司，2012年，第99页。

② 费孝通：《中华民族的多元一体格局》，《北京大学学报（哲学社会科学版）》1989年第4期，第3—21页。

③ Scullion, Adrienne & Beatriz García, "What is Cultural Policy Research?", *International Journal of Cultural Policy* 11,no.2 (2005), pp.113–127.

但国家不是一元政治，国家通常被视为利益竞争的复合体。国家需要依法控制政策制定的运作过程。公共政策研究的经济学视角，即公共选择派提出政策过程的唯经济论。这种观点是以市场、效用和优先权等经济学语言取代政治结构、权力等制度学语言。① 文化政策作为公共政策研究的分支领域，也有一致性特征，但不可忽视的是文化政策还以一种非常基本的方式涉及价值观、信仰和优先顺序的问题。② 以"批判性知识"为范式的文化政策研究，采用的文化理论来源主要是具有跨学科性质的文化研究。有学者指出文化政策研究更多方面是从文化研究中生长出来的，而不是政治科学或政策研究的延伸。③ 研究路径是以政策文本、文化制度、文化机构等为研究对象，一是继承马克思主义批判性人文社会科学研究传统，关注文化政策的历史发展及社会语境、文化制度的运作机制和权力生产，着力揭示文化政策中隐匿的复杂现实及背后社会结构的关系网络。④ 二是吸纳社会学中的自反性概念，不仅关注社会知识生产中的原因与结果 / 影响的循环性关系，而且更为强调文化实践，强调个体对于辨识社会化驱动力和改变其在社会结构中所处位置的能力。因此，对于研究者来说，以变革者姿态"了解文化政策并介入它，是参与文化的一个重要部分"⑤，其研究本身也是文化实践的具体体现。

三、文化政策研究中的身份认同 / 确立身份

（一）批判性文化政策研究对文化研究的继承与发展

　　当代西方文学批评转向对社会文化与制度的批判，身份政治（Identity Police）是其中一个主要内容。英国当代文化理论家安吉拉·麦克罗比指出身份 / 认同概念是 20 世纪 90 年代以后文化研究的关键词之一，它的重要

---

　　① ［加］文森特·莫斯可：《传播政治经济学》，胡正荣等译，北京：华夏出版社，2000 年，第 246—248、256 页。

　　② B. David, O. Kate, *Cultural Policy: Key Ideas in Media and Cultural Studies*, New York: Routledge, 2015, p.46.

　　③ Ibid., p. 44; A. McRobbie, "Post-Marxism and Cultural Studies: A Postscript" in L. Grossberg et al., ed., *Cultural Studies*, New York/London: Routledge, 1992, pp.719–730.

　　④ 肖博文、陈露：《文化政策研究：概念演变、学科分析与未来展望》，《人文天下》2018 年第 19 期。

　　⑤ ［澳］托比·米勒、［美］乔治·尤迪斯：《文化政策》，蒋淑贞、冯建三译，台北：巨流图书公司，2006 年，第 34 页。

意义在于研究方法上将人们当作行动主体，并在不断扩大范围的文化实践中表达自我的身份意识。① 这一概念在西方社会的运用，继承了英美经验主义和法国启蒙思想将自主性与积极自由并存的看法。文化形式如何形塑群体？集体情感与参与行动如何产生？这对反思性地探讨身份的文化建设及制度建构具有启发意义。克里斯·巴克亦指出"认同"完全是社会的和文化的，认同的概念与主体性密切相关。② 可见，文化研究视域下身份是通过实践来建构的主体性。可以看到能动性是主体立场的表现，在不同的文化研究学者的核心概念中有不同的创造性表达。有关身份认同研究的传统观点是将其建立在共同起源或共享的经验和普遍特征之上，这容易导致经由排斥性他者（Other）来辨识"我们"。身份通常会划定边界，制造差异和对抗性位置。反本质主义认识论将身份看作不断建构的过程，同时主张主体作为实践者/生产者是有一定能动作用的，因此关注身份的能动性、开放的可能性问题，成为文化研究领域的热点。

由于批判性文化政策研究主要源于文化研究这一脉络，故文化研究对身份/认同的观点，自然而然在批判性文化政策研究中得以延伸和发展。英国文化学派代表学者雷蒙德·威廉斯是较早探讨身份认同与文化政策关系的学者。他视文化身份的协商建构为文化政策"本身"（cultural policy "proper"）三种内涵之一（其他两种为艺术资助及媒介调控）；表征身份其实与文化政策"展示"意义密切相关，通过展示地方和国家的形象彰显地方/民族特色以及地方/民族身份。③ 基于威廉斯的文化政策研究，吉姆·麦圭根从传播政治经济学角度介入文化政策讨论，批评市场导向的新自由主义对文化政策的操纵，使文化的内涵及多样性被工具化了。④ 麦圭根借鉴了福柯的话语理论，提出三种文化政策话语，即国家话语、市场话语与公民话语。这一理论框架后来被广泛作为一种分析工具，用以考察文化政策中

---

① A. McRobbie, "Post-Marxism and Cultural Studies: A Postscript" in L. Grossberg et al., ed., *Cultural Studies*, New York/London: Routledge, 1992, pp.719–730. 转引自［英］安·格雷：《文化研究：民族志方法与生活文化》，许梦云译，重庆：重庆大学出版社，2009 年，第 34 页。

② ［英］克里斯·巴克：《文化研究理论与实践》，孔敏译，北京：北京大学出版社，2013 年，第 209 页。

③ ［英］吉姆·麦圭根：《重新思考文化政策》，何道宽译，北京：中国人民大学出版社，2010 年，第 84 页。

④ 胡翼青：《文化政策的重新思考与再思考——评〈重新思考文化政策〉》，《中国图书评论》2014 年第 7 期。

社会权力的多元结构。特里·伊格尔顿深受老师威廉斯的影响，坚守并发展了马克思主义理论，他将视角重新放回到马克思的阶级概念上。他尖锐地考问文化是否对现代社会起到核心作用，指出大量的文化研究者注意到晚期资本主义文化上的混杂性、多元性等特征，但却忽视了物质上社会阶级之间贫富差距的扩大。他主张文化政治应将文化的概念扩展到更为现实的层面，这样才不会远离根本性变革的前景。[①] 这一批判性观点对于我们紧密联系社会实际探讨文化建设问题具有指导意义。

　　文化研究中有两个极具影响力的概念——文化领导权和治理性——在批判性文化政策研究中运用较广。意大利马克思主义理论家安东尼奥·葛兰西曾从文化与政治权力的相关设想展开，提出文化领导权在公民形成和赢取同意中发挥教育和塑形的角色。如何取得文化领导权成为意识形态斗争的关键。当代社会"文化领导权"在引领身份认同的制度性建构中依然有着重要的学术价值。它启发我们思考文化治理的有效性如何建立，赢取同意是达致社会共识的唯一路径。法国哲学家、社会思想家米歇尔·福柯的"治理性"观念引出了现代国家社会调控权力的研究。"治理性"是一个具有学术生产性的概念，譬如，罗斯将福柯的"治理性"理解为独特的治理机制和方案。"治理性"是通过特定的政治制度和叙述事实的策略来运作的，可以消除冲突身份中可能产生的社会不稳定性。[②] 这里强调了制度与话语策略对身份建构的影响，这一影响可以延展至文化制度与公共文化领域话语策略的作用。再比如，托尼·本尼特是将传统英国文化研究转向文化政策具体实践的关键性引导者。他批评文化研究躲避公共政策问题，因此主张介入文化机制的"治理性"研究领域。本尼特视文化是"一种改革者的科学"，文化革新有助于推动、刺激文化超越主流形式的僵化支配。[③] 对于本尼特来说，"文化不只是表现和意识的问题，而且是体制实践、行政程序和空间安排的问题"。[④] 制度如何运作，从某种程度上决定了文化作为一种改革方式的功效。

---

　　① ［英］特里·伊格尔顿：《论文化》，张舒语译，北京：中信出版集团，2018年，第167—174页。

　　② ［英］托尼·本尼特：《文化、治理与社会》，王杰、强东红等译，上海：东方出版中心，2016年，第265—266页。

　　③ 同上书，第227—241页。

　　④ ［英］克里斯·巴克：《文化研究理论与实践》，孔敏译，北京：北京大学出版社，2013年，第449页。

（二）文化政策与身份认同实践及创新

在国家认同的形成背景下，探讨"跨国"和"全球化"核心问题时，身份认同成为文化政策关注的重要领域。比如，托比·米勒和乔治·尤迪思将国家和超国家身份认同放置于文化政策研究之中，论及许多国家和地区利用文化特殊性将其合法化、具体化，以建立身份认同；既有去中心化的（如德国），也有经由中心化（如法国）的方法。有的采取文化保护主义措施通过本土生产的文学提升国家认同，有的依赖政府体制支撑国族文化，有的借助重建历史工程、开展艺术运动从而规划新的、包容性强的国族认同；文化和教育政策被强化，以更为制度化的方式干预公共领域、发展公共文化。[①]殖民时代遗留的殖民主义与全球化的后殖民特征所造成的文化压迫，不仅使得后殖民地社会公共文化创建成为讨论焦点，而且使处于全球化中的任一民族国家均强烈感受到身份认同的焦虑及文化安全的复杂性。身份建构成为民族国家文化政策必不可少的重要内容。

从当代城市社会角度看，文化在城市治理领域发挥"维系"及"构建"的双重作用也普遍获得学界的肯定。如德国学者沃尔夫冈·卡舒巴不但肯定文化的和谐与混合产生新形式的城市知识有助于创新，而且也明确表示城市的公共政策必须融入这种新形势，这样才能为城市社会提供具有联合和结群功用的主题、形象和情感。[②]这一过程显然与市民的身份认同是同构的。在充斥着不平等和紧张关系的日常生活世界中，文化成为避免分歧占据主流、凝聚社会创新及活力的一道良方。

面对民族国家内部多元身份冲突难题，尼克·史蒂文森为政治意义的公民身份加上文化的维度，提出以"文化公民身份"（Cultural Citizenship）赋予族群内个人自由以及族群间平等，并以此处理社会中差异群体内和群体间和谐共处的问题，促进现代社会更具包容性。[③]文化公民身份这一策略能否解决身份和归属感问题，对于文化政策来说，至今仍是一个现实的挑战。在实际状况中，我们常发现当文化被赋予意识形态功能时，往往

---

① ［澳］托比·米勒、［美］乔治·尤迪斯：《文化政策》，蒋淑贞、冯建三译，台北：巨流图书公司，2006年，第31—35页。

② ［德］沃尔夫冈·卡舒巴：《城市，一个硕大的自拍照？——在舞台与舶来品之间游弋的城市性》，包汉毅译，《民俗研究》2018年第6期。

③ ［英］尼克·史蒂文森：《引论：文化与公民身份》，载［英］尼克·史蒂文森编：《文化与公民身份》，陈志杰译，长春：吉林出版集团股份有限公司，2007年，第6页。

会加剧观念差异的呈现。可见文化公民身份并不能必然避免其中的政治意义和冲突，关键看差异是被视为整合障碍还是创新的基础和来源，以及如何将差异互动最优化。为了将差异引发的冲突转化为创新潜能，澳大利亚学者约翰·哈特利、贾森·波茨也是从淡化群体身份政治诉求的角度，提出重构群体认同模式的方案。他们通过创造新的开放性概念——亚部落（Demes，即知识生产/共享的社群）来对抗地区的封闭、保守，并以此作为文化发展动力，重新认识文化创新运作机制①。这实际上是一种理想，任何社群都存在知识的生产与分享，当群体身份不存在明显利益冲突时，群体间的政治风险是可以化解的；但身份政治风起云涌时，生产或共享什么样的知识就决定了群体是开放性的还是封闭性的。人类的群体合作和冲突是否能够整合，如何改变普遍—对立的群体认同模式，建立新的统一性群体认同模式，哈特利和波茨并未能明确指示发展路径，引发的诸多可能性还需要我们持续思考和探讨。

　　从以上学术讨论可以看出：国家认同（national identity）或归属认同（a sense of belonging）是民族国家文化政策一项重要内容及目标，这涉及文化内部核心问题，即物质的生产与象征的（symbolic）生产之间的关系，两者往往隐而不显，但彼此密切相关。现有文献均认识到身份认同议题在文化政策研究中的重要性，尤其关注全球化语境以及后殖民处境中的民族国家文化身份问题。21世纪初美国发生"9·11事件"后，国族身份问题重新引发关注，西方国家所推崇的多元文化主义（multiculturalism）理念开始分化，这对西方国家文化政策有着直接的影响。当前较多的文化政策研究集中论证相关策略的可能性发展，很多是有关"有形的"或"物质性"方面的操作性技术，与"无形的"或"精神性"方面无关或者说有非常间接的相关性。一方面，这既与全球化时代身份认同议题的复杂性有关，不同国家或地区所遭遇的身份认同困境是不同的。另一方面，当代文化政策的工具化特征明显，而"无形的"或"精神性"的内容不易以技术性方式处理与此也有关系。在当前社会讨论和政策询证的系列议题中，国家/政府如何利用文化艺术实现国家建构及民族文化身份的确立，仍处于重要地

---

　　①　［澳］约翰·哈特利、［澳］贾森·波茨：《文化科学：故事、亚部落与革新的自然历史》，何道宽译，北京：商务印书馆，2017年，第80、159、163、221页。

位。① 对于在世界地缘政治格局中的边缘国家及后殖民地国家 / 地区更是一项巨大的挑战。

（三）创新我国文化建设的路径思考

英国哲学家罗素曾说过："中国与其说是一个政治实体，还不如说是一个文明实体——一个唯一幸存至今的文明。"② 无论从历史还是从现实经验看，中华文化及其认同一直都是维系国家稳定发展的重要纽带。在中华文化圈，身份认同深深地植根于文化当中。文化作为现代社会的一个综合性体系，它在与经济、政治、社会、生态互动过程中，既相互支持形成"五位一体"的总布局；同时又建构了文化内部结构，对人们日常生活中的思维方式、行为模式和情感经验有着根本性的作用和潜移默化的影响。文化建设成为确立国族身份意义的重要机制。

基于这一判断，本文认为：其一，文化建设需要将文化的包容性特征，发展成现代文明社会的包容性发展理念。包容性增长（inclusive growth）这一概念最早是亚洲开发银行于 2007 年提出的，其核心思想是强调发展的包容性特征，从而避免将发展等同于增长，追求单一的线性发展路径。我国在此基础上提出包容性发展（inclusive development）的概念，并将发展领域从经济增长扩展到与社会进步、人民生活改善同步的多方面发展。以人为本，让人民分享发展成果作为包容性发展的关键理念，逐步成为国际社会的普遍共识。包容性特征在中国首先体现在文化方面，中华文化绵延至今，很大程度上也正是基于这种包容性。中国传统文化倡导的"和而不同"是以承认"不同"为前提的，在"不同"基础上的整合有助于事物的创新和发展，这是建立中华文化自觉自信的关键。人类社会的差异无处不在，"基于身份认同冲突"论点的人，倾向于把差异视为整合的障碍而不是方法。好的治理就是要能够妥善处理差异问题，利用差异产生制度优势。

其二，文化建设需要将文化的参与性和开放性作为现代文化建制的内在要求。社会文化意义的身份确立并不只是表现在文本和象征系统之中，更需要人们在文化实践过程中、习惯养成过程中加以明确。当前身份

---

① ［英］维多利亚·D.亚历山大:《艺术社会学》，章浩、沈杨译，南京：江苏美术出版社，2013 年，第 140 页；B. David, O. Kate, *Cultural Policy: Key Ideas in Media and Cultural Studies*, New York: Routledge,2015, p.114.

② ［英］罗素:《中国人的性格》，载何兆武、柳卸林主编:《中国印象》（下册），桂林：广西师范大学出版社，2004 年，第 105 页。

认同的生成性因素日趋多元，其中一个不可忽视的因素是趋于互动关系中的情感价值。而文化是一种高度参与性和开放性的社会活动形式，这种情感价值往往在文化活动中表现显著，即文化参与有助于情感认同，情感认同亦促进社会参与，并通过具体参与实现赋权民众，民众亦在参与中获得持续性的兴趣和意义，从而更为加强情感认同。社会群体若丧失对本社会的认同与参与，便很难再建立文化认同或人文归属。美国社会学家雷德菲尔德曾提出过"大传统"与"小传统"互动的观点。在当代中国社会，小传统的产生依赖于日常经验、文化精英阶层大传统的影响和社会惯例的暗示；大传统则事关话语体系的建设。随着城市化的加速发展，以往乡村生活中传统仪式及娱乐活动所传达的伦理道德，已被全球化市场中流动的文化产品所替代。传统社会里"大传统"与"小传统"之间通常是一种融洽关系——小传统包含着大传统，小传统中的精神本质需要大传统予以合理阐释，也需要在具体日常实践中体悟领会。然而，当代社会已不再是一个稳定性的构成。"大传统"与"小传统"之间的张力，亟须文化从建设性角度凝聚社会共识。社会共识可以赋予认同和身份意义，促进身份认同更具广泛的社会性；同时也能使个人在多元文化环境中更聚焦特定的认同而不迷失。可见，开放性文化建设中仍需要"大传统"与"小传统"互动，亦需要凝聚社会共识，这是保持中国文化主体性和自主性的必然要求。

其三，文化建设需要平等或协商地跨文化交流，提升治理能力现代化水平。中西文化比较起来，有同有异，不能因为同而抹杀各自的特性，也不能因为异使双方相互排斥、完全对立。梁漱溟曾指出文化差异并不是文化程度问题，却是在于文化国民性。[①] 他认为差异来源于民族性格，不存在优劣之分。文化交流正是创新驱动中不可或缺的重要组成部分。我国改革开放四十年重要经验之一，就是坚持因地制宜、坚持自身传统和独特性，在对外开放过程中学习西方经验和教训、提升国家治理能力的同时不盲目照搬。当前文化发展不仅依赖于制度性建设来体现并巩固；而且更取决于文化间的良性互动、对全球流动性资源的整合能力，以及参与文化治理各方面力量的协商能力。文化的现代化发展也可以从传统文化中寻求提升现代化治理能力的资源，让伦理关系与契约关系互补，再以日常文化实践的

---

① 梁漱溟：《中国文化要义》，上海：世纪出版集团、上海人民出版社，2011年，第38、39页。

方式将确立身份的逻辑予以接洽与整合。当前使用的文化治理是现代概念，与传统社会的文治教化——即强调知识、价值、经验、美感的培育以及文化的代际延承——表面上看有很大的差异，但深入到本质和目的上又可以找到共通之处。文化在中国传统社会中讲求的是人文化成，这包涵两层含义，一是以人为本，即保持人的主体性、能动性和独立性；另一层含义则是以礼乐教化，让人自觉自律地遵守社会的行为规范。[①]人文化成在今天看来可以理解为保持中华文化的主体性意识，坚持文化自觉，以具体措施实施开放性的文化治理。赵鼎新指出，文化不是基因，文化需要借助组织和制度才能传承下去。[②]如此，当前创新并完善文化治理体系、提升文化治理能力现代化就显得尤为重要了。

---

①　楼宇烈：《中国文化的根本精神》，北京：中华书局，2016 年，第 7 页。
②　赵鼎新：《价值缺失与过度有为：从古今异同看当前官僚制的困境》，《文化纵横》2019年第 5 期。

跨学科跨理论与方法创新

学术创新，贵在方法

中国出版集团　于殿利

　　跨学科与学术创新是一个非常有意思、非常有价值的论题，笔者近年来一直在倡导一种理念——学术创新，贵在方法，科学的方法、理论的方法和跨学科的方法。

一

　　学术在本质上是一种认识活动，目的在于探究事物的本质。做学问的能力，实际上是认识事物的能力。人类是通过科学和科学方法来认识事物的。自然科学是关乎发现的科学，是认识或认知自然界的科学；人文社会科学则是关于认识或认知人类自身及其社会的科学。

　　人类的认识和知识探索活动是通过不断的传承与创新实现的。传承（tradition）与创新（innovation）不是割裂的，而是辩证统一的。传承不是一成不变的流传，创新也不是完全舍弃传统的创新。传承与创新是不断之流，因其不断，所以为常；同时因其为流，所以为变。作为传承之流，从其正面来说，无疑是一种积累的过程；而从其反面来说，又是一种否定或扬弃的过程。传承既面向过去，也面向未来：面向过去而有承，为承者，面向未来而有传，为传者。创新既面向过去，也面向未来：面向过去有交代，面向未来有担当。对于学术研究而言，继承体现功底，创新彰显价值。

二

　　学术研究的成就在于价值，即追求所谓的学术价值。学术研究的价值在于通过新的视点、视角和视界等新方法，创造新的观点。学术创新，贵在方法。在这方面，尼采和海德格尔对价值的诠释，最具启发性。海德格尔说："价值的本质在于成为观点（观看之点：视点、视角和视界）。价值是指已经被收入眼帘的东西，价值意味着一种观看的视点，这种观看针对某个东西，或者如我们所说，指望某个东西同时也必须指望其他东西。"尼采说："着眼于生成范围内的生命之相对延续的复合构成物，'价值'的观点乃是保存—提高的条件的观点。"海德格尔认为，价值就是观点，就是观察的视点；尼采认为，价值在于保存与提高，即传承与创新。

从具体的学术本体来说，学术＝学＋术。学，知识；术，方法。也就是说，人类是通过方法——科学方法获得知识的。现代科学最重要的方法就是学科的划分，最重要的支撑就是各不同学科所取得的成果。信息因为分类而产生了知识，不同类型的知识产生了学科，不同学科沿着自己的轨道前行，给人们提供了更深入、更透彻地认识世界、理解世界的机会和途径。正如叔本华所说："科学把数不胜数的事物区别开来，分门别类，次第纳入种、类的概念之下。这样，科学就为我们打开了认识普遍事物和特殊事物之门。"

三

然而，学科成于专，亦受制于专。一门学科只是提供了一种世界观和方法论，只提供一种研究范式和一种研究目标，而事物是多元性和复杂性的存在。方法论是打开学术创新之门的钥匙。每门具体学科的方法论只相当于一把钥匙。社会与历史的迷宫有 N 多扇门，需要 N 多把钥匙将它们打开。只有将所有的门打开，才能看清整座迷宫的内部结构。每门学科都只善于使用自己的钥匙打开自己负责的门。对于了解整个社会，这肯定是不够的。

知识具有互释的特性。一个学科的知识，往往通过另一个学科的术语或概念来解释。在知识的丛林中，不同学科的知识经常是缠绕在一起的，不弄懂别的知识，也很难弄懂自己的专业知识。柏拉图对于几何学的论述，就极具启发性，他说："几何学的对象乃是永恒事物，而不是某种有时产生和灭亡的事物"，"几何学大概能把灵魂引向真理，并且或许能使哲学家的灵魂转向上面，而不是转向下面"，"理想国的公民重视几何学"；"学过几何学的人和没有学过几何学的人在学习别的学科时是大不同的"。柏拉图还说："能在联系中看事物的就是一个辩证法者，不然就不是一个辩证法者。"

结　语

真正的创新是对时代课题的回应。问题从时代之需中来。一代有一代的学问。我们倡导：做真学问，不做假学问；做实学问，不做虚学问；做有用的学问，不做无用的学问。真正的学问在于价值，真正的价值在于创新，真正的创新在于传承基础上的创新，学术创新，贵在方法，跨学科是实现学术创新的重要方法。

在边界的探索中实现学科的交叉与融合

——以经济物理学在中国的实体论创新为例

南方科技大学　张晓芳

我们所熟知的经济学与数学之间千丝万缕的联系，基本上始于新古典主义经济学取代古典主义经济学之后。经济学由于新古典主义将大量数学应用于构建理解、预测社会经济现象的模型之后，变得越来越科学化。20世纪以来，随着金融大数据的不断涌现，经济学家仅以数学作为工具来解释经济现象显得有些力不从心。统计物理学家将物理学特别是统计力学中的理论方法用于对经济现象，尤其是金融现象的理解，取得了一些引人瞩目的成果。最早将物理学原理应用于描述金融市场的是法国的巴舍利耶（Louis Bachelier），他在 1900 年的博士论文中利用布朗运动的原理，提出了随机漫步模型，它成为金融学中最早的随机过程之一。"经济物理学"（Econophysics）成为一个相对独立的研究领域，可以从 1995 年这个词语正式在学术会议上被提出算起。在 1995 年美国新泽西州普林斯顿市举行的一次主题为"复杂系统中的统计物理学"的会议上，美国斯坦利（H. E. Stanley）曾发表了一篇题为《统计物理学中的问题与挑战：从复杂系统到经济物理学》的演讲。同年他还在《自然》（Nature）上发表文章阐述了经济系统中的动力学行为（标度行为）可以为经济模型的构建提供某种框架。[①] 经济物理学领域的第一部专著《经济物理学导论：金融中的相关性

---

① R. N. Mantegna and H. E. Stanley, "Scaling Behaviour in the Dynamics of an Economic Index", *Nature* 376, no.6535 (1995), pp.46–49.

与复杂性》由剑桥大学出版社于 1999 年出版，2006 年中国人民大学出版社出版了中文翻译版。时至今日，经济物理学取得长足的发展，尤其是在研究股票市场波动、货币流动、构建金融市场模型方面都取得了不少成果。近几年随着互联网和信息技术的发展，经济物理学还涉猎人工智能、区块链等领域，在高频交易、风险管理等方面产生了直接的影响。

近几十年来，经济物理学一直被视作经济学，尤其是金融学借鉴物理学的研究方法所开辟出来的一个新的研究领域。也有人将经济物理学看作一门从物理学的视角审视经济或金融问题的科学，并且有人声称"经济学可能是下一个物理学"[①]。一些传统物理学杂志也开辟了经济物理学专栏，经济物理学成长为复杂性研究领域中的一个分支。

正如很多交叉学科领域的研究一样，经济物理学是以复杂性研究的形式出现的。关于复杂性的问题，来自各个领域的学者一直采取的是"分而治之"的手段，通过抽象、分类、归纳、演绎等方法，将现实问题分门别类，通过增加各种辅助性的假设前提来进行研究。与此同时又因真实现实的复杂性，对难以"绝对地"解决真实的复杂性的问题这个难题本身无法释怀。人类能否突破对复杂性科学的认知，最终找出复杂性科学的演化规律？对于这一类问题，一直以来没有得出肯定的回答。

但是近一段时间以来，人们对复杂问题的研究看到了曙光。2021 年的诺贝尔物理学奖颁给了美国科学家真锅淑郎、德国科学家克劳斯·哈塞尔曼和意大利科学家乔治·帕里西，以表彰他们为我们理解复杂物理系统所做出的开创性贡献。其中一半奖金授予真锅淑郎和哈塞尔曼，以表彰他们"为地球的气候进行物理建模，量化其可变性并可靠地预测全球变暖"；另外一半奖金授予帕里西，以表彰他"发现从原子到行星尺度的物理系统内的无序和波动的相互作用"。这三位科学家竟然能从描述这些复杂体系的复杂的数学公式里，找出一个"严格解"，同时创造性地提出了很多描述和预测长期行为的新方法，这为人类揭示复杂系统背后隐藏的秘密又打开了一扇希望之窗。毫无疑问，这对于复杂性物理学的研究者来讲，是莫大的激励和鼓舞。对于我们这些正在谋求向复杂问题进军的朋友们来说，2021 年度诺贝尔物理学奖，也是莫大的激励和鼓舞。现在我们可以更加自信一点地说，人类是有可能从最复杂的现象中"突围"出来，找到它们的

①　P. Ball, "Culture Clash", *Nature* 441, no. 7094 (2006), pp.686–688.

演变和演化的客观规律的。

这将有利于我们在妥协中继续秉持对于客观规律的执着，正如现在我们将要探讨的经济物理学。事实上，正是这样一个当代学者从不同角度面向复杂问题的大的学术背景，为物理学家将目光投向人类社会最为复杂的现象之一——社会经济发展，提供了可能性。

近年来经济物理学在中国，即在物理学与马克思主义经济学的交叉和融合方面取得了进展，受到理论界关注。这一成果以新劳动价值论为基础，将马克思主义经济学与物理学基本概念相融合，推导出马克思主义经济学体系下的适合中国特色的索洛－柯布－道格拉斯生产函数，使科技进步和市场进步成为函数的内生变量，同时引入"一切经济变量均是随时间 t 而演化"的观点，推导出了新古典经济学中的索洛－柯布－道格拉斯生产函数。这样便将新古典主义中的全要素生产率修改成为由三个因素，即科技进步效率因子、市场进步效率因子和剩余价值产生率相乘相加的数学公式。

这一理论的初步想法是由何祚庥于 2016 年在《何祚庥论马克思主义经济学》一书中正式提出，经过三年的持续努力，该著作于 2019 年出版的增订版中，完整地推导出带有中国特点的索洛－柯布－道格拉斯生产函数。在清华大学出版社出版的《政治经济学》季刊 2023 年第 1 期详细介绍了这一工作。①

经济物理学在中国的理论创新，让我们关注到以下几点明显的事实。

首先，面对复杂问题的视角，来自不同学科领域的学者大不相同。正是由于这种不同，促进了学科的飞跃式发展。

经济学家对于物理学的关注与物理学家对于社会经济问题的关注是有所不同的，尽管他们研究的领域可能都被称作"经济物理学"。在经济学家眼中，物理学的研究对象与经济学的研究对象具有十分相似的性质。热力学系统中有分子扩散、涨落、分子密度、速率和碰撞；经济体系中有商品扩散、价格波动、商品密度、流通速率和竞争。更为重要的是分子运动和"商品运动"都具有"数量极大"和"运动随机"这两个特征。但是，在物理学家的眼中，除了以上提及的研究对象和研究方法的一致性之外，经济物理学还必须要为其研究对象，即人类社会财富积累，找到最根本的

---

① 何祚庥，庆承瑞：《新劳动价值论和建立适用于中国特色的有索洛余值修正的柯布－道格拉斯生产函数》，《政治经济学季刊》2023 年第 1 期，第 120 页。

解释，对于物理学家来讲，也要找到最根本的物理的实体。

经济物理学的兴起是人类面向复杂问题寻求发展规律的必然趋势，但仅将数学用于经济学的研究，已经越来越不足以更好地解决经济学的问题。一个深层次的原因在于：经济现象是植根于物理世界的，这也是经济学在其诞生初期以古典主义即政治经济学的面貌出现的根本原因。

经济学由古典主义进入新古典主义的"科学化"过程，以及经济物理学诞生的过程，从物理学研究的视角来看，更多的是将物理学的基本概念和方法通过"对比"和"联想"引入经济学的研究中，也因此仍停留在现象论的描述阶段，缺少实体论的物理逻辑和严密的数学逻辑。索洛－柯布－道格拉斯生产函数之所以成为新古典主义经济学中最重要的成就之一，就是由于这一生产函数获得了100多个国家，长达100多年的经济数据的支持。但是，从物理学的角度来看，无论是之前的柯布－道格拉斯生产函数，还是后来加入索洛余值即全要素生产率的索洛－柯布－道格拉斯生产函数，这样一个纯粹由大量的经济数据拟合而成的"非线性"的函数公式，依然缺乏必要的理论基础。马克思主义经济学与物理学的交叉融合，形成了经济物理学在中国发展的另一个思路：探究经济学发展过程反映在物理学中，是哪些实体变量在起作用？对这个问题的回答显然不能仅仅停留在对金融领域超大量数据的追寻上。也就是说，经济物理学必须在历史唯物论的基础上，寻找人类社会财富积累的最根本的物理的实体。

日本物理学家和哲学家武谷三男认为一切科学理论的发展大体上经过三个阶段：现象论阶段、实体论阶段和本质论阶段。我国经济物理学的这一新进展，概括地来讲，可表述为：认为社会财富的积累本质上是劳动者所添加的"功"和来自大自然的"能量"随时间 t 的演化和累积。这一理论将复杂劳动与简单劳动相结合，将简单劳动转换的能量与由复杂劳动带来的能够提高劳动效率的知识或信息相结合，使西方经济学对社会财富积累的唯象描述方式，发展成为实体论方式的表述和解释，从而使经济物理学进入了一个理论发展的新的阶段。

其次，学科的交叉与融合需要理论的坚持，也需要创新的勇气。将马克思主义经济学推导得出的新公式与新古典经济学中实证的综合结果相结合，既是坚持的结果，也是创新的体现。

古典经济学家比较关注经济学理论内含的价值判断，将经济学视为增进国民财富和社会福利的学问。自亚当·斯密的《国富论》以来，古典经济学就以古典政治经济学的形式出现，其研究内容涉及自然、政治、制度、文化、道德伦理、价值判断等多个方面。古典经济学从人类财富的创造和生产的角度创立了劳动价值论，认为人类社会财富产生和积累来源于人类劳动，同时把生产看作是先于交换而不是决定于交换的。被称为最后一位古典经济学家的凯尔恩斯在他的代表作《政治经济学的特征与逻辑方法》中对当时经济学中越来越显著的统计化倾向感到忧虑，认为这会使经济学研究更注意经济活动的结果而忽视活动中的规律和原则。

在边际效用理论和以供给与需求为核心的一般均衡理论基础之上，1890 年以马歇尔《经济学原理》为标志的新古典经济学诞生。人们普遍认为在马歇尔的努力下，经济学从仅仅是人文科学和历史学科的一门必修课发展成为一门独立的学科，具有与物理学相似的科学性。马歇尔抛弃了劳动价值论，认为需求和供给都是价值决定的因素，二者相互作用，最终形成均衡价格。这一价格理论至今仍然是西方经济学中价格理论的基础。

可以看出，从古典经济学到新古典经济学，并非是辞旧迎新的迭代，而是一次研究范式的革命。这一次革命彻底地改变了经济学的发展方向，并在 20 世纪占据了西方经济学的主流。然而吊诡的是，尽管沿用至今的新古典经济学借鉴和使用了物理学的研究方法和部分结论，真正的科学性却并未从此生根。相反，新古典经济学在马歇尔创立之初所追求的科学性，遭到越来越多的质疑。例如知识结构狭隘封闭和脱离社会现实，过度抽象的人性假设以及追求形式的数学建模等。产生如此质疑的根本原因是新古典经济学在追求科学性的道路上更多地关注了对物理学方法的借鉴，却忽视了物理学的价值观。

物理学被视为硬核科学，因为它代表了人类对世界本质的探究，以及透过现象发觉本质的种种理论和方法的发现和应用。物理学首先是经验科学，它的发展过程，就是带领我们向真理靠近的过程。查尔默斯在《科学究竟是什么》一书中写道："科学最特别之处在于，它是从事实中推导出来的，而不是以个人的观点为基础的。这也许体现了这样一种观念：虽然人们对查尔斯·狄更斯的小说和 D. H. 劳伦斯的小说的相对优点可能有不同意见，但是对伽利略的相对性理论和爱因斯坦的相对论的相对优点，人们的观点却没有这样变化的余地。据假设，正是事实决定着爱因斯坦的创新超过了以前有关相对性的观点，任何意识不到这一点的人绝对是错误的。"[①]

新古典经济学引入了自然科学的抽象与提出假设的方法，如对绝对光滑平面的假设，但是忘记了直线运动本身在自然界是真实存在的，光滑平面假设是来源于经验的抽象。混沌物理学也是建立在物理学基础理论的基石之上的，经济物理学在过去十五年所引用的统计物理以及混沌物理学的研究成果，离开了物理学的基本概念也是不能成立的。从"二战"以后出现的新剑桥学派对"新古典悖论"的批判，到次贷危机后出现的反思，以及经济学家在经济物理学领域的开拓，都说明新古典经济学在通往科学性的道路上需要更进一步。

有时候以退为进，中国人讲的退一步海阔天空，有人也称为 S 型发展。长期以来中国的经济学界一直秉持历史唯物论，坚持政治经济学的研究，当前经济物理学的发展也为马克思主义的经济学与物理学的交叉和融合带来了历史的机遇。

古典经济学扎根社会经济现实曾经面临的复杂局面，正是经济学需要直面的下一个问题。要想解决这类复杂问题，既需要理论的坚持，也需要创新的勇气。以新劳动价值论为基础的马克思主义经济学与物理学基本概念相结合推导出的新的索洛－柯布－道格拉斯生产函数，使科学技术进步因素、市场进步因素成为函数的内生变量，同时又可方便地引入这些变量随时间 t 而演化的新概念，从而修正了新古典经济学的索洛－柯布－道格拉斯生产函数对以上参数的纯经验拟合。这就使得马克思主义的新劳动价值论和新古典主义经济学中的边际效用论，在经济学与物理学的交叉和融合中有机地联合在一起。而由此，人们将有望实现许多经济学家共同追求的一个理想："世界上只有一个经济学。"[②]

---

① ［英］A. F. 查尔默斯：《科学究竟是什么》，北京：商务印书馆，2018 年，第 2—3 页。

② "世界上只有一个经济学"这句话最初是由美国经济学家保罗·萨缪尔森在他的经济学经典教材《经济学原理》(*Economics: An Introductory Analysis*) 中提出的（第一版第 1 章第 2 节）。该教材首次出版于 1948 年，目前已经出版了多个版本，成为世界各地经济学教育的经典教材之一。这句话强调了经济学是一门普遍适用于各个国家和地区的学科，不受国界和文化的限制，因此不存在"中国经济学""瑞典经济学"或"美国经济学"等不同的学科体系。萨缪尔森的观点强调了经济学的普遍性和科学性，虽然也受到了一些批评（例如一些学者认为：经济学研究的对象是人类经济活动，而人类经济活动受到不同的历史、文化、社会、政治等因素的影响，同时经济学研究的目的也有不同的价值取向，因此在具体应用时可能存在不同的偏好和权衡），但是依然无法阻挡经济学继续沿着科学化的方向不断趋近于"一个经济学"这一理想的脚步。

最后，建立综合的研究框架，构建开放系统，学科交叉与融合前景广阔。

当前在马克思主义经济学基础上导出的新索洛－柯布－道格拉斯生产函数是一个开放的系统，原因就在于这一理论是来源于真实生活、扎根于物理世界的理论。开放性和综合性是理论进步和实践发展对这一理论的双重规定。就当前的理论进展而言，还可以并且还应该引入明显存在的两个外生变量：一个是国家的宏观调控，另一个是家庭的生育和教育对生产力的影响。深入研究两个外部变量的作用和影响，可能将是今后中国更多有识之士在中国的经济物理学领域上接力奋斗、持续耕耘的沃土。

经济物理学是当前文理交叉融合的新兴学科，用物理学的理论来解决经济学面临的越来越复杂的问题，是经济学领域也是物理学领域的一个新的发展方向。在中国，经济物理学的研究还有一个非常重要的意义，那就是：在马克思经济学与西方经济学之间，通过经济物理学的研究，构建起一个综合的研究框架。可以预见，经济物理学还将进一步发展为社会物理学。在这个意义上，奥图·纽拉特（Otto Neurath）所认为的"'历史'和'政治经济学'只有在以唯物主义为基础将它们改造成社会学的情况下才能进入科学领域"，是很有理由的。在他看来，马克思主义是最具经验性的社会学。[1]这仅仅是一个开始。

---

① Otto Neurath, Robert S. Cohen and Marie Neurath, *Philosophical Papers 1913-1946: With a Bibliography of Neurath in English*, Dordrecht, Holland: D. Reidel Publishing Company, 1983, p.44.

汪德迈"知识科学血统"学识链探析

法国阿尔多瓦大学　李晓红

法国国民教育部荣誉总督学白乐桑（Joël Bellassen）教授曾指出汪德迈专攻汉学里的哲学，其学识来自法国汉学家"直接的知识科学血统"（filiation scientifique intellectuelle directe）的一部分。这个提法相当于中国学界的"学术养成史"的概念。汪德迈特殊的经历体现在：早年的学术启蒙教育为他奠定坚韧严谨的学术品格；青年时代在导师戴密微的指引下赴越南、日本学习和工作，进行实地考察，从第三方国家或地区研究汉文化并扩大研究范围；随后赴香港，师从饶宗颐先生，学习中国古代文化，直到深入中国腹地探寻核心文化；回到法国后做比较文化研究。他通过实践，获得大量第一手资料，体悟到那些汉文化区域中国传统文化的影响，逐步形成独特的具有跨文化、跨学科的学术理念与学术探索精神。本文将通过梳理汪德迈的启蒙教育，他到汉文化圈等国家考察寻访的经历以及法国前辈汉学家对他的影响，对汪德迈"知识科学血统"的形成做一探讨，以期对世界汉学研究有所裨益。

目前，学界对汪德迈的研究已取得了一定进展。在学术思想上，白莲花教授（Flora Blanchon，1943—2012）首先对汪德迈《新汉文化圈》一书做了介绍（1986 年），并肯定了汪德迈关于"东亚存在一种源于儒家传统和汉文明特色的集体主义精神，这一精神可以贯彻于中日韩不同的政治制度中，且不能将其与欧洲用于解决个人主义危机的社会主义相混淆"的观点。① 陈彦《从汉字起源诠释中国文化——悼念汪德迈教授》评论道，汪德

---

① Flora Blanchon（白莲花），«Le nouveau Monde sinisé par Léon Vandermeersch»（《汪德迈〈新汉文化圈〉一书的书评》），Revue bibliographie de sinologie, Nouvelle série（《汉学评论——新系列》），vol. 4，1986，pp. 102–103.

迈的原创性来自他作为西方学者，从实证研究入手，进而对中国文化从发轫、成长乃至走向提出一套宏观叙述，在汉学史上实属罕见。[①] 2022 年 10 月 19 日，法国汉学界同仁举办"向汪德迈先生致敬"学术研讨会，主要研讨先生《王道》大著和其文字学研究。在学术传承上，王邦维《有温度的"汉学"：汪德迈先生的学术情怀》、欧明俊与笔者《汪德迈与他的汉学引路人戴密微》论述汪德迈与戴密微为国际汉学交往所做的贡献。笔者《中国文化和中国人民的友谊向我展示了中国特有的人文主义的宽厚——忆恩师汪德迈先生》追述了汪德迈的汉学学术师承及其为国际汉学交流所做的杰出贡献。[②] 陈民镇《饶宗颐与汪德迈的师生缘》介绍了汪德迈与其恩师饶宗颐的深厚友情，论述汪德迈追随老师多年的经历与他们的学术交往。白乐桑《缅怀法国伟大的汉学家汪德迈先生》以访谈形式阐释了汪德迈在法国汉学领域的地位和承上启下的作用。在跨文化方面，成果也较丰富。程正民《汪德迈先生教给我们什么》从"跨文化研究"的态度、观念和方法三方面阐述了汪德迈专著《中国教给我们什么——在语言、社会与存在方面》的要点。金丝燕《汪德迈学术思想的跨文化性》、董晓萍《跨文化中国学的奠基人——汪德迈》论及汪德迈跨文化中国学理论与系统方法论的卓越贡献，以及他的理论对中国社会治理文化中的积极作用。[③] 但是，尚未见到有关汪德迈学术养成史的系统论述，本文受白乐桑这一概念启发，梳理汪德迈"知识科学血统"学识链的形成，探讨其在汉学传承中的楷模作用，以期拓展汪德迈思想研究。

一、早期的学术启蒙教育

汪德迈于 1928 年出生于法国北部临近比利时边境的小镇南韦尔维克（Wervicq-Sud）一个虔诚的天主教家庭，家中有十个孩子，他排行第六。汪德迈在家里接受私人家庭教师教育直至 8 岁半，才进入亚眠耶稣会

---

① 陈彦：《从汉字起源诠释中国文化——悼念汪德迈教授》，《明报月刊》2022 年第 1 期。

② 李晓红：《中国文化和中国人民的友谊向我展示了中国特有的人文主义的宽厚——忆恩师汪德迈先生》，载郭丽娜执行主编：《环旅与邂逅、想象与诠释——近现代法国文学中的世界与中国书写》，广州：广东人民出版社，2022 年，第 259 页。

③ 参见敦和基金会报道：《通过汪德迈中国学，审视跨文化视野下的中国文化自觉》，2021 年 7 月 1 日，http://www.dunhefoundation.org，访问日期：2023 年 1 月 1 日。

（Jésuite）普罗维登斯学校（Collège de la Providence à Amiens）。这个耶稣会寄宿学校提供的是从小学到高中的教育，毕业后可以继续上法国的精英学校"大学校"（Grande école）的预科班（Prépa）。学校规章制度极其严谨，崇尚苦修精神，延续的是先生原有家庭的基督教道德理念。汪德迈在幼年接受的这些教育为他日后养成坚韧、严谨的学术品格奠定了重要基础。

　　汪德迈是一名优秀学生，他对学习希腊语和拉丁语充满热情。他有一位当传教士的叔叔在印度孟买教书，向他介绍了伟大的印度神话，这使汪德迈第一次对东方充满憧憬。第二次世界大战爆发，全家辗转搬迁，他先在兰斯（Reims）的圣·约瑟夫耶稣会学校（Collège Saint-Joseph de Reims）读书，获得业士文凭第一部分的学分。1944 年 10 月，转学至凡尔赛圣·热纳维耶芙耶稣会学校（Lycée Sainte-Geneviève，别称 Ginette），获得第二个业士文凭——初等数学。凡尔赛圣·热纳维耶芙耶稣会学校是一所私立教会学校，在法国享有盛名，培养的学生多能考取综合理工学院（École polytechnique，别称"X"）、巴黎中央理工学院（École centrale Paris）和圣·西尔军校（École spéciale militaire de Saint-Cyr）等精英学校（即法国大学校）。先生在上完兰斯和圣·热纳维耶芙的两个名校之后，顺利获得业士文凭（Baccalauréat）[①]。先生毕业后一心想要报考精英学校圣·西尔军校，可因视力问题最终未被录取。[②] 但是圣·热纳维耶芙耶稣会学校却为他打开了通向世界的窗口，在这所学校里有外国学生和老师，一位叫张工宪（Truong Congcui）的越南老师常来做讲座，主题是介绍越南和远东国家的情况，这无疑是一次重要的会面，于是他开始迷上远东地区。然而更进一步的启示是他遇见的一位耶稣会传教士，先生从这位传教士那里得到一本由 19 世纪德国著名语言学家甲柏连孜（Georg von der Gabelentz，1840—1893）撰写的汉语语法书。这部书撰写严谨，他从中感受到中文文字书写、语言表达甚至思维方式都远超当时他对语言的认知——汉语文法不仅与他的母语法文有很大差距，也完全不同于他以前学过的拉丁文、德文、希腊

---

　　① 当时法国的业士文凭（Baccalauréat，简称 BAC，即法国高中会考文凭）分两部分——两年进行，第二年分专业进行考试。1944 年，先生在兰斯的圣·约瑟夫学校获得第一部分学分，而第二年 1945 年，在圣·热纳维耶芙耶稣会学校攻读"初等数学"专科，该专科属数理类，相当于今日法国高中会考文凭中的科学类（Science）。

　　② 如果考过圣·西尔军校的录取分数线，且入围规定的极少的招生名额，加之符合军校特别要求的健康条件，即可以考入该校。

文。这部颇具才华和文采的语法书令青年汪德迈着迷，他不仅收获了语言上的知识，也对中国产生了强烈的向往。

1945 年，先生进入法国国立东方语言文化学院（Institut National des Langues et Civilisations Orientales，INALCO）学习中文。第一年他跟戴密微学习中文，当时戴密微在东方语言文化学院执掌中文教席，是汪德迈先生的中文启蒙老师。汪德迈当时的学费由父亲支付，但父亲认为学中文将来无法生存，只愿意支付先生学法学的费用。为了尊重父亲的意愿，先生读了法律专业，但他也坚持学习中文。1951 年 10 月，先生以优异成绩获巴黎大学法学博士学位，博士论文题目为《麦克斯·施蒂纳的经济理念及其影响》（*Les idées économiques de Max Stirner et leur influence*）。先生曾说：学法学是为了父亲，而学中文是为了自己。学习期间，先生还因兴趣爱好选修了哲学，在 1952 年获颁巴黎大学哲学硕士学位证书（Diplôme des études supérieurs，DES），硕士论文题为《莱布尼茨和中国思想》（*Leibniz et la pensée chinoise*）。[①]"那又为何不学习越南文呢？"——这位已经迷上远东国家文化的年轻人从一开始就把自己的视野扩展到汉文化圈国家，于是在国立东方语言文化学院学习中文的第二年，即 1947 年，先生申请就读越南文专业，并于 1948 年和 1949 年分别获得中文和越南文的语言毕业文凭。

先生少年时因家庭信奉天主教，受到的亦是良好的道德理念教育。在耶稣教会学校崇尚苦修与严谨精神的孕育下，先生有意识磨炼自己坚强的意志。大学期间的自悟使他有了明确的选课目标，所报法学、哲学、中文和越南文等所有学习科目，仅用五年时间便获得很大成功。先生的求学经历反映了他的学术兴趣，他逐步开启非凡的职业生涯，而后的人生路径更因与非凡人物的接触而变得愈发辉煌。

二、赴东亚等汉文化圈国家求学、考察的实证研究（1950—1966）

从少年到青年时代，汪德迈一直对东方充满憧憬。在汪德迈赴亚洲考察、学习工作近 15 年期间，他致力于对不同文化形态与地域特征进行探索。

---

① 参见欧明俊、李晓红：《汪德迈先生学术访谈录》，载［法］汪德迈：《中国文化探微》，北京：商务印书馆，2023 年，第 130—133 页。

1950 年，汪德迈与一位出生于越南西贡（今胡志明市）的华裔女子结婚。同年，法国政府招募赴越南工作人员，汪德迈通过招聘获得去越南任教的机会。他开始向亚洲迈出脚步，去学习，去考察，吸取东方文化的精华。

1951 年先生赴西贡，成为张永记高中（Lycée Truong Vinh Ky）[①] 最年轻的教师，教高中三年级哲学和初中一年级法国文学课，[②] 课余时间，他跟随同校一位越南籍老师进修越南古典文。当时在越南，有独立运动组织（如 Viet-minh、Viêt Nam quôc dan dang），先生厌恶殖民主义，反对法国政府在当地的一些主张，因此他鲜少与法国社会的人接触，但与越南当地人交往频繁。

1954 年，先生回法国休假数月，在法兰西公学院（Collège de France）听戴密微讲授佛教文献学与中国文学等课程。同时，汪德迈还为报考哲学高级教师资格证书而去索邦大学听课。但因先生对法国政府在越南的战争持反感态度，他的教师资格考试未被通过。1955 年，先生受法国海外部派遣，再一次来到越南，前往河内阿尔贝·萨罗中学（Lycée Albert-Sarraut de Hanoï）[③] 工作，也由于这个机缘，先生进入法国远东学院（L'École française d'Extrême-Orient，EFEO）[④] 工作，法国远东学院当时在越南的中心河内。那是一个非常复杂的时期，先生在这所中学任教两三个月后，该中学归属权改换，课被停掉，他仅有的赖以维生的薪金由远东学院支付。[⑤]

法国远东学院（河内）对汪德迈一生的汉学职业追求与研究能力培养起到重要作用。当时远东学院驻越南的主要负责人莫利斯·杜兰德（Maurice Durand，1914—1966）接受了汪德迈的申请，于是先生在 1956 年接任属于远东学院的路易·菲诺博物馆（Musée Louis Finot）的馆长工

---

　① 该中学以越南语言学家、翻译家张永记（Truong Vinh Ky 或 Petrus Ky）的名字命名。
　② 该中学依循完整的法国中等教育原则，学制按法国学制算。初中为四年制，年级名称是按小学毕业五年级之后倒着数：六年级（Sixième, 相当于中国初中一年级）、五年级、四年级、三年级；而高中继续这样倒数：二年级、一年级，最后毕业班（Terminale）相当于中国高三。在此读书的法国年轻人和一定数量的越南年轻学生遵循的就是与法国本土相同的教学大纲。
　③ 该校是河内著名高中，于 1923 年以法国驻越总督阿尔贝·萨罗（Albert Sarraut，1872—1962）的姓名命名，为纪念他在中南半岛制定的教育原则——建立完整的中等教育。该校提倡尊重所有文化，追寻现代化教学方式。
　④ 法国远东学院于 1898 年创建于越南西贡。
　⑤ 参见欧明俊、李晓红：《汪德迈先生学术访谈录》，载［法］汪德迈：《中国文化探微》，北京：商务印书馆，2023 年，第 129—130 页。

作，继而又于 1956 年接替离任的杜兰德，担任远东学院越南中心新负责人。①先生政治上反战，为履行《日内瓦协议》，作为法国远东学院的代表，他接洽并处理有关越南与法国远东学院的交接事宜，将原先远东学院越南中心的图书馆、博物馆中的文件、档案等均移交给越南新政府，重建远东学院越南中心。在完成这项非常艰巨的任务后，先生于 1958 年返回法国。1998 年，法国政府特为此表彰先生于越南河内时期的杰出工作，授予他法国国家荣誉军团骑士勋章。

在越工作期间，也是先生实地考察、学习的经历，先生特别注重越南古典文学及历史的学习，体会到越南历史与中国历史的密切联系。他对中越历史的研究为未来研究中国史打下了扎实的基础。

汪德迈一直希望赴华学习，却因中法尚未建交，愿望未能实现。在这种情况下，戴密微向先生介绍了日本汉学的卓越水平并建议他赴日留学。1958 年先生在结束了河内的工作后前往日本京都学习，直至 1961 年返回法国。三年间，先生的主要身份是京都大学人文科学研究所助理研究员，这种较为自由的身份让他有充足的时间进行学习与研究：每周在京都大学上三到五节有关中国思想和思想史的课程。除此之外，他跟以下几位老师学习：文学教授吉川幸次郎（Yoshikawa Kojirō，1904—1980），研究《史记》、《书经》和《论语》的专家；小川环树（Ôgawa Tamali，1910—1993）教授，文学与散文的专家；重量级的汉学家重泽俊郎（Shigezawa Toshio，1906—1990），中国思想史和中国哲学的专家；以及私立同志社大学（Doshisha University）教授、中国法律研究专家内田智雄，先生跟他学习中国法律——法国当时没有相关的独立科目；还有一位日本中国学专家白川静（Shirakawa Shizuka，1910—2006），他的专长是甲骨文、金文、古文字学和语言学——也正是在这一时期，先生开始受日本学者影响，对金石学和甲骨文产生浓厚的兴趣。另外，先生听了长期研究中国法家与法律学的小学派代表、大阪大学（University of Osaka）教授木村英一（Kimura Eiichi，1906—1981）主持的工作坊学术讨论，深受影响。当时先生刚开始研究中国，了解的中国古典文学知识很少，看过的古典文献也不多，这些老师耐心指导，向他解释中国古文，为他打下了极好的汉学研究基础。无疑，日本学者敬畏学术的态度、严谨的学习方法，以及他们对中国文化深

---

① 法国远东学院（EFEO）最终于 1959 年与越南当局中断关系。

爱的情怀都对先生的汉学基础与深厚学养产生极其重要的影响。在日本时，先生开始撰写论文《法家的形成——古代中国特有的政治哲学形成研究》（*La formation du légisme: Recherche sur la constitution d'une philosophie politique caractéristique de la Chine ancienne*），论著从研究中国法家思想与法制主义开始，扩展到中国法律、政治制度研究，其中还包括哲学，[①] 很大程度上吸收了当时日本学者的法家思想，以及中国学者的先秦思想史著作。

1961 年先生自日本返回法国巴黎度学术假期（1961—1962）。1962年，先生在白乐日（Etienne Balazs，1905—1963）教授指导下，在法国高等实践研究院（École Pratique des Hautes Études，EPHE）第五科即科学与宗教研究学科（第五科后来被取消，改为第六科）提交了论文《法家的形成》，获得毕业文凭。[②] 该文凭的获得有助于他进入法国远东学院任职。同年，先生继续准备法国国家博士论文《王道：中国古代体制精神之研究》（*Wangdao ou la voie royale: Recherche sur l'esprit des institutions de la Chine archaïque*）。

戴密微于 1954 年在英国剑桥东方学国际会议上认识了饶宗颐，于是给汪德迈提出一个要求，希望他去香港跟饶宗颐学习甲骨文，接受饶先生的文字学训练，了解中国文化的源头以及中西文化之间的联系。

1962 年经戴密微推荐，汪德迈终于实现了自己的愿望，进入当时非常国际化的香港，有了直接在中国参与生活实践的体验。他随戴密微钦佩的中国学者饶宗颐学习文献学、语言学、古文字学、古典文学。先生永志不忘这段重要的人生阶段，于那时起，开始了与老师饶宗颐五十年的师生情缘。言及自己的汉学研究与饶先生的国学研究有何不同时，他解释道："饶公是我尊敬的老师，他研究的领域是文学，我是哲学。……饶公的长处是文献学，他是甲骨文的专家，他从甲骨文研究中国文化，寻找甲骨文里具

---

① 参见欧明俊、李晓红：《汪德迈先生学术访谈录》，载［法］汪德迈：《中国文化探微》，北京：商务印书馆，2023 年，第 151 页。

② 先生于巴黎大学注册了以《法家的形成——古代中国特有的政治哲学形成研究》为题的博士论文，后因远东学院院长让·菲琉匝（Jean·Filliozat，1906—1982）先生迫切希望汪德迈先生早日成为远东学院的研究员——远东学院研究员必须具备法国高等实践研究院（EPHE）毕业文凭，汪德迈先生便根据菲琉匝院长要求，将博士论文转入法国高等实践研究院。转学时，汪德迈先生撤回了在巴黎大学读博的注册手续，改去法国高等实践研究院注册学位论文（该校的一种特殊论文，相当于一般大学的硕士学位）。该论文于 1965 年于巴黎远东学院出版社出版。

体字的解码，即字的构成、字义与字形等，注重的是字的意思，以及与其他文字之间有什么区别。而我强调首先要明白字义，依靠的便是饶公古文字学的研究成果。在他的基础上研究占卜学，注重甲骨文对中国思想的形成所产生的影响，从思想史、哲学史角度研究，看文字如何演变成概念，如何成为哲学概念。"①

1963 年，在印度大使馆一等秘书、饶宗颐另一个外国学生——印度外交官白春晖（Vasant Vasudeo Paranjape，？ —2010）的陪同下，饶宗颐和先生于 1963 年夏前往印度，进行了一段历时三个月很有意义的考察学习旅行。饶宗颐除了向白春晖的父亲老白春晖（Vasudev Gopal Paranpe，1887—1976）学习梵文以外，还搜集印度古图形文字摩亨佐–达罗文字（Mohenjo-daro）②的资料，汪德迈作为助手陪同饶公前往，一同研习梵文。为了考证印度与东南亚一些国家信奉佛教的情况，以及中国与印度文明，他随饶宗颐访问了柬埔寨、缅甸、泰国和锡兰（今称斯里兰卡）等国。

先生于 1964—1965 年期间第二次赴日，回到京都私立同志社大学，在内田智雄先生的法学工作室学习中国古代法学史，由此得到了将中国古代法律和西方古代法学相比较的启示，先生"注意到中西文化在根源上的差异，即一个立足于罗马法系统，另一个则植根于礼乐制度。因此，要了解中国法律制度的历史和发展动力，就必须回归《周礼》，回归儒学"。③这次赴日是先生往后写成大著《王道：中国古代体制精神之研究》的重要根基与机缘。

自 1951 年大学毕业到 1965 年返回法国，先生的求学、考察、学习、旅行经历，以及他的学术研究方向多受其导师戴密微先生的影响。他敬畏学术，集法国汉学、日本汉学与中国国学之大成。他离开法国，赴东亚、南亚等汉文化圈地区考察学习等践行，为他积累了经验，这些经历也为他后来在法国从事汉学教学与研究的职业生涯奠定丰富而坚实的基础。

---

① 参见欧明俊、李晓红：《汪德迈先生学术访谈录》，载［法］汪德迈：《中国文化探微》，北京：商务印书馆，2023 年，第 160 页。

② 印度古图形文字摩亨佐–达罗文字是现今巴基斯坦境内的一种古老图形文字。

③ 参见欧明俊、李晓红：《汪德迈先生学术访谈录》，载［法］汪德迈：《中国文化探微》，北京：商务印书馆，2023 年，第 141 页。

三、回法工作（1966—1993）以及退休后的学术研究（1993—2021）

1966 年，先生 38 岁，应普罗旺斯地区艾克斯（Aix-en-Provence）的普罗旺斯大学（Université de Provence，现名为艾克斯 - 马赛第一大学［Aix-Marseille Université］）文学部负责人吉雍（Bernard Guyon）教授邀请，到该校创办法国外省大学的第一个中文系，并任该系首任系主任，讲授语言学、汉语文法（白话文）、中国历史等课（1966—1973）。

20 世纪 70—80 年代，在戴密微先生的协调下，饶宗颐先生受邀到法国参加巴黎伯希和手稿的编纂整理工作，这段时间，汪德迈多次与老师饶宗颐共同工作，为促进中法之间的文化交流做出贡献。后来他受谢和耐先生（Jacques Gernet，1921—2018）之邀，担任巴黎第七大学中文系主任（1973—1979），初为副教授衔，后为教授。1979—1993 年，先生任法国高等实践研究院研究员，因早年跟饶宗颐学习过甲骨文，故他从中国人自有文字历史以来的甲骨文、钟鼎文开始，在该校讲授了近 10 年儒家思想源流史，[①] 直至退休。同一时段，他还任法国远东学院院长等职。

1980 年，汪德迈在戴密微的举荐下曾获得法兰西学士院（Institut de France）铭文与美文学院（Académie des Inscriptions et Belles-Lettres）颁发的儒莲奖（Prix Stanislas Julien），该奖授予每一年度以法文撰写的汉学专著中之杰出者。

1981—1984 年，先生第三次赴日，任日本日佛会馆（日文：日仏会馆，法文：Maison franco-japonaise）馆长。期间利用在日的研究成果写成《新汉文化圈》（Le nouveau Monde sinisé），主张将政治和经济问题放到东亚历史、文化的整体背景上考察，"具体剖析了东亚社会在历史进程中的经验教训，向人们指明现代化并非只有西化一个方向，预言了儒学在未来世界文化中的地位"。[②] 此书的学术思路也反映出汪德迈师承法国汉学大师伯希和、马伯乐、戴密微等人的实证研究传统。

1991 年，先生当选为法兰西学士院铭文与美文学院通讯院士。1993 年，

---

① 参见［法］郭丽英：《法国高等研究实验学院第 5 系的汉文化圈宗教讲座》，载［法］戴仁主编：《法国当代中国学》，耿昇译，北京：中国社会科学出版社，1998 年，第 528 页。

② 梁宗华：《汪德迈视野中的"新汉文化圈"》，《理论学刊》2005 年第 11 期。

先生于法国远东学院院长任上荣休。

1993—2021 年退休后，他继续撰写文章，参与学术研讨会。在先生生命最后的这段时间，基于多年来对学术研究问题的不断考问，他对很多学术难题有了更多新的考量，思虑成熟，发表了多部重要的汉学学术著作。

1994 年，他的学术论文集《汉学研究》（*Études sinologiques*）由法国大学出版社（PUF）出版。先生《中国思想的两种理性：占卜与表意》（*Les deux raisons de la pensée chinoise: Divination et idéographie*）一书法文版于 2013 年在巴黎伽里玛出版社（Gallimard）出版，该书由金丝燕译的中文版由北京大学出版社于 2017 年出版。2016 年，先生专著《中国文化思想研究》收录于金丝燕、董晓萍主编的《跨文化研究》丛书（第一辑），由中国大百科全书出版社出版。2019 年，汪德迈新著，金丝燕译《中国教给我们什么？》由香港中文大学出版社出版。先生专著《中国文学的独特起源》（*La littérature chinoise, littérature hors norme*）定稿，于 2021 年 12 月由法国伽里玛出版社出版。中文版的《汪德迈全集》全十册，包括《中国教给我们什么》、《中国思想的两种理性：占卜与表意》、《跨文化中国学》（上）、《跨文化中国学》（下）、《新汉文化圈》（以上已出版），《中国文学的独特起源》、《中国学论稿》（上下）、《王道》（上下）（以上出版中），由中国大百科全书出版社于 2020 年始陆续出版。先生最后一部遗著《中国文化探微》由商务印书馆于 2023 年 4 月出版。①

先生在第五届"会林文化奖"颁奖典礼获奖演说里这样说道："中国文化源远流长，博大精深，我一生都受到中国文化的恩泽，得到中国朋友们的热情鼓励和积极支持，应该说中国文化是我取之不尽、用之不竭的精神源泉。"②

结　语

汪德迈特殊的"知识科学血统"学识链的形成体现在：早期的启蒙教育为他日后养成坚韧、严谨的学术品格奠定基础；青年时代在其恩师戴密

---

① 参见欧明俊、李晓红：《汪德迈先生年谱初编》，载〔法〕汪德迈：《中国文化探微》，北京：商务印书馆，2023 年，第 234—272 页。

② 〔法〕汪德迈：《第五届"会林文化奖"颁奖典礼获奖演说辞》，载《中国文化探微》，北京：商务印书馆，2023 年，第 117 页。

微指引下赴越南、日本学习和工作，进行实地考察，从东亚地区而非中国一国研究汉文化，对传统文化做重新考量并扩大研究范围，先生的研究方法具有开创新视野的意义；随后，他又遵戴密微命，赴香港，师从饶宗颐，学习中国古代文化。先生以"他者"眼光，从外围看中国，反观中国文化核心问题，再去中国腹地探寻核心文化。

先生说："我是一个痴迷于中国文化与学术的法国学者。"他在《中国文化探微·自序》里为一生的学问做了总结，他生前十分关心这部著作，为之付出巨大心血，然而此书竟成先生的遗著，令人扼腕痛惜！汪德迈用新方法、新视角，从多层面、多视角进行研究，将西方文化与所立志研究的汉文化之间进行相互对照，走了一条不同以往汉学家走过的路。汪德迈的学术遗产正如他承上启下的汉学传承作用，将会给世界汉学研究起到重要的推动作用。

"中印学"构建：根基、拓展、走向[*]

深圳大学　朱　璇

诞生于中国与印度文化碰撞与交融的历史背景下的"中印学"（Sino-Indian Studies），既是一个构建中的历史概念，又是一个具有探索性、实验性、在场性和交互性的文化词语。近一个世纪以来，中国和印度无数有识之士通过著述与践行，寻求对这一认识的理解和深化，使之能逐渐形成思想体系和文化方法。"中印学"肇始于泰戈尔，既与泰戈尔秉持的世界主义、人本主义和对亚洲精神"独特同一性"^①持续垂注有关，也与泰戈尔对中国文化的深刻体认有关。在近代中国和印度内忧外患、两国文化交流几近断绝的情形下，泰戈尔从文明互惠的机缘看待两国在思想上的亲缘关系，指出中国与印度也许在地理上和人种上不算密切，但在思想关系上却最为亲密。^②泰戈尔于 1921 年创办国际大学，开启了印度真正学科意义上的现代汉学^③，同时也催生了以文化交流为基础、以思想会通为宗旨的"中印学"。"中印学"的诞生并非一蹴而就，其间既有一批知名学者如谭云山、师觉月（Prabodh Chandra Bagchi, 1898—1956）、蒲罗丹（Pradhana）、巴帕提（P. V. Bapat）等为之撰述，出版《中印学报》（*The Sino-Indian Journal*）、《中印研究》（*Sino-Indian Studies*）等中印文化交流期刊，又有

---

　* 基金项目：国家社会科学基金重点项目"中国印度学研究"（16AZD045），教育部人文社会科学研究一般项目"谭云山与中印文化交流研究"（14YJCZH059）。

　① ［印］拉奥琦：《论罗宾德拉纳特·泰戈尔的印中视角：二十一世纪展望》，《今日印度》（"纪念泰戈尔诞辰 150 周年"特刊）2011 年 5 月第 111 期，第 3 页。

　② ［印］泰戈尔：《东方文明的危机——在上海各团体欢迎会上的演讲》，载孙宜学：《泰戈尔与中国》，桂林：广西师范大学出版社，2005 年，第 172 页。

　③ 郁龙余、刘朝华：《中外文学交流史：中国—印度卷》，济南：山东教育出版社，2015年，第 373 页。

对"中印学"的实际开拓与践行，如在印度圣蒂尼克坦和中国南京分别设立的"中印学会"（The Sino-Indian Cultural Society）①，汇聚中印文化界和政界名宿，堪为"中印学"的孵化器。1937年，中国学院（Cheena Bhavana）在国际大学的创立，则标志着"中印学"有了实质性发展。按照中国学院院长谭云山对"中印学"的理解，"所谓'中印学'，就是把两千多年以佛教为桥梁的中印文化交流突出起来，因为这是世界文化交流史上独一无二的，可以把它当作一门专门的学问，不但研究文化交流，更深入研究中印睦邻关系，研究领域包括地理、历史、哲学、宗教、社会、经济、政治、文化、艺术诸多方面。用'中印学'的透镜可以对中国文化发展得出更深层次的了解"。②

"中印学"不是既成术语，其学术话语、内容和外延始终处于不断建构和充实的过程之中。正如印度学家郁龙余所言："'中印学'对谭云山来说，既是理想又是实践。他为中印学会拟定的宗旨，后来又成为中国学院的宗旨，也是谭云山一生的宗旨。……中印学（中印学术）研究，放在宗旨的首位。"③印度当代汉学家墨普德（Priyadarsi Mukherji）甚至认为，中国作为受惠印度文化最多的国家，"汉学"更当被称为"中印学"（Sindology）或"汉印学"（Sin-Indology），即中国与印度的融合。④自20世纪30年代以来，出自诸位印度学名家之手的《印度与中国》不仅在印度学界颇有影响，而且也是反映近一个世纪以来"中印学"发展的面相和缩影。

1938年，泰戈尔在圣蒂尼克坦中国厅开幕式上做了以"中国与印度"为主题的演讲。⑤1944年，著名哲学家拉达克里希南（S. Radhakrishnan,

---

① 中印学会以"研究中印学术，沟通中印文化，融洽中印情感，联合中印民族，创造人类和平，促进世界大同"为宗旨，总则包括中印文化的比较研究，有关中印文化的讲座，关于中印文明的宗教、文学、历史、科学和艺术研究，出版书刊，建立文化机构，出售中印文化方面书籍，尤其关于世界问题的书籍等。详见深圳大学谭云山中印友谊馆藏谭云山文献。

② 黄绮淑：《泰戈尔与谭云山的中印友好情结》，载谭中、郁龙余：《谭云山》，北京：中央编译出版社，2012年，第201页。

③ 郁龙余、刘朝华：《中外文学交流史：中国—印度卷》，济南：山东教育出版社，2015年，第397页。

④ ［印］墨普德：《"汉学"还是"汉印学"：探寻一个包罗万象的科学阐释》，2014年10月在北京"汉学与当代中国"座谈会上的中文发言，载郁龙余：《深圳大学印度研究通讯》（内部刊物），2014年3月第14期，第44页。

⑤ Rabindranath Tagore and Tan Yunshan, "China and India", Nanking and Santiniketan: The Sino-Indian Cultural Society, April 1938.

1888—1975）出版《印度与中国：1944年5月在中国的演讲》，被中村元评价为"世界上第一本对印度与中国思想进行比较研究的书"。[①]同年，印度汉学家师觉月的名著《印度与中国：千年文化关系》[②]出版，被公认是中印交流史领域中最重要的著作之一，印度前驻华大使苏杰生（S.Jaishankar）称其是"关于印中两国的历史纽带这一伟大的作品"。[③]半个多世纪以后，另两本《印度与中国》问世。美籍华裔印度学家谭中和北京大学历史系教授耿引曾合著的《印度与中国：两大文明的交往和激荡》（2006）被季羡林评价为"史无前例的文化事业"[④]。而印度文化关系委员会（ICCR）主席、印度国际文化研究院院长洛克希·金德尔（Lokesh Chandra, 1927—）新撰的《印度与中国》（2016）则是已届耄耋之年的作者对父子两代人在九十多年的岁月里，不断寻觅中印在两千三百年里相会相契的一次文明探索，正如金德尔所言，"思想与形象、美感与形式以及静默与言语成为历史性分享的形而上学"。[⑤]这四部《印度与中国》作者都与"中印学"关系密切。师觉月是"中印学"直接倡导者之一；拉达克里希南曾任"中印学会"名誉主席；洛克希·金德尔之父拉祜·维拉（Raghu Vira, 1902—1963）于1943年当选"中印学会"理事成员；谭中则子承父志，其参与筹建的印度中国研究所、德里大学和尼赫鲁大学的中文系，为推动"中印学"做出了实质性贡献。他们或探讨古代的文化交流，或谈论现代的文明回应，或尝试建构中印学体例，或着手会通中印思想。其中既有着丰富的史实、史料和交往的确凿记录，也有着极显个人素养、风格和思维特征的文明对话与文化比较，使得"印度与中国"这一古老而弥新的话题不断延续着生命力。

---

　　① 何兆武、柳卸林:《中国印象：外国名人论中国文化》，北京：中国人民大学出版社，2011年，第595页。

　　② 此书主体部分曾于1927年在刊物发表，后于1944年（印度）、1950年（印度）、1951年（美国）、1971年（美国）、1975年（美国）、1981年（印度）、2008年（印度）出版七次。见尹锡南:《印度学者师觉月的汉学研究》，《国际汉学》2018年第2期，第69—70页。

　　③ ［印］师觉月:《印度与中国》，《今日印度》序2012年11月。

　　④ 谭中，耿引曾:《印度与中国——两大文明的交往和激荡》，北京：商务印书馆，2006年，第2页。

　　⑤ Lokesh Chandra, *India and China*, New Delhi: International Academy of Indian Culture and Aditya Prakashan, 2016, p.1.

一、"中印学"根基：以交流史为源本

人类文明交流史是一部由点及面的网络地图构建史。交点越密集，经纬支线越富密，交流地图也就越精细、越广阔。师觉月的《印度与中国》虽不是鸿篇巨制，却完整勾勒出一千多年中印文化交流的宏伟图景，堪为中印交通史上的里程碑式的著作。此书以佛教的传布为线索，共分八章，从早期的贸易交往到佛教的传播历程，从佛教的东渐到文化的互渗，他不仅对佛教在中国的诸多派别及所藏佛教文献做了大量的考证，而且对印度雕刻、绘画、建筑、音乐、天文学、数学和医学对中国的影响做出具体的例证。尤为可贵的是，尊重史实的师觉月并不回避印度学界长期以来"尊梵抑汉"的现状。他坦言："一直以来，印度和中国之间的文化关系似乎更像是一条单行道。正因如此，人们从未认真地去尝试发现中国对印度人生活和思想的影响。事实上，印度文化对中国人的影响是如此之大，以至于中国对印度产生影响的可能性从未在任何个体身上得到应验。"[1] 这一说法切中肯綮，从 20 世纪 20 年代直至今日，不论是印度学界还是中国学界，对于中国文化对印度的影响，始终莫衷一是。"以往有关中印古代文化交流研究论著中，有些著作有意无意之间体现了中印文化交流的'单向性'，即古代中印之间的交流只是从印度到中国而已，甚至有学者说出'中印古代交流其实是中国单向学习印度'这样的观点。由于印度方面的史料较为缺失，容易给学者或读者造成这一印象。"[2] 师觉月深入寻常生活的物质层面，发现丝绸、茶、荔枝、桃、梨和妇女妆点用的朱砂，皆源自中国，不仅例证中国对印度的影响，也确证中印之间文化交流并非单向度，而是双向交流的事实。师觉月开启的从物证探索双向文明交流的方式启发了季羡林，他对制糖术、造纸术等专题研究，揭示出历史上中印交流的复杂性和"双向性"，而且在晚年写长文《佛教的倒流》，指出文化交流绝不会是单向的，"而是相向地流，这才是真正的'交流'"。[3]

---

① ［印］师觉月：《印度与中国：千年文化关系》，姜景奎等译，北京：北京大学出版社，2013 年，第 163 页。

② 陈明：《中印文化2000年交互流动的真实面相》，《中华读书报》2016 年 10 月 26 日第 22 版。

③ 季羡林：《季羡林全集》第十五卷，北京：北京外语教学与研究出版社，2010 年，第 313 页。

　　师觉月承袭法国汉学传统，重视史料的来源，参考文献以汉文文献为主，辅以东方学家如沙畹、伯希和、列维等的研究成果，史料经甄别、提炼后形成的史论，既体现出一流的史学眼光，又显示出极高的史学素养。在他描绘的千年交往长卷中，既有较为熟知的来华僧人，如竺法护、鸠摩罗什、僧伽跋澄、僧伽提婆、佛陀耶舍、达摩笈多、菩提流支、菩提达摩以及赴印的道安、法显、玄奘、王玄策、义净等，也有不甚为人所知的，如来自安息、粟特、大夏、龟兹、于阗等中亚国家的来华佛僧，以及记录在菩提伽耶汉文碑铭上的中国僧人的名录。为此，他在附录专列"中国译经的印度学者生平"，这部分正好可与耿引曾在《印度与中国》中"高僧一览"之"印度来华弘法高僧"做参照对比。[①]耿引曾增列"中国赴印求法高僧"以及最见功力的"中印关系大事编年"，将师觉月的工作大大推进了一步，使得交流图卷中的双向和交互的交流显得更为充分和具体。

　　如果说师觉月和耿引曾以编年史的方式记录文明的交往，那么，金德尔的《印度与中国》则有了些许"当代史"的意味。此书所述时间跨度更长，从佛教传入直至当今社会，历时两千多年。材料来源更为丰富，既有以"物"证史的考据，也融入不少实地勘察的情景、走访、口述和日记，以及不限表达方式的片段式截取（可以是一个符号或是一段唱词）。记述视角更为灵活，书里的作者其实有两人，一是金德尔本人，二是他的父亲、著名的梵学家和汉学家拉祜·维拉教授，时而以作者视角，时而以他者视角，不仅是对真实历史的记录，也呈现当下的情状和反映，给人以生动、鲜活和真实的感受。

　　金德尔以散点式的记述方式，呈现给读者交流史中一个个具体的实物与实景。他从"佛教在中国的共鸣"谈起，穿插中国和印度双向交流的点滴印记，如棉花如何引进中国，中亚的僧人如何携带佛经并译为汉语，由迦梨陀娑《沙恭达罗》残片如何界定中国戏剧的起源，以及从摩揭陀传入中国的制糖术，菩提伽耶刻的中国碑铭，中国舍利塔和法门寺里的佛祖指骨舍利，敦煌和云冈的石窟和造像，占城的梵文手稿，居庸关的梵刻，甚至可能按照大威德坛场而制定的北京城市规划，等等，不一而足。金德尔以他多年的调研、丰富的学识与见解，呈现出交流史中的"个案"，有些

---

　　①　两部索引均根据汉文佛经文献对从公元67年（耿引曾版提前到公元前50年）到1364年（师觉月版记录至1368年）的来华僧人进行一次详细的生平整理，虽个别年代略有差异，但内容相当，均是翔实的参考资料。

已有成熟的研究成果，更多的则是对学者尚未关注或较少论及的，却可能牵扯交流史新发现、新交点、新线索和新问题的大胆假设，这才是值得学者倍加关注的地方。

金德尔之父拉祜·维拉是位了不起的梵学家和中印学家。中国学界长期对拉祜·维拉的汉学贡献一无所知。他曾将几部中文著作译为梵语，包括制作《妙法莲华经》汉梵检索表（此表于 1947 年遗失）；将大藏经中两种《罗摩衍那》汉译[①] 倒译为梵语（1938.8）；将公元 517 年编撰的汉梵天城体辞典《翻梵语》中的地理部分译为梵语[②]；翻译丰子恺《护生画集》（第一集），以中英梵三语合体的形式以《中国诗画中的不害思想》为题出版[③]。1955 年 12 月 25 日，后三部著作由金德尔赠送给在那格浦尔暂做停留的宋庆龄。宋庆龄边翻阅边说："太有意思了。"[④] 拉祜·维拉的梵学成就不止于此，他还自创一套适用于表达现代科技术语的梵语词汇，为编纂这本梵语科技词典，他曾系统研究中文对化学物质的命名方式。

书中颇费笔墨的是拉祜·维拉和金德尔数次访问中国的见闻与收获。这些见闻带着鲜明的交流"物证"，又有着逼真的场景描述，这种将历史考证与文化游记相结合的方式，正是古代僧人们记录的方式。当下的个体和鲜活的场景似乎与遥远的过去有了某种共契，历史的过程也因融入了个体的情感和满富的生命力，迸发出充沛的想象与美感。1955 年，拉祜·维拉及其女儿苏姐莎娜·黛维（Sudarshana Devi）访问中国三个月。他们的足迹遍历大半个中国，从南到北探访数十个主要城市。参观并到访国家图书馆、故宫博物院、颐和园、长城、居庸关、北京大学、西安大学、陕西省博物馆、敦煌、云冈、龙门以及雍和宫、白马寺、塔尔寺、慈恩寺、灵隐寺等各地主要寺庙，详细记录了敦煌石窟、云冈石窟、龙门石窟和灵隐寺飞来峰的各窟情况，手绘居庸关佛塔与拱门上的雕刻。5 月 15 日，周恩来总理接见拉祜·维拉，并对他说："古时玄奘曾赴印取经，今天你从印度

---

① 大藏经中有两个关于《罗摩衍那》的故事版本，分别为公元 251 年康僧会的译本和公元 472 年吉迦夜（Kekaya）的译本。

② 包括国家、城市、乡村、寺院、圣地、山脉、河流、水塘、岛屿、花园和森林等诸多词条。

③ 此书具体内容参见黄蓉：《护生与不害——〈护生画集〉在印度》，《湖南科技学院学报》2015 年第 1 期，第 48—52 页。

④ Lokesh Chandra, *India and China*, New Delhi: International Academy of Indian Culture and Aditya Prakashan, 2016, p.65.

来华取经。你就是印度的玄奘，这些古籍就是你的宝藏。"①之后拉祜·维拉与郭沫若讨论了"百藏丛书"（śata-pitaka）②计划。后乘火车从北京到呼和浩特，张明坦和季羡林不仅陪同他北上，还担任他的翻译。他在敦煌停留的一个多星期时间里，不仅在常书鸿的讲解下静静欣赏和临摹敦煌壁画，而且与当时敦煌研究院的 39 位工作人员共同工作和学习。他在写给敦煌的留言中不由感慨："我们得以亲见它、汲取它并将之同化至我的血脉中，我的精神得到擢升。一千六百年前的中国和我的祖国竟有如此亲密的，如钢铁般摧毁不断的爱之纽带。"③回到新德里后，拉祜·维拉将他所收集的关于西藏、蒙古、西夏和中原其他地域的大量手稿、版画、碑铭模本、绘画、图片等进行整理并举行展览，虽然 131 箱资料中仅有 30 箱得以展示，但此次展览获得极大成功。印度总理尼赫鲁和副总统拉达克里希南参加了展览开幕式，来自德里、浦那、艾赫拉巴德、勒克瑙等大学和研究所，以及来自德国汉堡、意大利罗马和伦敦大学、新加坡马来亚大学的知名学者纷纷致信或留言。拉祜·维拉的访华记录堪为当代中印文化交流史上浓墨重彩的一笔，值得收入由中印双方共同编撰的《中印文化交流百科全书》之中。

二、"中印学"拓展：比较意识和方法的凸显

长期浸染于国际大学"中印学"氛围，又与谭云山共事多年的师觉月，不仅希冀在印度和中国之间寻找历史的蛛丝马迹，而且寄望发现这些痕迹背后可能互通的内生文化源头。他以比较的视角，探寻道教与古代印度的哲学的相似性。据他推测，最早的佛教护法团可能在道观里得到了庇护，和道士居住在一起，待他们返回印度时，便利用习得的道教知识发展自己

---

① Lokesh Chandra, *India and China*, New Delhi: International Academy of Indian Culture and Aditya Prakashan, 2016, p.142.

② 1957年拉祜·维拉及其创立的印度文化国际研究院倡导并主编藏文文献，目前该系列已经出版 650 种左右。1983 年金德尔第一次访华时，曾与班禅喇嘛讨论西藏所藏梵文文献的出版事宜。

③ Lokesh Chandra, *India and China*, New Delhi: International Academy of Indian Culture and Aditya Prakashan, 2016, p.189.

的哲学思想。[①]这一推测不乏实例，鸠摩罗什撰写的《道德经》评注尝试将龙树的中观派哲学与道教哲学进行会通，而玄奘和道士们在唐太宗旨意下将《道德经》译为梵语，虽无法确认此译本最终有否带去印度，但可以确证的是，佛教的密教派借鉴这个译本，发展出了俱生乘这一派。由此，师觉月在《两个文明——一个融合体》一章中，认为中国和印度两个民族虽生长于不同的土地，说不同的语言，有不同的文化和宗教传统，但为了一个共同的文明而和谐共进。[②]他从中印共同拥有的"天"道赋予的思想，共有的祭祖传统，儒家与印度法论相似的社会政治理念，道家之"道"与印哲之"梵"的相似性，来探讨两大文明要素之相似性的深层原因或同源性。

师觉月的文化比较仍遵循史学方式，通过具体的实例和合理的推理来探寻现象背后的思想源头，由此发现不同文明之间共有的文化基因。他发现老子之"道"所具有的内敛、彰显权能，周易的"太极"所呈现的"阴""阳"转化，皆与印度哲学中的"动""静"二相有异曲同工之处。朱熹抽象的"理"与具象的"气"亦是同一本体的两个面向，并指出这一观念可能受印度轮回观念的影响。相比历史梳理，思想的相关性推演则显得困难而隐性得多。但师觉月的推演仍提出一个极好的课题，即文化的比较是否一定会追溯至源生性的问题，比较文化学是否还有其他的开展方式？

面对中印文明源生性的问题，谭中的回答提供另一种思路。有着完整中国教育背景和数十年与印度政界、学界打交道的经验，谭中的精神气质和思维特征早已烙印"中印学"双重文明的痕迹，他的文明比较着重从中印思维方式角度来进行。季羡林在序中赞赏这种比较方式："中印两国有很多共同的文化特点。我认为最明显、最重要、最基本的是我们实际上有着同样的思维方式。"[③]

谭中在《印度与中国·透视景观》一章中从中印两国同发源于喜马拉雅的地缘文明来探讨根源。"喜马拉雅亲属关系"指两大文明同依喜马拉雅而生，以喜马拉雅为基点，带有喜马拉雅色彩，可谓喜马拉雅孪生子。同

---

① ［印］师觉月：《印度与中国：千年文化关系》，姜景奎等译，北京：北京大学出版社，2013 年，第 166 页。

② ［印］师觉月：《印度与中国：千年文化关系》，姜景奎等译，北京：北京大学出版社，2013 年，第 143 页。

③ 谭中、耿引曾：《印度与中国——两大文明的交往和激荡》，北京：商务印书馆，2006年，第 1 页。

样的地理、物种和植被特征赋予了两国共同的农业文明，其中的大米、丝绸、糖、棉、茶都印有两国同源相生的深刻印记。他指出，这种"喜马拉雅亲属关系"所带来的双面效应可能是文明交往的"镜面反射"，既可通过伏羲—女娲和阎摩—阎蜜的故事、原人（Purusa）和盘古的故事、蛇龙图腾的传说造成成对的镜面效应，同时也会有"背靠背"式的各自发展和互不干涉。"背靠背"虽然少了"面对面"的热络，却也使得两大文明在千年时空里搭建相对和平的空间环境。

谭中的地缘文明范式极富新意，既有马克思主义观点研究史学的路子，也有比较神话学的视野。虽然他尚未回答外部的地缘环境是否能成就文化内生的主要动因，但已打开新的思路。这一思路体现在该书下编从寺庙文化、金轮帝制、风流人物、金玉符号、龙凤双飞五方面集中描述这些在中印长期文明交往中产生的特殊现象，也是对师觉月所探讨的中国对印度人日常生活和思想影响的延续和扩充。谭中坦言，他的写法不完全是考证式的，而是以欣赏和品鉴的眼光去看待两国文化中最出彩的菁华，由之开发并探讨这些终在中印漫长交往中、深潜于日常生活里"合璧"了的文化现象，从而促进两国的相互理解。这样的写法更像文学的写法，事实与想象的有机结合，进而引起读者丰富的联想与启发。从谭中娓娓道来的"合璧"现象中，我们会发现，它们既表现出印度与中国的各自特质，很难分得清这种影响的理路，又体现出中印在思维偏好、表述方式、审美意象、欣赏趣味等方面的差异。如果简单地将这种"中印合璧"（Sino-Indicratna）式的写法视为缺乏直接关联的主观想象，那就忽视了作者所要表达的深意——不同的文化背景和特质下，人类的精神活动有多少潜移默化又难舍难分的交缠和相互影响！在谭中为印度经济学家杰伦·兰密施（Jairam Ramesh）新书作序中，他认为"中印合璧"尚不能准确表达他的想法，而要用"Chindia"来取代"Sino-Indicratna"，"因为后者是带连接号的，不如前者把两种文明整合得难解难分"。[①]

如果说师觉月和谭中是从源生文化和文化的动态影响展开比较，那么印度贝拿勒斯校长拉达克里希南则以哲人视角，展开对中印在宇宙观、认识观、人生观等方面的对比。拉达克里希南的《印度与中国》源自其对中

---

① ［印］杰伦·兰密施：《理解CHINDIA——关于中国与印度的思考》，蔡枫、董方峰译，宁夏：宁夏人民出版社，2006年，第3页。

国的首次访问。[①]1944 年 5 月 6 日至 21 日，拉达克里希南受当时国民政府教育部长陈立夫的邀请，应邀访问重庆、南京、上海、昆明等地，并受到印度驻重庆总代表梅农（K. P. S. Menon）和国民政府教育部副部长的热情接待。在短短的十六天行程里，他访问大学、学术机构和佛寺，并在国立中央大学、中央军校训练部、中央政治局、中央图书馆、复旦大学、云南大学、中国哲学学会等地发表公开演讲。这本《印度与中国》便是拉达克里希南回国以后，在演讲的基础上对中印文化所做的梳理，其中讲述了访问中国的起因和见闻，中国与印度的历史渊源，中国的教育现状，并分述儒家、道家和佛家的思想，佛教在中国的发展，战争和世界安全等内容。

　　不同于师觉月和金德尔对两国交流史中"点""线"的爬梳剔抉，拉达克里希南的《印度与中国》有了更多比较哲学的意味。此时来到中国的拉达克里希南，已经完成关于东西方文化对比的《东方宗教和西方思想》（*Eastern Religions and Western Thought*）和关于宗教生活的《理想人生观》（*An Idealist View of Life*）等奠基性的著作，其旨向生活体验的宗教观业已形成。因此，他带着寻觅宗教精神共契、寄望找到中国宗教实质的想法，与学者和僧人们展开交流。虽然他不懂中文，对中国的认知大多源于英文书籍，他自己形容这本关于中国宗教和文化观的书只是"暂时的""教条式的"抛砖引玉之作，但仍不啻为中印思想比较的开拓性作品。

　　拉达克里希南对中国文明的理解不限于佛教，而深入儒家、道家、佛教（在拉达克里希南看来是儒教、道教和佛教）的内在理路，进行重思与批判。本书最有价值的部分是拉达克里希南从宗教学角度，对儒家的世俗性、道家的超越性和佛家的精神性所做的对比阐述，字里行间投射出哲学家的敏锐的见悟和精准的洞察。他注意到道家的"道"与《梨俱吠陀》中"黎答"（ṛta）都具有主宰自然和人事运行的力量。注意到孔子的"天"具有的某种超越性："天何言哉？四时行焉，百物生焉，天何言哉？"注意到墨子的"天""人"关系透露出更深的"神秘的理想主义"（mystical idealism），个体的精神与自然精神逐渐实现合一。他将超越经验范畴的"空"、纯粹存有（bhūta–tathatā）与吠檀多不二论的"绝对者"并

---

① 早在1942年，拉达克里希南曾受甘地委托准备赴重庆，将泰戈尔的画像赠送给当时的国民政府。虽未成行，但画像后来仍送至重庆，悬挂在中印学会大楼正中。

置而谈，将瑜伽行派的"法身"（dharmakāya）对应奥义书中的"梵"和老子的"道"，并把"法身—受用身"（sambhogakāya）关系与"伊湿伐罗（Īśvara）—毗湿奴"（或湿婆）的关系对比，指出对绝对者象征性的呈现方式的价值判断是比较的要旨。

在认识论层面，他注意到孔子与佛陀的方式一样，谨慎地回避对超俗方面的谈论，"未知生，焉知死？"，即使对人的精神局限性有所暗示，也以沉默来回应。他注意到孟子所言的"知"与呈现精神状态的"心"有区别，后者与奥义书中"全智"（parā vidyā）观念有相似之处。他将朱熹的"理"理解为理性主义与神秘主义的融合物，由此产生人的两面属性，即精神性和物质性的对立。

在伦理方面，他注意到孔子的"中庸"和佛家的"中道"，并指出相比宗教观，孔子更关注社会观的建立。在世俗层面，孔子所要恢复的"礼"犹如印度的"达磨"（dharma），既关乎个体，也关乎社会。他注意到佛教与儒家在伦理方面的相似性，均重视子女对父母的孝心，如《善生经》（Sigalovāda Sutta）中六种责任（父子、夫妇、朋友、师生、主仆、异教者和信教者）与儒家"五伦"中的父子、夫妇、朋友关系如出一辙。他极力肯定儒家在道德方面的肯定，但在宗教观方面，他更倾向佛教，认为大乘的教义与《薄伽梵歌》一样，共有"形而上理想主义"和虔诚的信仰。

作为一名出色的哲学家，拉达克里希南的贡献不仅在于对印度哲学从文献到义理的梳理、消化和阐释，而且在于探索其内蕴的比较哲学思想，《印度与中国》是他印中哲学比较的集中体现。他发现中国人的思维本质是实用和现实的，中国思想从一开始就摆脱了狂热的盲信和宗教的争论，也无不顾本性、忽视理性和情感的生硬教义，虽然中国人对神学和个人救赎不感兴趣，但不能简单推断其缺乏宗教精神，而是有着更纯粹、深厚的精神追求。

拉达克里希南的哲学比较是分析式的，他有一套自成体系的哲学逻辑，将各种观念、思想并归这一体系，并从思想史的发展角度，考察各种观念、思想体系的完善程度。他以"最高本体"及其实现方式的圆融为完善标准，从而对儒家、道家、佛教的教义进行评判。他指出，儒家未对深层次形而上问题做解答，道家的"道"纵然唤起对某种超越的不确定，但道德行为的深层目的和最终的归属在佛教，并认为佛教是对儒家与道家在禅定智慧和修行等精神层面的补充。[①]虽然中村元评价拉达克里希南可能存在某种程度上的"误读"，个中原因既是作者受到使用材料的限制，也由于作者宗教观的局限。但是，拉达克里希南同样发现了值得深入挖掘和探讨的课题，即在思想层面上中印对比研究何以可能，以及如何实现两者会通的问题。

三、"中印学"走向：探寻思想会通的可能性

思想之会通，实乃近代中印知识界共同致力的一项事业。旅印三十余年的徐梵澄因契得中印精神文明之精髓，曾言："求世界大同，必先有学术之会通；学术之会通，在于义理之互证。在义理上既得契合，在思想上乃可和谐。"[②]在中国有会通中西思想的近代新儒家，在印度有会通印西思想的新吠檀多派，而中印思想之会通，则以倡导"中印学"的"中印学派"为先导。他们试图通过抽绎出中印文化背后的基本哲学观念，将之理论化为具有普遍意义的参照话语，在普遍意义下探讨这些观念共有的哲学价值，从中反映和透析出各自文化的精髓部分。

思想会通的基础在于追求普遍真理，而会通有其分际和限度。当人要表达其精神性时，必通过有限的感性限制和制约来表现，这是牟宗三所谓的"一孔之见"[③]，也是庄子所言"天下多得一察焉以自好"之"察"。会通的分际提醒我们，在探讨哲学问题时，需要注意所谈概念是在哪个层次上讨论的，不能将不同层次的概念并置而谈。如师觉月所谈的"道"与"梵"，拉达克里希南和师觉月将朱熹的"理"和"气"对应印度哲学的"动静二相"，均是在形而上层面的会通，这一层面是相对于"经验实在论"（康德语）层面和中国哲学中"感触界"（牟宗三语）层面而言的。虽然在康德看来，"超验观念论"和"经验"层面无法互通，因人缺乏"智的直觉"，但中国哲学和印度哲学则不然，中哲讲究"一心开二门"，孔子的"仁"、道家的"道心"、朱子的"本心"、王阳明的"良知"、大乘佛教的"如来藏心"和"般若智心"，其所蕴含的"心"既是认识本体，也是道德

① S. Radhakrishnan, *India and China: Lectures Delivered in China in May 1944*, Bombay: Hind Kitabs, 1944, p.109.

② 徐梵澄：《玄理参同》，载《古典重温：徐梵澄随笔》，北京：北京大学出版社，2010年，第31页。

③ 牟宗三：《中国哲学十九讲》，长春：吉林出版集团，2013年，第8页。

本体，与印度思想中"梵""我"一样，均直接会通感触界与智思界。

西哲从认识论来谈感触界的理路清晰，在这一层面，不论中国哲学，还是印度哲学，多是以消极的方式来表述的，这也是拉达克里希南发现孔子"慎言"的地方，也是印度"遮诠"的方式。但中国哲学和印度哲学在智思界则比较积极和通透，"人人皆可为尧舜"，以"转识为智"来肯定人的"智的直觉"。印度的主流哲学相信"自我"和"知觉性"（consciousness）的拔升，这一"知觉性"的擢升，也是拉达克里希南在《印度哲学》中所界定的"宗教意识"①。

在道德实践层面上，中印会通有着共同的实践目的，即人性的转化。拉达克里希南注意到儒家的"礼乐"是为获得"善"的人格修养的手段："教育以诗开启，为道德限制所强化，进而在乐中圆满，一切的目的在于改造人性。强调个体努力，正所谓'人能弘道，非道弘人'。"②他认为老子和佛陀一样，从表面生活深入更深层的真实。"普遍真实的知觉性影响着我们本性的转化。这是一种新生，塑造新人。达磨的真实不是理论的教条或形而上的假设，他直接面对知觉性。"③他认为，中国与印度一样，上智的理性和道德并没有对民间的迷信仪式产生影响，形式的崇拜甚于内在的虔诚，对大部分中国人而言，宗教的目的在于培养儒雅、宽容和见识的修养，而非探寻人的终极目的与归属。只有佛教承担起这一任务。因此教育和工作如同印度的智瑜伽和业瑜伽一样，成为佛教改革的手段，从而实现改革的终极目的——人的精神转化。

拉达克里希南认识到中印思想在转化人性方面的可能性，然而，他以"最高本体"及其实现方式的完善程度来评判儒、释、道的高下，却又阻碍了他对于中国思想复杂性的洞察。他虽然发现了孔子的改造人性的价值导向，却无法在孔子讳莫如深的"天"与张扬的"仁"信条之间建立起联系，因此他在肯定孔子对于善、对于生命价值的追求的同时，发出对这一价值的终极归属的疑惑，即高扬道德却不追问人类起源和命运这一终极哲学话

---

① 拉达克里希南在《印度哲学》（*Indian Philosophy*）中将宗教意识分为三个层次——所听（sravana）、思辨（manana）和深层次冥想（nididhyasana），对应宗教崇拜、宗教虔信和宗教冥想这三个阶段，表示意识逐渐内化的过程。

② S. Radhakrishnan, *India and China: Lectures Delivered in China in May 1944*, Bombay: Hind Kitabs, 1944, p.60.

③ S. Radhakrishnan, *India and China: Lectures Delivered in China in May 1944*, Bombay: Hind Kitabs, 1944, p.91.

题，终会陷入人文主义的缺陷？拉达克里希南提出的问题值得深省。他从宗教的超越性出发，看到了中印哲学在转化人性方面可能会通的意义，但却无法从孔子、老子、孟子、墨子、朱熹的教义中发现转化的逻辑，最后只能求助佛教。他虽敏锐地将中国佛教的希望寄于太虚等身体力行的佛教改革上，但仍缺乏对中哲的深耕，也尚未系统研究宋明理学以及儒家现代转型过程中的综摄构造，未尝发现另有一思想改革，以更为理性、综摄、汹涌的姿态进行着。所幸，拉达克里希南终止的地方，也是后来的中印学者，如徐梵澄寻求突破的地方。徐梵澄看到了印度精神的超越性价值，人性转化的途径多样，不论是中国修身与养性，还是印度的知行意瑜伽，所修的均是身、心、意的整体工夫。他吸收印度圣哲阿罗频多的精神进化论，从宋明理学的身、心、性、命之学的主旨在于"变化气质"中，了悟到精神哲学也着重在身、心修为的"转化"。[①] 正如孙波所总结的，徐梵澄的"精神哲学"在于研究"心灵"与"性灵"的学问，主旨和目的在于变化人的气质，终至转化社会和人生。[②]

　　中印思想会通的目的在于价值的重建，这也是"中印学"始于文化交流、终于新文明创建的宏大愿景。中印思想会通的方式是多元的，正如"中印学"本身一样，是个开放性话题。近一个世纪以来，以中印两国优秀精神文化成果为研究对象的中印学的内容和方法在不断扩大，史学的叙述、文学的想象、文化的比较、思想的会通，以及更为广阔的领域，不啻理性和言语，亦有神话与隐喻，以及更多有待开启的方向与话题。

---

① 徐梵澄：《徐梵澄文集》（一），上海：上海三联书店，2005年，第415页。
② 孙波：《徐梵澄精神哲学入蹊》，上海：华东师范大学出版社，2013年，第90页。

国际友好城市视域下的太极—瑜伽跨文化交流与实践[*]

深圳大学　王伟均

近半个世纪以来，风靡世界的国际友好城市活动，在各国城市之间架设起一座座友谊与沟通的桥梁，同时又促使不同肤色的人们相携着融入世界经济发展与文明进步的潮流。当全球化发展逐步成为国际政治的主体模式时，有关意识形态的高层次政治议题将逐步减少，而经济、社会等广义性政治议题将逐步增加，以国际友好城市这种形式为代表的城市外交将愈加显示其重要性。在中国，随着"一带一路"倡议务实推进的不断深入，作为次国家政府的城市成为跨国公司、非政府组织、各类信息汇集的中心。"城市正承接中央政府下放的更多权力，自主开展国际交往，国际友好城市交流已成为城市对外交流的主要表现形式。"[1] 顺应时代的发展和全球化的趋势，中国全方位地开展国际友好城市交流是加快经济和社会发展的必然。

中国和印度同为东方文明古国，世代友好的邻邦，历史上曾在文化、思想、教育等方面进行过深入交流。在上千年的交往中，两国通过相互交流、彼此借鉴，丰富和发展了各自灿烂的文明，为人类进步做出了卓越贡献。无论从国际形势的发展上看，还是从地理位置、历史文化的渊源和共同利益上来讲，中国与印度作为亚洲两个最大的发展中国家和当今世界最为活跃的两大经济体，两国只有建立长期稳定的友好合作关系，才能世世

＊　本文为广东省教育厅普通高校特色创新类项目"中印友好城市（省邦）文化交流研究"（2019WTSCX094）的阶段性成果。

[1]　张润昊：《"一带一路"倡议视阈下襄阳对外友好城市交流与发展研究》，《大陆桥视野》2017 年第 9 期，第 68 页。

代代友好下去，进而促进亚洲与印度洋地区的和平与发展，并对世界的和平与稳定产生积极影响。2013 年 5 月 20 日，中印两国签署《促进中印省（邦）、市合作联系协议》。根据协议，中国人民对外友好协会和中国国际友好城市联合会与印度外交部密切合作，推动两国地方政府间建立友好省（邦）、市关系，增进两国更广泛的民间交流。《促进中印省（邦）、市合作联系协议》的签署开启了中印间建立友城关系的大门，有助于进一步推动中印地方交流与合作，夯实中印友好的民意基础。[①]

截至目前，中国与印度共建立了 11 对友好城市（省邦），12 对友好交流（合作）关系城市（省邦）。基于友好城市（省邦）平台，中印人文交流十分活跃。在中印友好城市（省邦）跨文化交流的诸多内容中，作为两国古代文化的瑰宝，也是两个东方文明的结晶的太极、瑜伽已经成为极具代表性的文化符号。中印两国共同举行的太极—瑜伽跨文化交流活动，成为促进中印人文领域交流与合作、推动两国关系健康发展最广泛的文化交流形式之一。云南省教育国际交流协会会长倪慧芳指出："瑜伽中国化、太极国际化，成为促进中印民心相通、搭建中印民间外交交流的新桥梁、新纽带，以文化互鉴、文化交融为中印人文双向交流注入新活力。"[②]

一、太极—瑜伽跨文化交流的基础

太极和瑜伽，一个讲究阴阳两仪、天人合一，一个追求身心和谐、梵我合一，一定程度上代表着中印两国的文化精髓，"是中国文明和印度文明追求'和'——这一东方文明核心的缩影"。[③]作为中印两国优秀传统文化的标志性符号，两者在当今世界的传播方式各具特色、互有所长。太极作为当今世界最先进的文化思想体系之一，普及率越来越广，在历经漫长岁月的演变、改革和发展过程后，现已经成为一项国际性运动。根据统计，"太极拳已在全球 150 多个国家传播，练习太极拳的人数已超过 4 亿，成为世

---

① 卿伯明：《〈促进中印省（邦）、市合作联系协议〉签署》，《友声》2013 年第 3 期，第 8 页。

② 熊佳欣、罗婕：《国际瑜伽日：中印专家学者"云聚"共促文明交流互鉴》，中国新闻网，2022 年 6 月 21 日，https://baijiahao.baidu.com/s?id=1736253300311044106&wfr=spider&for=pc，访问日期：2022 年 7 月 1 日。

③ 曹元龙：《从太极和瑜伽看"龙象共舞"》，《光明日报》2015 年 5 月 15 日第 12 版。

界上练习人数最多的一项体育运动"。① 早在 2001 年第一届世界太极拳健康大会上，时任国际奥委会主席萨马兰奇就曾指出："作为中国传统体育项目之一的太极拳现已走向世界"②。

瑜伽作为古印度六派哲学之一，也是印度传统文化的重要面向之一，在世界的传播与发展同样影响深远。1893 年，辨喜（Vivekananda）第一次将融合印度主流哲学吠檀多与瑜伽的近代瑜伽思想传播至世界舞台，瑜伽文化开始了其现代化与国际化的进程。早在 20 世纪 70 年代，在文化全球化与西方文化危机的助推下，瑜伽便随着兴起的东方文化热潮开始在西方流行，并发展成为一种世界范围的热效应。瑜伽在中国的传播有着悠久的历史，东汉末年就已随着佛教的传播进入中国，"与中华古老的养生融合起来，产生了具有中国特色的佛家养生"③。自改革开放后，中国融入了全球化进程，在世界瑜伽热的效应下，瑜伽在中国再度流行起来。20 世纪80 年代，中央电视台播出的张蕙兰瑜伽系列节目风靡一时。进入 21 世纪，瑜伽在中国大规模快速发展。2015 年，印度总理莫迪访华，举行瑜伽—太极联合展示，中国随即掀起"瑜伽热"，此后热度一直不减。瑜伽之所以能在中国形成一种热潮，学者们普遍认为，就其内因而言，首先是瑜伽随佛教入华之后在古代中国的传播与交流为现代瑜伽进入中国打下历史基础；其次是瑜伽文化与中国讲求"天人合一"的传统文化有相同内涵，文化认同对中国民众选择现代瑜伽起到了积极促进作用；最后是近现代瑜伽文化对市场经济下的中国民众有心理抚慰作用，瑜伽成为其静心宁神的有效手段。④ 因此，太极—瑜伽交流有着深厚的文化基础。

从哲学层面而言，太极是中华文化的哲学瑰宝，而瑜伽则是印度古老哲学思想的载体，古印度人民的智慧结晶。太极和瑜伽都是多种实践、古老思想和智慧的融合。中国太极与印度瑜伽都蕴含着天人合一、身心健康、顺应自然的和谐精神。习近平总书记在 2014 年 9 月访印时就曾提到，中国的太极和印度的瑜伽有着惊人的相似之处，反映了两国人民数千年来奉行的生活哲理深度相似。2015 年 5 月 15 日，时任国务院总理李克强在出席北

---

① 贾文山、马菲、王羿欢：《如何让太极拳引领中国文化的全球传播》，《对外传播》2021年第 4 期，第 46 页。

② 严双军：《太极拳》，北京：文化艺术出版社，2012 年，第 87 页。

③ 千舒：《佛教养生秘笈》，北京：中国物资出版社，2008 年，第 9 页。

④ 阎莉萍、田标：《瑜伽热的社会学断思》，《山东体育学院学报》2013 年第 4 期。

京天坛公园"太极瑜伽相会"活动时，就向访华的印度总理莫迪表示，虽然二者外在形式有所不同，但对"天""人""心"和谐一体的追求内在相通，都体现了文明与文化的传承和兴旺。① 如太极的中正法则与技术，来源于儒家核心思想之一的中庸思想，具体体现在精神意念上"守中"，在行拳走架上"求中"，在技击对抗上"用中"。而宽容和接纳是瑜伽的精神。

在健身和养生上，太极与瑜伽都注重突破自身局限，寻求更高的精神享受。太极与瑜伽不仅仅是单纯的健身方式，也是展现中国与印度两大东方文化的古老养生术。太极和瑜伽一个显著的共同点在于，都重视"调身"、"调息"和"调心"相结合，利用调息和冥想来提高效果，也都致力于帮助人们平衡身体、精神和智慧，从容应对压力。"太极拳和瑜伽都是通过缓慢柔和的运动表现形式来呈现自身文化中对和谐与自然的向往，也都是通过自身演练形式的'静'来展示其所蕴含的价值和态度。"② 两者的相似，可以归功于两者在历史上的交流融合，瑜伽在古代中国传播的过程中，与我国的儒家、道教、医学、武术和民间导引术等相互交流融合，成为强身健体的健身术，特别是与禅宗的结合，最终促成了少林功夫的成熟与完善；而在现代中国，经欧美体育化的瑜伽再次中国化，最终形成了健身瑜伽。

因此，太极—瑜伽跨文化交流互鉴，可谓中印两大文明加强对话、促进民心相通的绝佳途径。一方面，太极和瑜伽作为两国民众健身运动，顺应时代健身热潮，在民众中易于接受、广受推崇，民众通过跨文化交流，可对两种健身运动做全面、系统、深入的了解，同时也可对印度和中国的文化有更深层次的理解。另一方面，太极和瑜伽蕴含的深刻哲学思想是两国人民相互了解的有效路径，不仅可强化太极和瑜伽练习者之间的联结，而且可增进两国人民互学互鉴，相互学习发展的有益经验，吸收借鉴古老的文明成果，使中国越来越多的人通过瑜伽了解印度，更多的印度人也通过太极了解中国，从而推动两大文明相互尊重、和谐共处，让文化交流互鉴成为增进中印人民友谊的桥梁。

在外交层面，太极和瑜伽分别又是中国与印度大力推广的外交文化符号。太极和瑜伽虽源于中国与印度，但早已走出中国和印度，风行世界，

---

　① 方圆震：《李克强与印度总理莫迪共同出席"太极瑜伽相会"中印文化交流活动》，中国政府网，2015年5月15日，http://www.gov.cn/guowuyuan/2015-05/15/content_2862957.htm，访问日期：2022年7月1日。

　② 吕晶红：《太极瑜伽的文化缘起及其本质探析》，《运动》2018年第6期，第144页。

是中国与印度民族献给世界人民的礼物。两国政府分别用太极、瑜伽文化搭建通往世界文化的桥梁，这为太极—瑜伽跨文化交流提供了国家层面的支持与推广基础，推动了中印太极和瑜伽相结合，增强了两国的凝聚力和文化传播力。

作为中国优秀传统文化的重要标志之一，太极拳被认为"是中华优秀传统文化从里及外的形体表达，是东方传统智慧的动态符号，是世界上独一无二的'哲拳'"[①]。中国的太极拳在国内外都已有相当广泛的基础，"通过太极拳的传播来推广民族传统文化，扩大中国在世界的影响力，是提升我国软实力的有效途径"。[②] 2020 年 12 月 17 日，太极拳成功列入《人类非物质文化遗产代表作名录》，成为我国传统武术类非遗项目中唯一的人类非物质文化遗产代表作。太极拳正不断向世界迈出"武步"，成为对外文化交流的桥梁和纽带，彰显对人类可持续发展的重要意义。

而在印度，2003 年，瓦杰帕伊政府将瑜伽正式纳入政府工作的范畴，后经辛格政府的努力，瑜伽文化实现了由民间至官方的身份转变。莫迪上台后，积极推动设立国际瑜伽日。2014 年 12 月 11 日，193 个会员国在联合国大会上以协商一致的方式批准了将 6 月 21 日定为"国际瑜伽日"的提议，包括中国在内的 177 个国家共同赞同这一提议。国际瑜伽日显示了包括中国在内的全世界对瑜伽可以带来诸多益处的意识认同。此外，莫迪政府又积极推动瑜伽的申遗工作。2016 年 12 月 1 日，印度瑜伽被联合国教科文组织政府间保护非物质文化遗产委员会列入《人类非物质文化遗产代表作名录》。联合国教科文组织评价认为，瑜伽跨越了性别、阶层和宗教的界限，将人的思想与身体和灵魂结合起来，以获得更强大的心智、精神和身体上的健康。瑜伽蕴涵的古代哲学影响了印度社会从健康与医学到教育和艺术的方方面面，瑜伽的价值构成了民族精神的重要组成部分。此外，印度政府还再次重组政府管辖瑜伽的部门阿育诗局（Department of Ayush），将其升格为政府内阁直属部门阿育诗部（Ministry of Ayush），为莫迪政府运用瑜伽开展高层面政治与外交活动铺平了道路。莫迪政府以发展、传播瑜伽文化为目的进行了一系列努力，将瑜伽提升为跨文化交流对

---

① 李慎明：《让太极文化和太极拳在全国进一步普及并尽快走向世界》，《世界社会主义研究》2020 年第 8 期，第 15 页。

② 孙喜莲、余晓惠、梅林琦等：《太极拳的国际传播与中国软实力的提升》，《武汉体育学院学报》2008 年第 6 期，第 72 页。

话的重要力量，和全球政治文明中促进和平、保护生态、提升全人类生命质量的一个可靠工具。瑜伽文化已然成为印度民族自信的象征，推行瑜伽外交，也成为印度政府提升文化软实力、推广印度文化的重要举措。

而瑜伽外交与我国所倡导的"亲诚惠容"外交理念有着异曲同工之妙。在国际友好城市背景下，中印两国建立友好城市（省邦）关系，主要的目标是促进各自地区的经济发展，通过经济合作和扩大市场促进地区的经济发展水平，尤其是一些急需转型的城市与地区，通过建立友好城市（省邦）关系来实现产业分工或合作以促进经济的发展，成为本地经济的"孵化器"。不仅如此，中印友好城市（省邦）还充分发挥各自的资源禀赋，实现中印地区与城市的资源共享、优势互补、合作共赢。中印友好城市（省邦）强大的亲和力，可以使双方市民超越国界、意识形态和社会制度进行相互了解，化解分歧与误会，进行友好交流，还能够发挥以点连线、以线带面的带动效应，实现中印地区互联互通。中印友好城市（省邦）建设与发展、交流与合作的不断深化，将会使中印两国奠定更加坚实的民意基础和社会根基，是实现与深化双多边全方位合作的重要基础和先导。

两国民众以友好城市（省邦）为平台，通过练习太极、瑜伽开展交流，增进了解，对中印两国文化交流和友好关系发展起到了铺路搭桥的作用。因此，太极和瑜伽现已成为中印两国地方与政府交流的桥梁，也体现了中印两个文明古国关系蓬勃发展的新面貌。印度总理莫迪曾指出，印中两国青年人通过练习太极、瑜伽开展交流，增进了解，更体现了文化交流为印中两国关系发展铺路搭桥的作用。时任国务院总理李克强也表示，太极和瑜伽相会，交相辉映，是"世界上独一无二的景象"，"向两国，也向世人展示了中印和谐共处，携手让两国 25 亿人民过上健康生活的美好追求，以及对促进地区稳定繁荣、维护世界持久和平的坚定信念"。①

二、太极—瑜伽交流与实践的平台与内容

自中印友好城市（省邦）互建以来，太极—瑜伽文化交流呈现出了交流领域不断延伸、规模不断扩大、交流品位不断提高的特点。太极与瑜伽

---

① 方圆震：《李克强与印度总理莫迪共同出席"太极瑜伽相会"中印文化交流活动》，中国政府网，2015 年 5 月 15 日，http://www.gov.cn/guowuyuan/2015-05/15/content_2862957.htm，访问日期：2022 年 7 月 1 日。

都蕴含着天人合一、顺应自然的和谐精神，太极—瑜伽交流已成为最广泛的中印民间交流形式之一。太极—瑜伽交流活动不断出现在与中印文化交流相关的瑜伽交流平台活动中，如中印瑜伽峰会（大会）、中印瑜伽周、国际瑜伽日、中印国际瑜伽节。像"中印国际瑜伽节"这样的文化节，中印友好城市（省邦）几乎每年都会举行，太极—瑜伽交流活动可谓常规活动。其中规格最高的一次发生在2015年5月印度总理莫迪访华期间，北京举办了首届中印国际瑜伽节，在天坛祈年殿广场举行的由400多名中印太极和瑜伽爱好者参与的"太极瑜伽相会"表演，将太极—瑜伽的交流与传播推向了一个顶峰。

在众多太极—瑜伽跨文化交流平台中，"中国国际太极·瑜伽大会"最为耀眼。"中国国际太极·瑜伽大会"，原名"中国国际瑜伽大会"，始于2006年，为了更好地响应"建设文化强国""文化走出去"，扩大对外交流，促进中国太极与印度瑜伽的文化交流，推动中国与印度、中国与世界各国的文化交往，2016年加入了太极元素，特升级更名为"中国国际太极·瑜伽大会"。大会由中国印度友好协会主办，是目前中国唯一得到官方认证许可的国际性太极·瑜伽领域大会。大会以"世界因瑜伽而连接，因太极而共存"为主题，旨在以太极和瑜伽为媒介，融合中国太极与印度瑜伽两大古老东方智慧精粹，架起现代中印文化沟通的桥梁，从而促进中印文化的交流沟通和中印两国人民相互了解和友好感情的发展；同时致力于向世界传播太极和瑜伽文化，连接中印两大东方文明的力量，搭建世界和谐的桥梁，为国际友好事业发展做出积极贡献。

"中国国际太极·瑜伽大会"在全国设有多个分会，其中中印友好城市（省邦）都设有分会。大会每年会定期举行，全国分会场助阵大会活动，目前已经成功举办了16届，展现出了其特色，并创立了品牌。大会不仅在行业中始终处于引领地位，而且对中国瑜伽领域及相关产业的发展起着至关重要的作用，为世界范围内的太极与瑜伽的良性发展传播做出积极有力的贡献。"中国国际太极·瑜伽大会"由此也成为中印两国文化交流活动中历史最长、规模最大、级别最高的顶级交流平台。

"中国国际太极·瑜伽大会"的活动内容丰富，涵盖太极—瑜伽文化论坛、太极—瑜伽流派百家争鸣、太极—瑜伽健康产品互动展示、专业培训、健康公益活动、瑜伽体位大赛、太极拳比赛等系列活动，为中印文化的友好交流以及太极文化与瑜伽文化的推广普及搭建了桥梁纽带，发挥了重要作用。

另一个重要的太极—瑜伽跨文化交流的平台是云南民族大学中印瑜伽学院（国际太极学院）。中印瑜伽学院（国际太极学院）诞生于"一带一路"倡议的背景下，是一个在中印两国总理见证下签署成立的学院，由云南民族大学与印度文化关系委员会共同创办。2015 年 5 月 15 日，云南民族大学与印度文化关系委员会签署了联合共建中印瑜伽学院的备忘录，并列入《中华人民共和国和印度共和国联合声明》第二十一条。同年 6 月 13 日，中印瑜伽学院在昆明云南民族大学举行揭牌仪式，正式成立；11 月，中印瑜伽学院正式开学。由历任印度驻华大使和云南省委书记共同担任名誉院长。2017 年 6 月 8 日正式挂牌"中印瑜伽学院总院"。2019 年 6 月，中印瑜伽学院与同年揭牌成立的国际太极学院合并，成为中印瑜伽学院（国际太极学院）。

中印瑜伽学院（国际太极学院）是印度在中国乃至海外建立的第一所瑜伽学院，也是中国在印度开设第一个国际太极分院的学院，它的出现标志着中印文化交流合作翻开崭新的一页。它的出现为我国的太极文化在印度乃至整个南亚地区的传播与推广打开了大门，"以高校合作的模式出发，打破了以往民间组织为主的太极拳推广的路径"[①]。学院以瑜伽和太极的学历教育与社会培训并重，致力于培养瑜伽和太极高级专门人才，积极推进太极—瑜伽跨文化交流，促进太极的国际化和瑜伽的中国化。它的成立与发展，有力推动印度与云南乃至全中国的文化交流合作，被认为是中印两国领导人达成的推动中印全方位多层次合作的积极行动，为我国推动"一带一路"建设、促进教育国际化和文化双向交流做出了突出贡献。

中印瑜伽学院（国际太极学院）秉承教育立德树人的宗旨，坚持内涵发展，着力为国家和社会培养瑜伽和太极领域具有国际化视野、前瞻性思维、突出专业技能和创新精神的复合型人才，助力国家教育对外开放战略和健康中国战略的实施，推动和促进"太极与瑜伽的文化交融、龙与象的文明互鉴"，增进两国人民的理解互信与友好往来。学院因此也成为云南努力打造瑜伽人才培养基地、瑜伽文化研究中心、中印文化交流的新名片。它开创了中国高校瑜伽学历教育的先河，成为瑜伽学历教育的开拓者，

---

①　李冬颖:《以高校为媒介在印度推广太极拳的可行性》,《区域治理》2020 年第 1 期,第 193 页。

也成为瑜伽在中国的传播过程中标准的制定者、规则的维护者和利益的调节者。自成立以来，中印瑜伽学院（国际太极学院）从公益课、培训班开始，发展到目前拥有了本科生以及中外合作办学硕士生项目的规模，开设了瑜伽课程体系培训、养生瑜伽培训、大师公开课、免费公益课等多项课程，培养出了众多理论素养与实践技能兼备的专业人才，已经有瑜伽方向的 100 名本科生、36 名硕士研究生顺利毕业，并为数万人次提供公益培训。目前已在全国各大城市，特别是中印友好城市（省邦）成立了多个分院和分中心。一方面，解决了中国瑜伽专业师资匮乏的一系列问题，促进了中国瑜伽产业的健康发展，而且推动了瑜伽的中国化、本土化发展；另一方面，在服务国家"一带一路"建设以及面向南亚国家全面开放、促进与周边国家民心相通、服务健康中国战略实施等方面发挥积极作用。

中印瑜伽学院（国际太极学院）以瑜伽—太极为媒介，多方面促进了两国的相互理解与相互沟通，是中印民心相通的成功实践。它在深化中印两国互相交流和了解过程中发挥了重要的作用，"已成为中印两国人文交流最活跃的平台之一"①。一方面，学院为中印两国政府往来搭建了很好的平台，促进了中印两国高层互访、双边往来。中印瑜伽学院（国际太极学院）成立后，两国政府官员到访学院的次数日益增多，地方政府间往来增加，两国间互访增多。另一方面，中印瑜伽学院（国际太极学院）的建立，为中国实施同印度学术教育合作伙伴计划搭建了平台，深化了中国高校与印度高校的交流与合作。通过学院，双方学生的学习互访得到了加强，两国学者通过学术交流，可以更好地了解彼此的文化，为传播优秀文化积极贡献智慧和力量。学院还以此积极推动太极这一中国传统文化"走出去"，在印度政府设立的唯一一所瑜伽大学印度辨喜瑜伽大学（SVYASA）以及德弗文化大学（DSVV）成立国际太极分院、分中心，进一步推动太极—瑜伽跨文化交流。

总之，中印瑜伽学院（国际太极学院）不仅是太极—瑜伽跨文化交流的平台，也是中印教育与人文交流的桥梁和纽带，它的成立和发展是中印友谊的当代体现，也是中印两国友谊源远流长的最好见证。

---

① 刘子语、韩成圆、张莹琳、沈燕、毕漪倩：《以瑜伽为媒 增强文化共鸣》，《云南日报》2022 年 7 月 4 日第 8 版。

三、太极—瑜伽跨文化交流与实践的影响

追求平衡与和谐的太极—瑜伽跨文化交流与实践，为促进两国民众间的人文交流搭建了重要桥梁。太极—瑜伽是中印友好城市（省邦）交流与合作的内容之一，同时又是中印友好城市（省邦）建设与发展的有效助力。这种助力，体现在推动已经建立友好关系的城市（省邦）之间的深入发展，推动具有发展成为友好关系潜力的城市（省邦）建立友好关系。这种助力既是印度通过瑜伽实现文化产品输出、塑造文化大国形象的软外交实践的体现，同时也是中国实现睦邻友好、推进"一带一路"建设发展的体现。因此，中印太极—瑜伽文化交流，为中印友好城市（省邦）关系的建设与发展，以及中印两国政治、经济和文化上的交流与合作提供了平台与纽带，将有助于促进中印两国关系的健康发展。从目前的发展现状与未来的发展趋势来看，助力的路径可分为三个方面。

第一个方面，以太极—瑜伽文化交流为平台，推动中印友好城市（省邦）之间诸多高层外交对话，实现中印中央及地方政府间的互信。通过太极—瑜伽文化交流平台，友好城市的市长、副市长等高层行政官员之间可以进行正式的互访来加深双方的联系，或前往对方城市参与双边或多边会议。这本身就是一种文化交流，能够让参与双方了解到对方在经济、政治、社会和生态某些问题上的见解，从而加深双方的认同感。[①] 此外，还能在关键时候帮助消除政治层面的误会和隔阂，使友谊得到巩固和加深，对于双方国家关系、政党关系的改善也能起到积极的促进作用。近年来，中印友好城市（省邦）间通过各种瑜伽文化交流活动，中印城市（省邦）高层政府官员、工商领军人物之间的互访交流日益频繁，合作领域不断拓宽，这不仅优化了友好城市在中印经济发展中的格局，而且以地方交流丰富和充实了中印关系内涵，服务了国家外交大局。

第二个方面，通过太极—瑜伽跨文化交流，推动中印友好城市（省邦）间的经贸交流与合作，实现经济的共同发展。中印太极—瑜伽文化交流，首先推动了瑜伽产业在中国的发展。自20世纪80年代现代健身瑜伽传入中国以来，中国各大小城市陆续出现瑜伽健身的经营业务。截至2018年，

---

① 刘铁娃：《国际友好城市文化交流与国家软实力提升》，《对外传播》2017年第10期。

国内瑜伽馆总数超过 200 家的城市有北京、上海、成都、西安、武汉、深圳、广州等，这些城市大都是与印度建立友好合作关系的城市。中国报告大厅网发布的《2023 年瑜伽行业发展趋势：瑜伽群体不断扩大》报告统计数据显示，2022 年我国瑜伽馆规模达到 42350 家，同比上涨 9.1%。我国瑜伽行业市场规模增长主要来自瑜伽垂直产品（服装、瑜伽垫、辅具等）等产品。随之兴盛的还有瑜伽培训行业与相关资格认证等服务业，以课程服务（主要来自线下瑜伽馆）为中心，衍生出一条包括教练培训、瑜伽普及、服装辅具以及商业培训在内的产业链。在中国，瑜伽已经发展成为一个朝阳产业，中国潜在的瑜伽练习者超过一亿人，行业市场的发展态势可谓如火如荼。

其次，结合中国文化，推动相关产业的发展。如中印国际瑜伽节的举办，在体验瑜伽精髓、感受瑜伽乐趣、共享瑜伽盛事的同时，也为中国提供了一个良好的平台促进"瑜伽 + 大健康产业"融合互动，进一步丰富大健康产业的业态内涵，更为加强中印两国经济文化交流、促进共同发展合作开辟了新的空间。作为印度友好城市之一的昆明就是这方面的典型例子。以"中印瑜伽大会"为平台，昆明致力于重点发展大健康产业，打造一系列与瑜伽有关的产品和活动，促进瑜伽产业在昆明乃至全国的发展。瑜伽文化交流，同时促成中印双方签订合作协议，在昆明建设国内首个阿育吠陀主题酒店，该酒店以生命医学为主题，采取市场化运作的模式经营管理，展示和传播印度古老的医学科学。此外，太极—瑜伽文化交流与实践，同时还推动了瑜伽文化本土化，瑜伽与中国传统文化融合化和产业化的现象。目前，中国本土化的瑜伽流派已经达 2000 多个。如以养生理念融合太极和瑜伽精华的太极瑜伽，基于太极和瑜伽哲学、技能、练习的动态融合形成，可谓印度瑜伽和中国太极拳的合体，已经发展成为一种非常受欢迎的本土化运动。目前已发展出其独特的产业模式，在国内形成了规模庞大的加盟产业。此外，瑜伽和《黄帝内经》以及中医经络文化、中医养生文化等结合的经络养生瑜伽，由瑜伽与中国功夫，特别是气功结合的功夫瑜伽等相结合，不仅可以促进中印文化的多元交流，展示与发扬中印传统文化，而且可以促使友好城市诞生更多的瑜伽产业，推动友好城市（省邦）经济的健康发展。

再次，以太极—瑜伽文化交流为平台，推动两国旅游与商贸活动的发展。以瑜伽交流为媒介开展各种交流与合作，可以促成中印友好城市（省邦）间通过缔结协定，推进旅游业的投资，为两地双方的旅游合作提供保障与奠定基础；促成经贸洽谈会、投资说明会等成功举办，深化友好城市（省邦）政府经济部门、工商组织、行业协会与知名企业间的联系，共同寻求经贸合作新途径，从而实现友好城市（省邦）间经济的共同发展。以温州市与勒克瑙市为例，2015—2016 年，温州市共有三十余批近千人次对印度进行了市场考察活动，温州企业和印度政府部门及行业协会达成一系列战略合作协议。仅 2017 年，温州市对印度进出口总额达 455791 万元，同比增长 33.4%。[①]

第三个方面，通过太极—瑜伽文化交流，推进中印友好城市（省邦）间的人文交流、教育合作与人才培养等，增进中印两国人民之间的了解与友谊，使其成为国家和政府间外交的有益补充。一方面，在友好城市成立中印瑜伽文化交流中心、瑜伽学院、瑜伽培训学校等机构，为实现中印之间民民相亲、情感相通起到很好的使者作用。另一方面，中国民众可以与印度瑜伽大师和瑜伽爱好者展开交流讨论，使中国民众进一步认识印度文化和深入了解印度的文化品牌形象与文化大国形象；同时，太极在印度的友好城市（省邦）也可成为一项民众喜闻乐见的运动，通过太极，印度民众更为切身地实践中印传统文化交流。

---

① 谢宾祥：《印度驻上海总领事馆总领事瑞峰的温州"初体验"》，《温州都市报》2018 年 6 月 25 日。

日中古典文学交融的边界意义

——以日本首部汉诗集《怀风藻》的"智水仁山"为例 *

福冈国际大学　海村惟一　久留米大学　海村佳惟

众所周知，在哲学中"边界"是一个非常重要的概念，因为其涉及一系列哲学问题，如身份认同、自由意志、伦理学和政治哲学等。其实，在比较文学中也有"边界"的现象，尤其是文学的"身份认同"问题。本文以"边界"概念来考察日本首部汉诗集《怀风藻》在日中古典文学交融中的"边界"意义，理清日本汉诗的"身份认同"问题。《怀风藻》成书于日本天平胜宝三年（751），辑录飞鸟后期、奈良前期64位汉诗人的120首作品（现存116首）。此书编者不详（疑为淡海三船），卷首有编者自序，缕述文坛变迁及编书缘起。

本文考察的焦点聚集在《怀风藻》对"智水仁山"认知的"边界"意义。"智水仁山"源于《论语·雍也》："子曰：知者乐水，仁者乐山，知者动，仁者静，知者乐，仁者寿。"①

朱熹《四书集注·论语》集注："乐，喜好也。知者达于事理而周流无滞，有似于水，故乐水。仁者安于义理，而厚重不迁，有似于山，故乐山。动静，以体言；乐寿，以效言也。动而不括，故乐。静而有常，故寿。程

---

　　* 本文是在"21世纪中华文化世界论坛"第七届国际学术研讨会（澳大利亚墨尔本拉筹伯大学，2012年11月30日）上口头发表的一部分。后从"边界"概念的视角加以重新审视和整理而成，提交深圳大学第四届"饶宗颐文化论坛"。

　　① 朱熹：《四书集注·论语》，巴蜀书社影印王利器先生所藏的怡府藏板巾箱本，1985年，第17页。

子曰：非体仁知之深者，不能如此形容之。"①

　　受容于《论语·雍也》"智水仁山"的认知之作，在《怀风藻》里共有 15 首，占其收录总首数 12.9%，可以分成四种类型来加以考察验证：第一类型可谓"仁智"对"山水"的认知，有 7 首，占"智水仁山"认知总数的 46.7%；第二类型可谓"仁智"对"山川"的认知，有 5 首，占"智水仁山"认知总数的 33.3%；第三类型可谓有"仁智"无"山水"的认知，有 2 首，占"智水仁山"认知总数的 13.3%；第四类型可谓"静仁"与"流水"的认知，有 1 首，占"智水仁山"认知总数的 6.7%。由此可见，《怀风藻》对"智水仁山"的认知结果表明：正规型认知式占总数 46.7%，受容型认知式占总数 53.3%，体现出日本古典文学的"边界"特征。

　　顺便指出，二程（程颢、程颐兄弟）的"仁智"之说晚《怀风藻》三百年，《怀风藻》的"仁智"之说对二程的"仁智"之说是否产生影响，有待于考实。《怀风藻》对《论语》"智仁"之说的认知结果，使日本古典文学所产生的"仁智"火花也展示了日本文学的"边界"意义。

　　下面从四种类型来探讨《怀风藻》认知《论语》"智仁"的"边界"意义。

一、"仁智"对"山水"类型的"边界"意义

　　《怀风藻》的"仁智"之诗语，诚如上述所言，体现了列岛文学的"边界"意义。关于"山水"之词语起源于《墨子·明鬼下》："古之今之为鬼，非他也，有天鬼，亦有山水鬼神者，亦有人死而为鬼者。"②作为诗语恐怕出于柳宗元（773—819）《渔翁》诗："烟销日出不见人，欸乃一声山水绿。"③

　　《怀风藻》"仁智"诗语的用法也各呈其个性，我们来详细地考察一下这七首诗作是如何来认知"智水仁山"的。

---

　　①　朱熹：《四书集注·论语》，巴蜀书社影印王利器先生所藏的怡府藏板巾箱本，1985 年，第 17 页。
　　②　［日］浅野裕一译注：《墨子·明鬼下》，北京：讲谈社学术文库，1998 年，第 76 页。
　　③　柳宗元：《柳宗元集·卷四十三·古今诗》。

7. 正三位大纳言纪朝臣麻吕① 一首【年四十七】

014　五言春日应诏②　一首

惠气四望浮　　重光一园春
式宴依仁智　　优游催诗人
昆山珠玉盛　　瑶水花藻陈
阶梅斗素蝶　　塘柳扫芳尘
天德十尧舜　　皇恩沾万民

这首《五言春日应诏》是五言古诗。"应诏"源于《文选》曹子建的应诏诗。梁陈之际徐陵（507—583）受皇太子萧纲之命所编的《玉台新咏》有"春日"之诗题。其"智水仁山"的认知方式是以"仁智"对"诗人"的第二联来化对第三联"山水"对仗句，即"昆山珠玉盛，瑶水花藻陈"。把哲学意义的"智水仁山"融化为文学意义，即"仁智"的日本汉诗人"边界"意义；同时，结尾之句还是落在儒家之说上的"天德十尧舜，皇恩沾万民"。

10. 大宰大贰从四位上巨势朝臣多益须 二首【年四十八】

019　五言春日应诏

玉管吐阳气　　春色启禁园
望山智趣广　　临水仁怀敦
松风催雅曲　　莺哢添谈论
今日良醉德　　谁言湛露恩

同样是《五言春日应诏》之诗题，是五言律诗。其"智水仁山"的认知方式是拆嵌逆组式对仗句："望山智趣广，临水仁怀敦。"首先把"智水仁山"分别拆开，再交换地嵌入对仗句里，形成"望山"对"临水"、"智趣"对"仁怀"，即"山智""水仁"的日本汉诗的"边界"意义。与第14首相同，尾联还是落在儒家之说的"今日良醉德，谁言湛露恩"之上，只是"天德"成了"醉德"，"皇恩"成了"露恩"。

---

① 此处的 7 乃编入《怀风藻》的第 7 位诗人。以下同理。
② 此处的 014 乃编入《怀风藻》第 14 首诗。以下同理。

11. 正四位下治部卿犬上王　一首

　021　五言游览山水

暂以三余暇　游息瑶池滨
吹台哢莺始　桂庭舞蝶新
浴凫双回岸　窥鹭独衔鳞
云罍酌烟霞　花藻诵英俊
留连仁智间　纵赏如谈伦
虽尽林池乐　未玩此芳春

　　这首《五言游览山水》是五言古诗，其"智水仁山"的认知方式是诗体的第五联诗语"仁智"与诗题诗语"山水"的相对，颇为奇特。但是，"仁智山水"却完全地融化在文学的自然景观之中，展现了日本汉诗的"边界"意义。

23. 从四位下兵部卿大神朝臣安麻吕　一首【年五十二】

　039　五言山斋言志

欲知闲居趣　来寻山水幽
浮沉烟云外　攀玩野花秋
稻叶负霜落　蝉声逐吹流
只为仁智赏　何论朝市游

　　这首《五言山斋言志》是五言律诗。其"智水仁山"的认知方式是尾联的前句"仁智"之"赏"与首联的后句"山水"之"幽"相对，对出一个"赏幽"。此五律更为奇特，言尽"仁智山水"之妙：赏幽。道出了"仁智山水"的日本汉诗的"边界"意义。

29. 从四位下左中辨兼神祇伯中臣朝臣人足　二首【年五十】

　045　五言游吉野宫

惟山且惟水　能智亦能仁
万代无埃坌　一朝逢柘民
风波转入曲　鱼鸟共成伦
此地即方丈　谁说桃源宾

这首《五言游吉野宫》也是五言律诗。其第一联"智水仁山"的认知方式是拆嵌逆组式对仗句："惟山且惟水，能智亦能仁。"首先把"智水仁山"分别拆开，再分别地嵌入对仗句的第 2 字与第 5 字位里，形成"惟山能智""惟水能仁"的自然熏陶人格的日本汉诗的"边界"意义。

046　五言游吉野宫　其二

仁山狎凤阁　智水启龙楼
花鸟堪沉玩　何人不淹留

这首《五言游吉野宫》是"前对"的五言绝句。起句"仁山狎凤阁"对"智水启龙楼"。"仁山"为静故"狎凤阁"，"智水"为动故"启龙楼"，可谓佳对。"仁山"与"凤"相连，"智水"与"龙"相接，烘托出了"仁山智水"的日本汉诗的"边界"意义。

54. 从三位兵部卿兼左右京大夫藤原朝臣万里　六首【万里一本作麻吕。实录五首】

098　五言游吉野川

友非干禄友　宾是餐霞宾
浩歌临水智　长啸乐山仁
梁前招吟古　峡上簧声新
琴樽犹未游　明月照河滨

这首《五言游吉野川》是五言律诗。其第二联"智水仁山"的认知方式是错位顺组式对仗句："浩歌临水智，长啸乐山仁。"此联以"有声之乐（yuè）"的诗语"浩歌""长啸"使"临水"者"智"、"乐（lè）山"者"仁"。亦展示了自然熏陶人格的日本汉诗的"边界"意义。

纵观这七首诗作：有"言志"之作（1 首），有"应诏"之作（2 首），有"游山水"之作（4 首），都是巧妙地利用"仁智"与"山水"进行对话的诗作。这七首虽然诗型不同（2 首五言古诗，4 首五言律诗，1 首五言绝句），但是在内容上有一个共同的特点：融日本式的儒家思想于列岛的自然山水之中来隐喻皇恩之德，而显示不同于《论语》"智水仁山"的"仁智山水"的日本汉诗的"边界"意义。

二、"仁智"对"山川"类型的"边界"意义

此节就"仁智"对"山川"类型的"边界"意义展开讨论。《怀风藻》里有5首以"仁智"对"山川"的诗作，出自5位诗人。此类型是在"仁智"的范围里细化"山水"而成"山川""山河"的认知方式来创作的，即由"水"变"川""河"。关于"山川"之词语起源于《易·坎》："天险，不可升也，地险，山川丘陵也，王公设险以守其国。"作为诗语恐怕出于沈佺期（656—716）《兴庆池侍宴应制》诗："汉家城阙疑天上，秦地山川似镜中。"

先看其中的第一首释智藏的《五言秋日言志》，《怀风藻》编者在小序里对排列第四位的"释智藏"做了如下的介绍：[①]

4. 释智藏　二首

智藏师者，俗姓禾田氏。淡海帝世，遗学唐国。时吴越之间，有高学尼，法师就尼受业，六七年中，学业颖秀。

同伴僧等，颇有忌害之心。法师察之，计全躯之方，遂披发阳狂，奔荡道路。密写三藏要义，盛以木筒，着漆秘封，负担游行，同伴轻蔑，以为鬼狂，遂不为害所以。

太后天皇世，师向本朝。同伴登陆，曝凉经书。法师开襟对风曰："我亦曝凉经典之奥义。"众皆嗤笑，以为妖言。临于试业，升座敷演，辞义峻远。音词雅丽，应对如流。皆屈服莫不惊骇。帝嘉之拜僧正。时岁七十三。

009　五言秋日言志　一首
欲知得性所　来寻仁智情
气爽山川丽　风高物候芳
燕巢辞夏色　雁渚听秋声
因兹竹林友　荣辱莫相惊

---

① ［日］小岛宪之校注：《怀风藻·文华秀丽集·本朝文粹》，东京：岩波书店，1964年，第79页。

在留吴僧侣的这首诗里出现的第一联的"仁智"和第二联"山川"，以及第四联的"竹林友"可谓非同一般，是日本文学史上首次出现的佛、儒、老庄的三教相聚的现象。此处的"山川"而非"山水"，初看是由于平仄的关系，因为第二句的第四字是仁智的"智"（平声），所以第三句的第四字必须是平声，若是"水"的话那就是仄声了。山川的"川"是平声，符合平仄法。但是，由抽象的"山水"变为具象的"山川"，却是"遗学唐国"的智藏大师把起源于《论语》的"山水"变为起源于《易·坎》的"山川"，可谓日本汉诗史上的大手笔。即《论语》于公元 285 年进入日本皇室，成为皇太子的教科书，而六经之首的《易经》是公元 600 年以后由遣隋使、遣唐使带回的。这种外界的"身份认同"，以及日本汉学史内部的"自身认知"的边界意义是极其重要的。

10. 大宰大贰从四位上巨势朝臣多益须　二首【年四十八】

020　五言春日应诏　其二

姑射遁太宾　崆岩索神仙
岂若听览鄹　仁智寓山川
神衿弄春色　清眸历林泉
登望绣翼径　降临锦鳞渊
弦竹时盘桓　文酒乍留连
薰风入琴台　冥日照歌筵
岫室开明镜　松殿浮翠烟
幸陪瀛洲趣　谁论上林篇

细读第一联的"姑射遁太宾，崆岩索神仙"和第二联的"岂若听览鄹，仁智寓山川"，可以使人感到在"应诏"诗里体现了神仙思想和儒教思想的有机融合。而"仁智"寓"山川"的思维凸显了日本儒学重视"自然"的边界意义。尤其是第五联的"弦竹时盘桓，文酒乍留连"的"文酒"在此诗中扮演了一个重要的角色。"文酒"这一诗语出于《文选》，亦可见《文选》对日本文学的边界意义影响很大。

20. 皇太子学士从五位下伊与部马养　一首【年四十五】
036　五言从驾应诏

尧帝叶仁智　仙跸玩山川
叠岭杳不极　惊波断复连
雨晴云卷萝　雾尽峰舒莲
舞庭落夏槿　歌林惊秋蝉
仙槎泛荣光　凤笙带祥烟
岂独瑶池上　方唱白云天

这是一首"从驾应诏"古诗。第一联的"尧帝叶仁智，仙跸玩山川"，即起句里就集中体现了"应诏"诗里的神仙思想和儒教思想的有机融合。尤其是第六联的"岂独瑶池上，方唱白云天"中的"瑶池""白云"在此诗中扮演了一个极其重要的"边界"角色。

30. 大伴王　二首
048　五言从驾吉野宫应诏　其二

山幽仁趣远
川净智怀深
欲访神仙迹
追从吉野浔

这首"从驾应诏"诗是前对型的五言绝句。起句"山幽仁趣远"和承句"川净智怀深"是一个非常工整的对偶句，极其巧妙地吟诵了"智川仁山"的日本式儒家思想的边界意义，并用"趣远"来描写"仁山"之"幽"，以"怀深"来描写"智川"之"净"，这种"幽净"的日本儒家思想更是表现了列岛的边界特色。然而，转句"欲访神仙迹"和结句"追从吉野浔"是一个非常漂亮的流水对，很自然地把神仙思想和儒教思想有机地融合起来。这种"诗想"意境是列岛与大陆的文学对话中引发出来的边界意义。

64. 正五位下中务少辅葛井连广成　二首
115　五言奉和藤太政佳野之作（仍用前韵四字）

物外嚣尘远　　山中幽隐亲
笛浦栖丹凤　　琴渊跃锦鳞
月后枫声落　　风前松声陈
开仁对山路　　猎智赏河津

　　这是一首自始至终极其工对的五言律诗。首联"物外嚣尘远，山中幽隐亲"对出了一个"尘世"之外的庄子宇宙，尾联"开仁对山路，猎智赏河津"绘出了一幅"尘世"之内的孔子世界。此处的"物外"之语是由《庄子·杂篇·外物》的道家处事方式至汉代张衡《归田赋》"苟纵心于物外，安知荣辱之所如"的"超脱尘世"的融合之义，是列岛通过与大陆文学的对话而获得"自我认知"的边界意义。在日本的文字社会初期，就把这尘世之内外的两大思想体系融合得如此完美，体现了边界意义的重要性。此处的"河"，更为具象，川流至津则为河，故"河"所对之"山"亦更为具象。对于具象的"山路"开仁，乃日本汉诗"自我认知"的边界意义。

　　纵观这五首诗作：有僧侣的"言志"之作（1首），有"应诏"之作（1首），有"从驾应诏"之作（2首），"和韵"之作（1首），均妙用了"仁智"与"山川（河）"诗语。这五首虽然诗型不同（2首五言古诗，2首五言律诗，1首五言绝句），但是在内容上却有一个共同的特点：儒家思想和神仙思想或尘外之世的融合，成为日本汉诗"自我认知"的边界标志。

三、有"仁智"无"山水"类型的"边界"意义

　　有"仁智"无"山水"也是"智水仁山"的一种类型，此类共有两首。

27. 正四位下兵部卿安倍朝臣首名　一首【年六十四】
043　五言春日应诏

世颂隆平德　　时谣交泰春
舞衣摇树影　　歌扇动梁尘
湛露重仁智　　流霞轻松筠
凝麈赏无倦　　花将月共新

安倍朝臣首名（664—727）于公元 726 年升任正四位下兵部卿。[1] 此诗便是在升任之后所作，乃五言律诗，前三联对得非常工整。首联"世颂隆平德，时谣交泰春"，开"起"了一个新天地。此联有两个极其重要的诗语："隆平""交泰"。"隆平"一语见于赵岐（108—201）所注的《孟子·题辞》："帝王公侯遵之，则可以致隆平，颂清庙。"公元 891 年藤原佐世所著的《日本国见在书目录》有《孟子赵岐注》14 卷的记载。安倍朝臣首名见过此书的可能性很大。"隆平"之语可能源于班固（32—92）《东都赋》："即土之中有周成隆平之制焉。"作为诗语可能源于沈约（441—513）《梁鞞舞歌》："刑措甫自今，隆平亦肇兹。"（《文选》）此联所用的"隆平"出自赵岐的可能性极大，至少意义相吻合：世间所"颂"的是"帝王公侯遵之，则可以致隆平，颂清庙"之"德"。"交泰"一语见于《易·泰》："天地交泰"，下句向我们展示了时代所"谣"的是"天地交泰"的"春"。

首联突然拉开了由《孟子》之"德"至《易经》之"春"的序幕。颈联"湛露重仁智，流霞轻松筠"隆重地给我们"转"出了一个新天地：由《诗经》之"湛露"珍重地推出了《论语》无"山水"而反用的"仁智"；由《神仙篇》之"流霞"轻快地引出了《乐府》之"松筠"。[2] 以"仁智"对"松筠"点出了儒家思想和神仙思想兼容的效应，展示了日本汉诗"自我认知"的边界意义。

出现在《怀风藻》里的第 46 位诗人纪朝臣男人（681—738，亦称雄人），在公元 731 年得此"大宰大贰正四位下"的官位，其有三首入选。这首"扈从"诗是其中的第二首。"扈从"谓奉陪天皇行幸，此语见司马相如《上林赋》的"卫公参乘，扈从横行"（《文选》）。[3]

46. 大宰大贰正四位下纪朝臣男人　三首【年五十七】

073　五言扈从吉野宫

凤盖停南岳　追寻智与仁

啸谷将狖语　攀藤共许亲

峰岩夏景变　泉石秋光新

---

① ［日］辰巳正明：《怀风藻全注释》，笠间：笠间书院，2012 年，第 220 页。

② ［日］辰巳正明：《怀风藻全注释》，笠间：笠间书院，2012 年，第 218 页。参见 ［日］杉本行本注释：《怀风藻》，东京：弘文堂书房，1943 年，第 118 页。

③ ［日］辰巳正明：《怀风藻全注释》，笠间：笠间书院，2012 年，第 327、333 页。

<u>此地仙灵宅　何须姑射伦</u>

此诗是在其升任"大宰大贰正四位下"之后所作，也是五言律诗，其颔联颈联对得非常工整。首联"凤盖停南岳，追寻智与仁"，开门见山，直指主题；尾联"此地仙灵宅，何须姑射伦"，首尾两联奏起了"儒家思想和神仙思想或尘外之世有机结合"的最高潮。亦可谓日本汉诗"自我认知"的边界意义。关于其所引"凤盖""南岳""智仁""仙灵""姑射"之典故，无须多言，读者已一目了然。

四、"静仁"与"流水"类型的"边界"意义

"静仁"与"流水"对偶是"智水仁山"的自我认知的一个特例，也仅有一首《五言游吉野》。其作者是藤原朝臣史（658—720），公元 708 年 3 月升任右大臣，"正一位太政大臣"乃去世之后所追赠之位。① 入选诗有五首，我们要考察的是其二。

17. 赠正一位太政大臣藤原朝臣史　五首【年六十三】

032　五言游吉野　其二

夏身夏色古　<u>秋津</u>秋气新
昔者同汾后　今之见吉宾
灵仙驾鹤去　星客乘查逡
渚性掮流水　素心开静仁

此乃五言律诗，四联均为对偶句。首联"夏身夏色古，秋津秋气新"的十字里"夏身""秋津"是地名，以双关语的双拟对点出了季节变化；领联"昔者同汾后，今之见吉宾"和颈联"灵仙驾鹤去，星客乘查逡"渲染了"庄子之宇"的意境；尾联"渚性掮流水，素心开静仁"点出了诗题"游吉野"的"孔子之宙"的精华；四联巧对抒发了主题诗想：儒家思想和神仙思想或尘外之世融合的意义，即日本汉诗"自我认知"的边界意义。

综上所述，《怀风藻》里的 14 位日本汉诗人对"智水仁山"进行了各

---

① ［日］辰巳正明：《怀风藻全注释》，笠间：笠间书院，2012 年，第 182 页。

种"自我认知"，在与《论语·雍也》"子曰：知者乐水，仁者乐山，知者动，仁者静，知者乐，仁者寿"的对话里，身处列岛的自然地理环境使日本汉诗人迸发了各自的思想火花，形成了不同于大陆（中华）文化精神的列岛（日本）文化精神以及文学意境，丰富了日本汉诗人的文学性，萌发了日本汉诗人的独创性，具有形成日本汉诗的边界意义。公元285年《论语》的"智水仁山"进入了日本皇室的皇太子的教育层面；公元466年后《论语》的"智水仁山"使《怀风藻》（751年）的贵族汉诗人进入了文学性和独创性的言志层面，并展示了日本汉诗"自我认知"的边界意义。

　　总之，通过书面文字和直接交流的文明对话，岛国（日本）从大陆（中华）的文明精神里获得了日本文明精神的精华："汉字文学的认知"和"汉字文学的自觉"，这些精华均体现在《怀风藻》里，表明了日本汉诗的诞生。

西方史料中的 19 世纪岭南竹棚剧场

——以图像为中心的考察 *

深圳大学　陈雅新

　　竹棚剧场是岭南地区一种历史久远的剧场形式，至今在香港等地仍十分常见。无论是竹棚搭建技术，还是经常在竹棚中上演的粤剧，今已被视为人类非物质文化遗产。叶农的《明清时期澳门戏曲与戏剧发展探略》[①]一文，涉及了澳门竹棚剧场的地点和政府管理政策，杨迪的《戏棚、剧院、私伙局——19 世纪末至 20 世纪初澳门粤剧活动的场所变化》[②]一文，探讨了澳门竹棚剧场神功戏的背景、环境、经济、观众以及政府的管理政策等。但对于 19 世纪岭南竹棚剧场的形制，由于缺乏史料，目前的剧场史、岭南戏剧史研究者都未做过探讨；在竹棚剧场的经营、功能等方面，也有待深入研究。本文将披露笔者搜集到的新资料，以飨同好，包括西方旅华画家、报刊记者之绘画、旅行记与新闻报道，产于广州等口岸城市、专为出口欧美而绘的中国外销画和其他中西方史料，并据之对 19 世纪岭南竹棚剧场的各方面情况做出探讨。

一、竹棚剧场的形制与设施

　　从史料中可见，19 世纪岭南竹棚剧场的形制大致可分为两种：封闭式

---

　　* 本文原载《戏曲研究》2019 年第 4 期。

　　① 叶农:《明清时期澳门戏曲与戏剧发展探略》,《戏剧》2010 年第 3 期。

　　② 杨迪:《戏棚、剧院、私伙局——19 世纪末至 20 世纪初澳门粤剧活动的场所变化》,《戏曲研究》2016 年第 4 期。

和敞开式。封闭式是将舞台和观众席等剧场各部分全部笼罩在棚内，戏棚体积大、形式复杂，搭建较为耗时。敞开式的戏台建筑则是独立的，戏台两侧或再建独立的子台，或只利用戏台前的空地作为观看区，形式可繁可简，搭建速度也更快。

（一）封闭式竹棚剧场

封闭式竹棚剧场的形制见诸德国旅华画家爱德华·希尔德布兰特（Eduard Hildebrandt，1818—1868）所绘两幅澳门竹棚剧场画及其日记中的相应记载。

希尔德布兰特绘《澳门唱戏》一画，现藏香港艺术馆，设色石版画，编号：AH1964.0398.001。画左下角题画名"Macau Sing Song"（澳门唱戏），右下角有画家署名"Eduard Hildebrandt"。此画同时刊于1866年3月17日的《伦敦新闻画报》，黑白版画。在《伦敦新闻画报》的同版，还刊载了希尔德布兰特的另一幅画，画下标有"'THE THEATRE AT MACAO'，BY E. HILDEBRANDT"（《澳门剧场》，爱德华·希尔德布兰特绘）。这两幅画，分别描绘了澳门剧场的内外部，大体呈现了剧场的全貌。

希尔德布兰特是德国风景画家，1818年出生于但泽市，其父是房屋油漆匠。他长期随父学徒，不到20岁时，搬到了柏林，随海景画家威廉·克劳斯（Wilhelm Krause）学艺；约1842年，来到巴黎，进入法国画家伊莎比（Isabey）的画室，并成为风景画家莱普特文（Lepoittevin）的同伴；1843年后，开始游历世界，于1864—1865年完成了世界环游，1868年去世。[①]

1867年，他的旅行记《爱德华·希尔德布兰特教授环游世界之旅》在柏林出版。我们在此书中找到了画家在广州、澳门的竹棚剧场看戏以及创作这两幅画的相关记载。据前后文判断，画家在1863年4月19至23日中的某一天在广州观看了竹棚演剧。[②]数日之后，1863年4月28日，画家又在澳门观看了戏剧，他在当天的日记中写道："我利用这个机会在两点钟到

---

① *The Encyclopaedia Britannica*, vol. 13, 11th edition, Cambridge: Cambridge University Press, 1911, p.461.

② Ernst Kossak, *Prof. Eduard Hildebrandt's Reise um die Erde*, Zweiter Band, Berlin: Verlag von Otto Janke, 1867, pp.46—52. 本文所引用的爱德华·希尔德布兰特的德文日记，均由德国卡尔斯鲁厄理工大学（Karlsruher Institut für Technologie）杜彦章硕士帮助整理、翻译，在此致谢。

达，专心地将戏台和观众席画成一幅水彩画……幸运的是，在我被一个落在我裸露脑袋上的小东西吓到前，我的水彩画已经完成了。"[1]香港艺术馆称所藏《澳门唱戏》的年代为 19 世纪 60 年代[2]，澳门艺术博物馆将两画的年代判断为约 1865 年[3]。而据画家日记，我们至少可以把描绘戏棚内部的《澳门剧场》一画的创作时间确定为 1863 年 4 月 28 日，而描绘戏棚外部画作的创作时间也应是此日或相近几日。画家自述《澳门剧场》一画是在包厢中画完，但画中的视线却正对着戏台；按照神功戏的习俗，戏台一般要正对戏棚大门，面向神殿，故画家所在包厢不大可能正对戏台；况且，中国传统剧场将包厢设在舞台两侧乃是惯例。因此，画家应是为了展现戏棚内部的全貌，在创作时有意调整了视线。

　　《澳门唱戏》中的竹棚剧场背海而建。希尔德布兰特称广州的剧场建筑也是"本身坐落在水池中央，靠柱子搭建在紧贴水面的位置"，可知，搭建竹棚时先将柱子打入水底，形成水面上的平台，其上再建棚体。岭南气候炎热，竹棚易生火灾，例如梁恭辰《广东火劫记》载："道光乙巳四月二十日，广州九曜坊境演剧，搭台于学政署前。地本窄狭，席棚鳞次，一子台内因吸水烟遗火，遂尔燎原，烧毙男妇一千四百余人。"[4]将戏棚建在水上，希尔德布兰特认为是"为了改善室内的温度，观众还有机会在发生火灾时随即跳出窗子靠游泳自救"[5]，这是有道理的。同时，从《澳门唱戏》一画中可见，这也方便了戏班乘戏船直抵剧场后台。画中戏棚后部搭建着一个通向海的通道，通道尽头停靠的两艘船，是广东本地戏班四处巡演及居住所用的戏船。可知，戏棚与戏船的配合在当时已是一种成熟的模式。[6]另外，临水而建，还可以利用水的回声增加乐音的美感。

　　从《澳门唱戏》一画中可见，封闭式竹棚剧场体量巨大，顶部侧面呈

---

① 　Ernst Kossak, *Prof. Eduard Hildebrandt's Reise um die Erde*, Zweiter Band, Berlin: Verlag von Otto Janke, 1867, pp.63-65.

② 　《历史绘画：香港艺术馆藏品选粹》，香港：香港艺术馆，1991 年，第 69 页。

③ 　吕志鹏、孔金莲编：《红船清扬——细说粤剧文化之美》，澳门：澳门特别行政区政府文化局、澳门博物馆，2016 年，第 31 页。

④ 　梁恭辰：《广东火劫记》，载张宇澄编辑：《香艳丛书》第五册，上海：上海书店，1991 年，第 409 页。

⑤ 　Ernst Kossak, *Prof. Eduard Hildebrandt's Reise um die Erde*, Zweiter Band, Berlin: Verlag von Otto Janke, 1867, pp.63-65.

⑥ 　岭南剧场为与戏船相互配合而临水选址，直至 19 世纪末、20 世纪初仍如此，参见程美宝：《清末粤商所建戏园与戏院管窥》，《史学月刊》2008 年第 6 期。

三角形。希尔德布兰特称:"墙体材料是粗细不一的竹竿,而屋顶则是由棕榈叶编的席子铺成。"[1] 棚内竹竿间扎结的细部,可见于《伦敦新闻画报》中《凉棚内部》一画。画报中说这座印度人居住的凉棚,是中国人建造的,不用一钉,而以藤条将竹竿扎结在一起。[2] 从画中可见,屋顶结构类似传统木结构建筑,纵向为一排排梁架,是稳固的三角形,正如希尔德布兰特所说"一根桁架更好地确保它的安全"[3];梁架之外再扎上横向的檩。作为支柱的承重竹竿较粗,而屋顶结构中的竹竿较细。这种设计,既坚固,又合理利用了原料,节省了成本。

关于竹棚内的观众席,希尔德布兰特称澳门戏棚"和广州那个没什么太大区别"[4],而对广州戏棚的记述非常详细,反映了当时竹棚剧场的一般情形:

> 尽管观众席只有一个包厢,但还是非常大,能够容纳超过五千人,不过他们大多都得彼此紧贴着挤在整个一层里。一等座的戏票按我们的货币算不超过十二个银格罗森[5];而一层的站票只需花一个银格罗森。但即便买了一等座,也不足以让人放心。当我们艰难地爬上这个"高级包厢"时,才得知必须坐七英寸宽的矮脚凳,而非圈椅。我们这一级别的观众并不多,多数人都在一层。我蜷缩在小板凳上,明智地掩着鼻子,惊愕地瞅着下面的观众席。紧靠戏台的斜坡,宽广的空间里挤满了剃得就剩条辫子的光头,那景象就像骷髅间一般。所有的戏迷在进入一层前就已经脱掉了外衣,因为既然这拥挤的空间不能让人感到舒适,那么他们就干脆自己动手了。这赤裸的人群——东方人里面不穿衬衣!——可能很适合给教会画家当死而复生的人体模特。从人群

① 　Ernst Kossak, *Prof. Eduard Hildebrandt's Reise um die Erde*, Zweiter Band, Berlin: Verlag von Otto Janke, 1867, pp.63–65。

② 　*The Illustrated London News*, London: Published for the Proprietors, by W. Little, 198, Strand, August 15, 1857.

③ 　Ernst Kossak, *Prof. Eduard Hildebrandt's Reise um die Erde*, Zweiter Band, Berlin: Verlag von Otto Janke, 1867, pp.63–65。

④ 　Ernst Kossak, *Prof. Eduard Hildebrandt's Reise um die Erde*, Zweiter Band, Berlin: Verlag von Otto Janke, 1867, pp.63–65。

⑤ 　银格罗森(Silbergroschen)为当时德国的一种硬币,30个银格罗森为1元(Thaler)。

深处腾起一股恶臭，人们的嗅觉器官对此简直不能再敏感了，每个观众随即就都成了滑稽戏演员，脸上充满了仿佛第一次被逼上台表演的恐惧。上百个汉子骑在屋顶下桁架的竹竿上，他们爬过棕榈叶编的席子屋顶，就是想免费看戏。尽管这些衣着褴褛的"体操爱好者"所处的位置极危险，但似乎并没有意外发生；一层的观众对这些悬在脑袋上的"入侵者"似乎没有丝毫察觉，而是把注意力都放在戏剧上了。[1]

一层的观众席不设座椅，能容纳超过五千人；一个宽广的"紧靠戏台的斜坡"，应是为了让后面的观众不被挡住视线，将地面做成了坡面。二层设有一个包厢，需要攀爬而上，为一等座；座位是矮脚凳，条件较差。竹棚剧场也随着华人移民而出现在海外。1858 年 8 月 14 日约晚上 9 点，英国人艾伯特·史密斯（Albert Smith，1816—1860）在新加坡观看了竹棚演剧。他所看到的竹棚是个"巨大的帐篷"，即封闭式，但他称戏棚的"藤条椅子很舒服"[2]，也许是戏棚设施在海外改良后的结果。在《澳门剧场》一画中，戏棚内左右两侧各架起了第二层平台，其中之一应即是画家所在的一等座的包厢。除了一层和二层外，还有一种特殊的观众席，即屋顶用作桁架的竹竿，上百逃票的观众坐在上面而无虞，足见竹棚的坚固，这一情形，也被生动地描绘在了《澳门剧场》一画中。

（二）敞开式竹棚剧场

敞开式竹棚剧场的形制，可见于《伦敦新闻画报》刊《香港唱戏》一画与其相应的文字描述，以及外销画《广州戏棚一景》。

《香港唱戏》一画刊于 1857 年 8 月 15 日的《伦敦新闻画报》。报中还有一段相应的报道，其中提到："7 月 11 日的《伦敦新闻画报》刊载了我们通讯员的来信，对一个香港公众娱乐的例子进行了描述。此画中的场景是香港的一个乡村剧场的内部。"[3] 按图索骥，我们在 7 月 11 日的画报中找到了这段内容，两篇报道都是我们研究竹棚剧场的新资料。从画的右上角，

---

[1]　Ernst Kossak, *Prof. Eduard Hildebrandt's Reise um die Erde*, Zweiter Band, Berlin: Verlag von Otto Janke, 1867, pp.46–52.

[2]　Albert Smith, *To China and Back: Being a Diary Kept, Out and Home*, London, 1859, p.21.

[3]　*The Illustrated London News*, London: Published for the Proprietors, by W. Little, 198, Strand, August 15, 1857.

可以看到倾斜的棚顶，7 月 11 日的报道中称"到达村庄后，一个用竹席和棕榈树叶做的大戏台很快就搭建起来"①，可见此竹棚为临时搭建，应属于形制简单的敞开式。

此画名为 *"Sing-Song Piejon" at Hong-Kong*。沈弘将"Sing-Song Piegon"译为"歌仔戏"，②无据。歌仔戏一般译为 Taiwanese opera 或 Hokkien opera。"Piejon"一词不见于《牛津词典》，实际是 Pidgin 的不同写法。Pidgin 一般译作"皮钦语"，即指不同语言群体间为了交流而简化语法的一种方式。"Chinese Pidgin English"目前学术上还没有定译，一般可将之称作上海开埠后所说的"洋泾浜英语"，而此前广州流行的"Canton English"可直译为广州英语。笔者翻检西文史料发现，Pidgin 还可写作 Pidjen③、Pigeon④ 等，可见这一词在当时还没有严格的固定写法。Pidgin 一词的词源也没有定论，一般认为就是从中式英语对 business（行业，生意）的蹩脚发音而来的。⑤ "Sing-Song Piejon"应是当时洋泾浜英语中对中国戏剧的普遍叫法，1859 年出版的史密斯的旅华日记，也以"Sing-song pigeon"表示唱戏，⑥ 并记载有中国人用洋泾浜英语称演员为"sing-song-pigeon-man"⑦。这里的 pigeon 即 business，可不译。因此，画名可译为《香港唱戏》。

《广州戏棚一景》现藏香港艺术馆，编号：AH1985.0016。布本油画，宽 44 厘米，高 28 厘米。与前几幅画的作者为西方画家不同，此画的作者为中国外销画家，姓名已佚。香港艺术馆称其年代为 19 世纪⑧，陈滢将此画

---

① *The Illustrated London News,* London: Published for the Proprietors, by W. Little, 198, Strand, July 11, 1857.

② 沈弘编译：《遗失在西方的中国史：〈伦敦新闻画报〉记录的晚清：1842—1873》上，北京：北京时代华文书局，2014 年，第 247 页。

③ 在 Ernst Kossak, *Prof. Eduard Hildebrandt's Reise um die Erde* (Berlin: Verlag von Otto Janke, 1867）一书第二册第 1、3 等章中，有"Pidjen English"一词，根据文意，即中式英语。

④ Albert Smith, *To China and Back: Being a Diary Kept, Out and Home*, London, 1859, p.10, 29, 33.

⑤ 关于 Pidgin 一词的形成与早期写法，参见周振鹤：《中国洋泾浜英语的形成》，《复旦学报》2013 年第 5 期。

⑥ Albert Smith, *To China and Back: Being a Diary Kept, Out and Home*, London, 1859, p.43, 53, 55.

⑦ Albert Smith, *To China and Back: Being a Diary Kept, Out and Home*, London, 1859, p.30.

⑧ 《历史绘画：香港艺术馆藏品选粹》，香港：香港艺术馆，1991 年，第 88 页。

归为19世纪中叶①。香港艺术馆和陈滢都称此画为《广州戏棚一景》。广州是清代外销画的主要产地，特别是从外销画兴起的初期至中期，即从18世纪末至19世纪40年代"五口通商"之前，广州一度成为中西贸易的唯一口岸，也是外销画最主要的产地。因此判断此画产自19世纪的广州，是可信的。

从《广州戏棚一景》中可见敞开式竹棚剧场的结构，包括舞台棚和两侧的子台，光绪十年（1884）刊张心泰《粤游小志》称："广州酬神演戏，两旁搭棚，谓之子台。"②舞台前为看池。这些建筑的主体也是用竹竿支撑，屋顶覆以棕榈叶编的席子。值得注意的是，舞台之棚顶向前伸出，覆盖到台前的观众区，应是和封闭式戏棚一样，为了适应岭南炎热多雨的气候而设，只有部分观众席是露天的。《粤游小志》中称子台"任人坐观"③，可知子台上设有座位。法国人博尔热（Auguste Borget，1808—1877）在其日记中记述了1839年5月2日澳门妈阁庙前临时搭建的敞开式竹棚演戏的情况，提到："那些未能在露天场地的凳子上找到位置的人，就爬到支撑着屋顶的竹竿上；然后，另外的人来了，请这些人爬得更高一些。"④可见台前的观众区也可能设有座位，与封闭式戏棚一样，还会有不少观众攀爬竹竿而上，正如《香港唱戏》一画所描绘的。此外，《伦敦新闻画报》描述香港竹棚剧场："在舞台两侧干净的框架上张贴着每出戏的名字。"⑤这一点在《广州戏棚一景》中戏台右前"檐柱"上也约略可见，应该是敞开式戏棚的常态。

无论是封闭式还是敞开式，剧场建筑外都另设有草棚。博尔热曾记载妈阁庙酬神演戏期间，广场上"临时出现了各种各样的商铺；每天早上有很多小船来为商铺补充货物，带来各种食品"⑥。在《澳门唱戏》一画中，戏棚外有许多矮小的草棚用作商铺，河中停着的小船便可能包括给他们送

---

① 陈滢：《陈滢美术文集》，广州：广东人民出版社，1995年，第42页。

② 陈建华主编：《广州大典》（总第231册），第三十四辑·史部地理类第二十二册，广州：广州出版社，2015年，第332页。

③ 陈建华主编：《广州大典》（总第231册），第三十四辑·史部地理类第二十二册，广州：广州出版社，2015年，第332页。

④ ［法］奥古斯特·博尔热：《奥古斯特·博尔热的广州散记》，钱林森、张群、刘阳译，上海：上海书店出版社，2010年，第80页。

⑤ *The Illustrated London News,* London: Published for the Proprietors, by W. Little, 198, Strand, July 11, 1857.

⑥ ［法］奥古斯特·博尔热：《奥古斯特·博尔热的广州散记》，钱林森、张群、刘阳译，上海：上海书店出版社，2010年，第79页。

货的。在《广州戏棚一景》中，剧场外同样有很多低矮草棚，正供应着各种饮食。据希尔德布兰特记述，在澳门戏院门前还有孩子们玩的西洋镜，令他愤怒的是，里面却是些少儿不宜的内容。[①] 这些提供饮食和娱乐的草棚，也是竹棚剧场的组成部分。

剧场怎样获得足够的光线呢？白天，敞开式剧场自可利用自然光，而封闭式剧场也有精心设计。1866 年 3 月 17 日的《伦敦新闻画报》不但刊载了希尔德布兰特的两幅澳门戏棚画，还有一段画报编撰者的说明："我们可以看到，舞台是被天空所照亮的，剧院的主体则保持在黑暗中，这对于白天的演出是一种极好的设计。"[②] 这种设计，在今日香港竹棚剧场中仍保留，即在棚顶设有"龙颈"，也叫"放光""呼吸颈"，用来通风和入光，[③] 还可使台风迅速从棚内通过，减少风力对竹棚的冲击。夜晚又是如何照明呢？史密斯称"舞台是被多盏油灯所点亮，就是他们清洗发动机所用的那种油"[④]，《凉棚内部》画中也描绘了用于居住的竹棚内是以油灯照明的。这一点，美国华人竹棚剧场的情况也可以佐证。1856 年 10 月，一个为数约 30 人的戏班到加州的圣安德烈亚斯演出，在当地搭起了临时戏棚。当地的报章称："舞台上铺了地毯，没有脚灯，但在舞台两翼却各设三盏大灯，灯盏是陶制的，用铁架吊起，燃点的是中国油，每半小时须添油一次，每次都把火焰搅动起来。"[⑤] 可知，此时的竹棚剧场用油灯照明，尚没有用上海租界开始使用的煤气灯，更不必说 19 世纪末开始流行的电灯。[⑥] 油灯易引起火灾，《伦敦新闻画报》在对画的说明中称，"消防车或喷水器是一个中国剧院的必备财产"[⑦]，可知竹棚剧场备有灭火设备。

---

① Ernst Kossak, *Prof. Eduard Hildebrandt's Reise um die Erde*, Zweiter Band, Berlin: Verlag von Otto Janke, 1867, p.63–65.

② *The Illustrated London News,* London: Published and Published by George C. Leighton, 198, March 17, 1866。

③ 蔡启光编撰：《香港戏棚文化》，香港：汇智出版有限公司，2019 年，第 16—17 页。

④ Albert Smith, *To China and Back: Being a Diary Kept, Out and Home*, London, 1859, p.21.

⑤ "Chinese Theatricals at San Andreas", *Daily Evening Bulletin,* October 7, 1870. 此材料初见于程美宝：《清末粤商所建戏园与戏院管窥》，《史学月刊》2008 年第 6 期。译文也用了此文所译，不敢掠美。

⑥ 关于近代戏曲舞台灯光运用的概况，参见贤骥清：《近代戏曲舞台灯光照明摭论》，《戏曲艺术》2016 年第 2 期。

⑦ *The Illustrated London News,* London: Published and Published by George C. Leighton, 198, March 17, 1866.

二、竹棚剧场的经营与功能

（一）搭建者

那么，这些竹棚剧场是由谁搭建的呢？有史料证明，至晚在 19 世纪二三十年代，广州已有专门负责搭建剧场的搭棚铺。大英博物馆藏有一套上下两册纸本线描外销画集，1877 年登记入册，由礼富师（Reeves）家族捐赠。来源为英国东印度公司于 1812—1831 年派驻广州的验茶师美士礼富师（John Reeves，1774—1856）。两画册编号分别为：1877,0714,0.401–501 和 1877,0714,0.503–603。册页宽 54 厘米，高 40.2 厘米；纸张宽 49.5 厘米，高 37 厘米；画心宽 47.8 厘米，高 34.5 厘米。全套共 201 幅，除了一幅《花地》非商铺外，共描绘了广州十三行附近街道上 200 间商铺，出售之物包括生活用品、家具杂货、文玩书店、金银钱庄、茶烟布料、肉铺酒馆等，而重复的行业甚少。[①] 画册 1877,0714,0.401–501 中第 36 幅《凤池牌匾铺》所绘，已制作完成的一个匾上写有"嘉庆廿五年四月十五立"，可知此画作于是年或稍晚。因此，这批画应完成于约嘉庆二十五年（1820）至礼富师离开广州的道光十一年（1831）之间。

画册 1877,0714,0.503–603 中的第 180 幅所绘为"搭棚铺"。画正下方书"一百八十　搭棚铺"；右下角以铅笔标有"180"；门口牌匾上书"李号"；门右招幌上书"李号承接各乡醮务戏台篷厂"；最右招幌上书"承接花草人物戏台主固不误"；门两侧有对联"芳草春回依旧绿，梅花时至自然香"。牌匾下的门框上为神位，所供为某菩萨。神位右侧书"金狮子"，左侧三字，第一字为"玉"，后两字难识，据常识可知为"麒麟"的异体字或讹写。门前灯笼上"清平"二字可识。

从画中可知，搭建戏棚、戏台可以聘请专门的商铺。商铺位于省城，而服务各乡。这些戏棚多是为打醮活动而建。戏台上还饰以花草、人物。

---

① 这些信息参考了刘凤霞《口岸文化——从广东的外销艺术探讨近代中西文化的相互观照》，香港中文大学博士学位论文，2012 年，第 127—134、286—303、359—408 页；大英博物馆网页（https://www.britishmuseum.org/research/collection_online/collection_object_details.aspx?objectId=270792&partId=1&searchText=1877,0714,0.401–501&page=1；https://www.britishmuseum.org/research/collection_online/collection_object_details.aspx?objectId=270791&partId=1&searchText=1877,0714,0.503–603&page=1）。

史料所载，戏曲演出因戏棚倒塌而造成事故的情况时有发生，特别是由于竹棚剧场的竹结构经常被观众攀爬而上，成为另一种席位，又需要抵御台风侵袭，因而对戏棚坚固性的要求很高，李号戏棚铺以"主固"为广告词，正缘于此。"不误"则反映了打醮酬神演戏在时间上的固定性，如期搭成戏棚十分重要。[①]清道光二十四年（1844）广州《重修三帝庙碑记》记载了重修三帝庙一事，在所支与演戏相关的款项中，除支付使用戏船、聘请戏班和定戏合同公项的费用外，另"支搭厂戏棚共银壹拾捌两陆钱正"，[②]也反映了搭戏棚商铺的普遍。

（二）竹棚剧场的祭祀功能

竹棚剧场上演祭祀性的神功戏，杨迪在其论文中已做了详细探讨。[③]上文所举外销画中所绘为打醮而搭戏棚的商铺，碑刻中为重修神庙而搭建戏棚演戏，也都是竹棚剧场具有祭祀功能的例证。我们在此只另举一例，对希尔德布兰特笔下澳门戏棚的祭祀功能加以认定。香港艺术馆将其所藏《澳门唱戏》一画命名为《澳门妈阁庙外的戏棚》[④]，认为希尔德布兰特描绘的戏棚位于妈祖阁前，澳门艺术博物馆也认为希尔德布兰特的两幅画描绘的是妈阁庙外的戏棚，[⑤]却都未说明原因。虽然希尔德布兰特本人的日记及《伦敦新闻画报》的说明中都没有相关信息，但笔者可为此判断提供几点证据。第一，《澳门宪报》刊载的1851年7月19日澳门政府政令称："嗣后凡有搭棚唱戏祭神等事，唯准在妈阁庙前及新渡头宽阔之地，余外不准在别处搭棚。"[⑥]两幅画虽创作于此令12年之后，但当时演戏场地仍可能受此政令影响。第二，博尔热记述的澳门妈阁庙前的竹棚演剧"总共持续15天"[⑦]。妈祖的神诞日为农历三月廿三，希尔德布兰特写生的1863年4月28

---

①　关于这套画中的全部戏曲史料，参见拙作《外销画中的十三行街道戏曲商铺考》，《中华戏曲》2019年第2期。

②　冼剑民、陈鸿钧编：《广州碑刻集》，广州：广东高等教育出版社，2006年，第486页。

③　杨迪：《戏棚、剧院、私伙局——19世纪末至20世纪初澳门粤剧活动的场所变化》，《戏曲研究》2016年第4期。

④　《历史绘画：香港艺术馆藏品选粹》，香港：香港艺术馆，1991年，第69页。

⑤　吕志鹏、孔金莲编：《红船清扬——细说粤剧文化之美》，澳门：澳门特别行政区政府文化局、澳门博物馆，2016年，第31、39页。

⑥　《澳门政府宪报》，1851年7月19日第35号，见于汤开建、吴志良主编：《〈澳门宪报〉中文资料辑录（1850–1911）》，澳门：澳门基金会，2002年，第4页。

⑦　［法］奥古斯特·博尔热：《奥古斯特·博尔热的广州散记》，钱林森、张群、刘阳译，上海：上海书店出版社，2010年，第79页。

日为农历三月十一，恰在妈阁庙演神功戏的时间段内。第三，澳门妈阁庙今存，位于澳门半岛南端妈阁街。它的历史久远，全殿建筑年代见诸文字者是万历三十三年（1605），而其弘仁殿相传建于明弘治元年（1488）。①从时间上，它完全可能被希尔德布兰特所看到。第四，酬神演剧时，戏台对着神庙，故画中未画之妈阁庙应与戏棚相对，面朝大海，与今日澳门妈阁庙方位一致。因此，我们可以判断希尔德布兰特笔下的澳门戏棚的确位于妈阁庙前，所演为祭祀性的酬神戏。

（三）竹棚剧场的商业功能

我们先看敞开式竹棚剧场的情况。《伦敦新闻画报》在对《香港唱戏》的解说中称，有中国人操着中式英语向外国人夸赞所演戏剧，招揽生意："Plenty Mandarins, and some niecy wifo; all same that Frenchy sing song, you Sare? Number one ally plopper"。②（洋泾浜英语，大意可能为：很多官员和一些漂亮的夫人；与法国戏一模一样，你知道吗？这是最棒的。）并可能用唱洋泾浜语来吸引英国观众，可见其商业营利的目的。从《广州戏棚一景》中可见，观众区被分为戏台两侧的子台与台前的看池，应有不同的收费标准。张心泰《粤游小志》称戏棚的子台："任人坐观，而取其钱。罔利之徒，先期出钱若干，赁受转售，以取赢余，谓之投子台。"③子台不但收费，还发展出称之为"投子台"的"黄牛"生意，正可见此类敞开式竹棚剧场商业营利的性质。

对于封闭式剧场，我们从希尔德布兰特的记述中可见其较成熟的商业运营模式。据希尔德布兰特的记载，剧场设有票房，戏棚内一层为站票，按照德国的货币，票价为一个银格罗森；而在二层包厢内的一等座，票价约十二个银格罗森。因为一、二等票价悬殊，故仆人可以随主人免票进入一等座，还可以以为剧场带来一等座观众为由，向剧场索要回扣。一等座的观众能够得到剧场提供的炉子和茶壶，还能"时不时在剧院前面的食品摊位上弄来各种食物饮料"。剧场有服务人员和安全警察，当然，他们的工作并不严格，"所谓管理，无疑就是把所有这一切都塞进这爆满的房子

---

① 黎小江、莫世祥主编：《澳门大辞典》，广州：广州出版社，1999年，第33页。

② *The Illustrated London News,* London: Published for the Proprietors, by W. Little, 198, Strand, July 11, 1857.

③ 陈建华主编：《广州大典》（总第231册），第三十四辑·史部地理类第二十二册，广州：广州出版社，2015年，第332页。

里"，并且默许从戏棚顶爬入、坐在戏棚竹架上逃票的观众看戏。①《伦敦新闻画报》的说明中称：

> 剧场是整天营业的，一个两小时的单次演出刚一结束，另一场演出就马上开始了！正因如此，有时会引起一点麻烦：澳门人对于戏剧和歌唱是如此地痴迷，以至于在其购买的场次演出结束后仍不愿离开。②

可知剧场每天的演出是按场次卖票的，单次演出的时长为两小时，显示了其较成熟的商业经营模式。

（四）兼具祭祀与商业功能

以上我们分述了竹棚剧场的祭祀和商业功能，还要特别举出一个兼具两种功能的例子，便是希尔德布兰特所绘的澳门竹棚剧场。前文我们已详细认定了其祭祀功能，希尔德布兰特在日记中又称此剧场"一等戏票要收取十二银格罗森"，③又可见其商业营利功能。酬神演戏既为敬神也为娱人，对观众而言，看戏是一种娱乐消遣，而所出的看戏钱，也代表了对神的敬意，实现了宗教目的。因此，以商业模式经营酬神戏是可能的。

以往研究者往往将祭祀性的神庙剧场与营利性的商业剧场分作截然不同的两种类型。事实上，历史现象往往并不是简单的非此即彼，在中国戏剧史上，除了存在具有祭祀功能和商业功能两类泾渭分明的剧场外，还应当大量存在兼具两种功能或者说介于两种功能之间的剧场。廖奔的《中国古代剧场史》是较少注意到此的论著之一，书中相关论述如下：

> 明代开始有了权豪势要利用寺庙举行商业性戏曲演出以获利的记载。前引明代周晖《金陵琐事剩录》引明代沈越《新亭闻见记》说，明正德十一年（1516）以后，南京内臣曾以修寺为名，

---

① Ernst Kossak, *Prof. Eduard Hildebrandt's Reise um die Erde*, Zweiter Band, Berlin: Verlag von Otto Janke, 1867, pp.46–52.

② *The Illustrated London News,* London: Published and Published by George C. Leighton, 198, March 17, 1866.

③ Ernst Kossak, *Prof. Eduard Hildebrandt's Reise um die Erde*, Zweiter Band, Berlin: Verlag von Otto Janke, 1867, pp.63–65.

在各寺中搭戏台扮戏，观者每人收看钱四文，这当然是宦官的不法行为。前引清代海外散人《榕城纪闻》也说，明末靖南王耿继茂在福州"带戏子十余班，终日在南门石塔寺演唱，榜称'靖藩'。看者每人索银三分"。当时清人尚未打到福建，所以耿还在歌舞升平。三分银子看场庙戏，既无坐处，也无茶酒，比正德南京的庙戏价钱又高得多，或许王府戏班技艺精、身价高，所以仍能卖得出票。民间神庙演戏也有这种临时付款进场的办法，例如《梼杌闲评》第十三回的描写："邱先生道：'……今日闻得城隍庙有戏，何不同兄去看看。'……二人来到庙前，进忠买了两根筹进去，只听得锣鼓喧天，人烟辏集，唱的是《蕉帕记》，倒也热闹。"就是在进庙时掏钱买"筹"，其具体价码虽然不知，但付款形式则是很清楚的。①

其中引用材料三则，虽不算多，但足以说明兼具祭祀与商业功能的剧场在历史上绝非个例。如果说这三则材料的记载还较简略，所描述的现象还带有偶一为之的嫌疑，那么清代岭南竹棚剧场则保留了丰富的资料，让我们能够详细看到其作为神庙剧场的同时具有较成熟的商业运营模式。这种兼具祭祀与商业功能的剧场类型，即是对以往分类的一种补正，也是说明祭祀戏剧对商业戏剧的孕育作用、补充中国古代剧场由祭祀性向商业性转变中间环节的极好例子。

结　语

至此，我们考释了希尔德布兰特所绘《澳门唱戏》《澳门剧场》两画，《伦敦新闻画报》刊《香港唱戏》，外销画《广州戏棚一景》《李号搭棚铺》等画作的基本信息，使这些历史图像便于戏曲史研究者利用，还可供美术史研究参考。例如：将希尔德布兰特两画的创作时间精确到 1863 年 4 月

---

① 廖奔：《中国古代剧场史》，北京：人民文学出版社，2012 年，第 220–221 页。田仲一成也注意到《新亭闻见记》这条材料，指出其所记载演剧类似于职业戏剧，又留有祭祀戏剧的要素。可惜田仲先生引用此材料意在论证当时职业戏剧尚没有形成，没有在兼具祭祀与商业双重功能的演剧上多花笔墨。见［日］田仲一成：《中国戏剧史》，布和译，北京：北京大学出版社，2011 年，第 378—379 页。

28 日；判断《澳门剧场》一画，应是画家为了展现戏棚内部的全貌，在创作时有意调整了视线；指出画名中的"Sing-Song Piejon"是当时的洋泾浜英语对中国戏曲的常用叫法；判断《李号搭棚铺》的创作时间为约 1820 至 1831 年。进而，我们主要以这些图像为据，结合其他中西文献、图像史料，对 19 世纪岭南竹棚剧场，主要包括广州、澳门和香港，也涉及新加坡和美国华人竹棚剧场的情况做了探讨，从选址、构造、形制、设施、经营管理等方面再现了岭南竹棚剧场在 19 世纪的面貌；考述了其搭建者、祭祀功能与商业功能，指出岭南竹棚剧场所代表的兼具祭祀与商业双重功能的剧场类型，在戏剧史研究上具有重要意义。

发端于 15 世纪末的"全球化"浪潮，至 18、19 世纪愈发强劲，中西方文化交流的程度远胜于前。研究这一时期的历史，贯通使用中西史料尤为必要。清代中国外销画和中国题材西洋画是中西文化交流的产物，对其进行研究，既可弥补现有资料在某些方面的欠缺，也拓展了戏曲文物学的研究范围，将戏曲文物研究的视野从国内扩大到海外。笔者曾撰文介绍清代外销画与西洋画的戏曲史料价值，[①] 本文则将之运用到具体研究中。篇幅所限，关于岭南竹棚剧场戏剧演出的情况，笔者将另撰文探讨。所论不当处，祈请赐正。

---

① 拙作《清戏画研究之回顾、展望与新材料》，《戏曲研究》2017 年第 4 期。

新文科背景下应用型本科院校人文通识课程的创新思考

广东科技学院　薛展鸿

自 2019 年 4 月国家教育部等 13 个部门联合启动"六卓越一拔尖"2.0 工程，并明确提出全面推进新工科、新医科、新农科、新文科建设起，"新文科"就成了高等教育界的热词，有学者甚至将新文科称为"一场文科的革命"[①]。2019 年 8 月举行的全国教育事业发展基本情况年度发布会更是指出，推进"四新"学科建设的总目标在于整合学科资源、优化学科结构，进而推动形成一批中国特色的世界一流学科与一流大学，2019 年也因此被称为新文科建设启动年。由于新文科建设正处于方兴未艾的阶段，故学术界的热切讨论多集中于新文科的本质研究上。本文立足于应用型本科院校的教学实际，在学界已有成果的基础上进一步探究以下问题：新文科的内涵是什么？新文科之"新"体现在何处？对建设应用型本科院校人文通识课程具有哪些指导意义？应用型本科院校人文通识课程又应该如何改革？笔者试图对以上问题进行初步思考与回答，并希望以此抛砖引玉，就教于各位方家。

一、何谓"新文科"

从现有研究成果来看，尽管目前新文科尚无确切定义，但学界对新文

[①]　王铭玉：《新文科——一场文科教育的革命》，《上海交通大学学报（哲学社会科学版）》2020 年第 1 期，第 19—22 页。

科的内涵基本形成了一个共识，即新文科之"新"是对传统文科教育的深化与创新。教育部高教司司长吴岩就曾指出，新文科建设要"深化专业改革，结合社会发展新需求、学科交叉融合新趋势、科学研究新成果，加强传统文科专业的内涵建设，建设新兴的文科专业"[①]。一般而言，文科概念存在狭义与广义两种理解方式。狭义的文科指文学、历史学、哲学等人文学科，广义的文科则与理科相对，代指的是人文社会科学（或称哲学社会科学），即人文科学与社会科学的统称，其中人文科学主要研究人的观念、精神、情感和价值，社会科学主要研究各种社会现象及其发展规律。[②]因此，我们应从多维度、多方面来解读文科，因为文科这一概念本身就具有较丰富的理论内涵。

那么，新文科的内涵是什么？2016年中国正式加入国际工程联盟（IEA）《华盛顿协议》组织，我国高等教育进入了新的发展阶段，在此背景下，教育部门率先提出了建设新工科的设想。2017年，教育部先后出台"复旦共识"、"天大行动"与"北京指南"等纲领性文件，继续推进新工科建设的进一步发展。新文科建设正是新工科建设的补充与深化，两者与新医科、新农科一起，构成了国家高等教育发展战略的核心部分，"标志着中国高等教育改革发展走向成型成熟，标志着中国高等教育从跟随跟跑转到并跑领跑"。[③]而美国希拉姆学院同样提出了新文科的教育建设策略，并于同年将培养方案进行修订，把原有的29个专业进行重组，如把新技术融进哲学、文学、语言学等传统文科之中，为学生提供综合性的跨学科学习。从中我们能发现，新文科建设不仅是中国高等教育界的内部改革，更是一场世界性的教育改革运动。

因此，新文科是传统文科教育的外在需求与内在发展共同合力的必然趋势。全球范围的新文科改革可以视作传统人文学科试图走出"人文精神危机"的重大举措，面对新世纪科技迅猛发展与市场经济席卷全球的冲击，国内外有识之士均对传统人文学科式微的现象忧心忡忡，中国知识界甚至发起了一场"人文精神大讨论"。周宪称之为人文学科的"全球性危机"，

---

① 吴岩：《新使命 大格局 新文科 大外语》，《外语教育研究前沿》2019年第2期，第3—7页。

② 李凤亮：《新文科：定义·定位·定向》，《探索与争鸣》2020年第1期，第5—7页。

③ 中华人民共和国教育部：《介绍"六卓越一拔尖"计划2.0有关情况》，教育部政府门户网站，2019年4月29日，http://www.moe.gov.cn/fbh/live/2019/50601/twwd/201904/t20190429_380086.html，访问日期：2021年1月1日。

认为"人文学科今天所遭遇的危机，既有外在的原因，比如科技主导的大趋势以及目的（工具）理性的广泛渗透；也有人文学科自身的原因，那就是它沉湎于过去而未能对现代性作出敏锐的响应"。① 在现代教育体制下，人文学科普遍受制于知识"产品化"的现象，因此，新文科的提出是应对"人文精神危机"的自我价值体现。同时，新文科建设也是中国高等教育界对"百年未有之大变局"的时代要求的积极回应。习近平总书记曾在多次讲话中强调，当前中国正处于近代以来最好的发展时期，世界局势亦处于"百年未有之大变局"之中。② 在如何把握历史机遇，应对全新挑战的问题上，高等教育显然需要发挥其重要作用。在信息技术迅猛发展、文化文明多元并存的时代，培养高素质的创新人才成为了教育的重中之重，这就要求高等教育在教育思想、教学方式与人才培养等环节必须及时革新。简言之，新文科建设是一场世界性质、中国特色的高等教育改革攻坚战。

在探明新文科的必要性后，新文科的"新"也就不言而喻了——新文科的"新"在于"变"。面对当今世界快速发展的时代特点，高等教育也要随之进行改变，而当今世界竞争从本质而言就是人才的竞争，这也意味着，谁能够成功改革教育形态，谁就能在世界性的人才竞争中处于不败之地。吴岩司长曾精辟地指出：从世界来看，新科技革命和产业变革呼唤新文科建设；从中国来看，新时代呼唤新文科建设；从教育来看，新方针呼唤新文科建设；从方位来看，世界舞台全球格局呼唤新文科建设。高等教育要有"三变"的意识，即识变、应变与求变。③ 首先，识变即把握高等教育的发展大势。今天，中国高等教育整体排名居亚洲第一、世界第八，属于世界前列的教育大国。在世界各国纷纷加强本科教育的措施下，中国高等教育也在积极行动，如 2019 年 2 月中共中央办公厅、国务院办公厅在《加快推进教育现代化实施方案》中就明确提出要推进高等教育内涵发展，包括建设一流本科教育、深入实施"六卓越一拔尖"计划 2.0、实施一流专业建设"双万计划"等。其次，应变即为加快推进新文科建设。文科教育关系到一个人的人格修养、审美情操、社会责任感等，关系到社会主义接

---

① 周宪：《再发明与在行动——化解人文学科世界性危机的路径》，《南国学术》2015 年第 2 期，第 3—7 页。

② 习近平：《坚持以新时代中国特色社会主义外交思想为指导　努力开创中国特色大国外交新局面》，《人民日报》2018 年 6 月 24 日第 1 版。

③ 吴岩：《新使命 大格局 新文科 大外语》，《外语教育研究前沿》2019 年第 2 期，第 3—7 页。

班人的人生观、世界观、价值观的养成，是"四新"其余学科发展的"指路明灯"。再次，要主动求变。新文科建设要主动服务国家战略发展，用具体举措加以贯彻落实，并积极应对新科技革命带来的挑战。

值得注意的是，新文科的"变"仍需立足于文科的教育逻辑，即人文精神的教育上。纵观中西教育史的发展历程，我们能发现，不管是西方提倡的"七艺"，还是儒家推崇的"六艺"，其出发点都在于"修身树人"，都是将人文精神的塑造作为教育的核心目标与追求。陶东风就提醒我们：谈论新文科不应过分倚重于对技术的强调，不能将新文科过度工具化、技术化与应用化；相反地，新文科应该是人文精神的回归，其"更根本的使命在于回应新历史条件下'人'的观念的变化，因为人文学科是关于'人'的学问"[1]。我们在讨论新文科的内涵所指时，不能割裂其与传统文科之间的传承关系。王铭玉、张涛对新文科的定义就较有代表性："新文科是相对于传统文科而言的，是以全球新科技革命、新经济发展、中国特色社会主义进入新时代为背景，突破传统文科的思维模式，以继承与创新、交叉与融合、协同与共享为主要途径，促进多学科交叉与深度融合，推动传统文科的更新升级，从以学科为导向转向以需求为导向，从专业分割转向交叉融合，从适应服务转向支撑引领。"[2] 在这种"变"与"不变"之间，我们能发现，新文科既是对当前时代高等教育建设的探索，又是对传统人文精神的回归。

二、"新文科"理念的指导意义

人文通识课程是新文科建设中的重要组成部分，在应用型本科院校的人文通识课程建设中，新文科理念同样具有十分重要的指导意义。由于应用型本科院校的办学定位重在"应用"二字，即以实践教学为主，注重强化学生的动手能力、实践能力与创新能力，使得部分应用型本科院校在办学过程中呈现重"专业技能"而轻"人文通识"教育的趋势。相关人文通识课程得不到足够的重视，处于边缘化的尴尬地位，一些课程甚至因为观念陈旧、内容老套而成了学生混学分、混日子的"水课"。在当前强调打

---

① 陶东风：《新文科新在何处》，《探索与争鸣》2020年第1期，第8—10页。

② 王铭玉、张涛：《高校"新文科"建设：概念与行动》，《中国社会科学报》2019年3月21日。

造"金课"、淘汰"水课"的高等教育环境中，应用型本科院校的人文通识课程必须在新文科理念的指导下全面突围，在教学过程中强化育人功能，针对应用型本科院校的办学特色与办学地位，找准自身在应用型技术人才培养中的角色定位。具体而言，新文科理念对应用型本科院校的人文通识课程建设具有以下指导意义。

（一）新的教学目标

在应用型本科院校中，学生的专业课程多强调知识讲授的专门化与应用性，注重培养学生的实践能力与创新能力；而人文通识课程则着重于传统知识的传承与积累，更为强调培养学生的反思能力与人文关怀情感。倘若将理工类专业课程的教学目标照搬到人文通识课程中，片面强调其功利性作用，可能会使人文通识课程沦为训练学生的"工具"，这显然与我国新时代提出的教育要求背道而驰。事实上，"培养什么样的人"一直是高等教育的首要问题，习近平总书记也曾明确指出："我们的教育必须把培养社会主义建设者和接班人作为根本任务，培养一代又一代拥护中国共产党领导和我国社会主义制度、立志为中国特色社会主义奋斗终身的有用人才。这是教育工作的根本任务，也是教育现代化的方向目标。"[①] 因此，人文通识课程应以自身学科特色为出发点，培养新文科式的教学思维。应用型本科院校的人文通识课程固然需要培养学生的知识实际应用能力，但其教学思维应更侧重于强化通识功能，夯实学生的人文基础，引导学生树立"求真求善求美"的学习观念，形成正确的人生观、价值观与世界观，并以此增强学生综合素质的家国情怀与人文底色。

（二）新的教学思维

传统文科的教学思维主要以灌输知识为导向，缺乏与社会现实间的互动与联系，这也是造成目前人文学科日渐式微的重要原因。新文科的教学目标势必带来教学思维的变革。如前所述，在培养学生综合人文素养的过程中，必然需要提倡以问题为导向的全新教学思维。而中国的知识分子历来有"修齐治平"的责任意识，中国人文精神中也素有"经世致用"的传统。在复杂的世界多元格局下，中国的新文科建设应积极回应时代问题，以明确的问题意识体现时代担当。有学者曾经以耶鲁大学和清华大学的办

---

① 习近平：《坚持中国特色社会主义教育发展道路　培养德智体美劳全面发展的社会主义建设者和接班人》，《人民日报》2018年9月11日第1版。

学策略为例，强调了问题意识对新文科建设的重要性，同时指出："新文科的基本特征是问题导向，为了解决问题而进行多学科、跨学科的密切合作以及对未来进行创造性构想……新文科势必会呈现出那种所谓卓越集群（Excellent Cluster）的形态，来自不同学院和学科的研究者为攻克重大问题而在一个多元框架下聚集、组合在一起，进行打破既有樊篱的尝试和协作。"① 人文通识课程在教学过程中必须积极探索以问题为导向的思路转变，在知识讲授中以"发现问题、分析问题、解决问题"的意识为主，从而实现知识话语与社会现实的联结，为培养应用型本科的复合型专业人才贡献力量。

（三）新的教学内容

毋庸讳言，我国目前的高等教育及学科知识体系是 20 世纪伴随着现代化过程引进的产物，人文学科在面对中国社会呈现出的独特面貌逐渐呈现"阐释失效"的局面。因此，新文科建设面临的关键在于如何反映我国改革开放以来翻天覆地的社会变化，在于如何培养并产生中国特色的知识话语。这就要求我们在新文科的内容建设中必须充分开展以中国经验为主的观察与分析，必须及时更新与社会发展状况相符的教学内容。正如有学者指出，当前新文科的教学内容应该从"守城式"转为"攻城式"，即根据时代变化与社会需求进行合理的改变，把拓展的方式应用到人文学科的知识管理中，把新知识的探索加载到已有的知识体系之中。② 在应用型本科院校中，人文通识课程应该充分利用本校自然科学的平台与资源，大胆实现学科知识的跨界与整合，比如将目前发展迅猛的人工智能、云计算与大数据等新兴学科内容融入伦理知识与人格、主体的讨论之中，既能培养学生对高新技术领域的批判性思维，填补专业知识学科所缺乏的人文关怀情感，又能以此推动人文通识课程的内容革新，进而实现新文科的范式创新与边界拓展。

总而言之，立足于应用型本科院校的人文通识课程属于新文科的重要组成部分，同时又有着自身的鲜明特色。我们既要充分发挥新文科理念对其的指导价值，也要考虑到应用型本科院校的办学定位与办学特色。在当前的新文科建设背景下，应用型本科院校的人文通识教育同样要打开新的

① 季卫东：《新文科的学术范式与集群化》，《上海交通大学学报（哲学社会科学版）》2020年第 1 期，第 11—14 页。

② 吴岩：《"守城"到"攻城"：新文科建设的时代转向》，《探索与争鸣》2020 年第 1 期，第 26—28 页。

发展局面，在新文科理念的指导下努力培养具有国际视野、中国特色的卓越人才，满足社会对高素质应用型技术人才的需要，并将新的教学思维、新的教学内容、新的方法与新的教学主体融入人才教育培养计划的建设中。

三、新型人文通识课程的建设路径

从目前的教育环境来看，大多数应用型本科院校都在保留强势学科的基础上，以大刀阔斧的姿态对传统学科进行了整合，出现了大量的交叉学科、综合大学科，这些学科已经不能再以传统的"文理科"眼光加以区分。可以说，新文科理念的提出给高校的文科教育界带来了一场"理论风暴"。我们应该认识到，新文科是学科建设过程中的客观规律的自然演进，绝不是一个停留在理论层面的概念，它更需要高校在教学改革中摸索适应自身发展的具体途径。有学者就提醒我们，必须在充分把握新文科的理论内涵的基础上开展学科建设，既不能简单地把"新文科"理解为"新＋文科"，也不能把"文科"简单地理解为"人文学科"，更不能把中国的新文科建设与西方的新文科改革简单画等号。新文科建设要符合教育规律，不能走运动式的发展轨迹，尤其要注意不同类型的高校不能搞一刀切，应各有侧重、分类实施。[①]因此，在新文科的视野中讨论应用型本科院校的人文通识课程建设路径，笔者认为不妨从教师团体、教材内容与教学模式等方面寻找突破口与制高点。

（一）建设新型的一流教学团队

教师是教育活动的实践主体，在教学过程中起着关键性的引导作用，毫不夸张地说，教师综合素质的高低甚至能够直接决定一门课程的教学质量。人文通识课程的教学内容往往是文学、历史学、哲学等不同学科的综合，对教师自身的文化素养及审美素养有着较高要求，教师必须在广泛涉猎人文传统学科知识的基础上，对人文通识课程的知识点删繁就简，进行深入浅出的讲解，并善于对学生进行启发式的点拨，如此才能引起学生的学习兴趣。反之，如果教师缺乏必要的专业素养，在课堂中会大大影响与学生的交流互动质量。因此，建设新型人文通识课程的前提在于建设一

---

① 季卫东：《新文科的学术范式与集群化》，《上海交通大学学报（哲学社会科学版）》2020年第 1 期，第 11—14 页。

支新型的一流教师团体。这里的"新型"并不局限于强调人文通识课程的授课教师对新技术、新手段的掌握，而是更多地在于强调其知识体系之"新"。教师需要树立终身学习的理念，在提升自身专业知识的同时，还应该积极了解其他学科的相关理念，尝试将应用型本科的知识元素融入人文通识课程的学科体系之中，使自身形成完备的具有新文科特色的理论知识体系。其次，应用型本科院校还应该充分发挥自身优势，打造出跨学科的一流教学团队。在传统的人文通识课程中，教师的专业背景比较单一。有条件的学校可以改变传统的授课模式，即从"一门课程一位老师"尝试转向"一门课程多位老师"的方式，邀请掌握新技术，甚至是理工科知识背景的教师加入到授课团队之中，使教学过程取得更好的"学以致用"的效果，从而充分落实跨学科知识的交流与协作。

（二）建设以学为中心的教学模式

新文科的教学模式"不是把文科学生培养成理工科人才，也不是把理工科人才培养成文科人才，而是把现代技术手段融入文科学科体系构建及教学研究中"。[①] 当然，仅仅有新技术、新手段是不够的，在建设新型教师团体的同时，应用型本科院校也必须对人文通识课程的教学模式加以革新，即转向"以学为中心"的教学模式。所谓以学为中心有两层含义：一是以学习为中心，将以往强调"教"的知识灌输形式转向强调学生"学"的知识获取形式；二是以学生为中心，真正将学习主体的中心由教师转移到学生上。可以发现，两层含义是相辅相成、缺一不可的。在人文通识课程中，教师应在课程设计的环节中做好准备工作，有意识地引导学生提高学习的积极性，并以课前提问的形式，让学生始终带着"解决问题"的思维进行学习，并在课后能够对教师提出的问题加以解答，这样既提高了课堂教学的气氛，又能培养学生的实际运用知识的能力。其次，教师在教学环节里可以从学生的立场出发，将讲授的知识点与大家较为关注的热点事件进行有机结合，鼓励学生使用人文思维对其加以观照，并尝试就背后的本质进行自己的阐述，让学生在层层递进、化繁就简的过程中掌握批判性的思考方式，从而使学生在日后的学习生活中能够灵活运用这种人文思维来解决实际问题，真正地提高其综合素质。最后，教师还可以尝试让学生在课堂

---

① 安丰存、王铭玉：《新文科建设的本质、地位及体系》，《学术交流》2019年第11期，第5—14页。

中组成学习小组，共同协作完成课后布置的教学任务。教师在任务的实践过程中应给予必要的指导，引领学生运用所学知识完成任务，并在完成后以多种活动方式进行汇报及反思，这也是提高同学们协作能力与表达能力的有效途径。

（三）建设呼应时代特色的教材内容

教材建设是人文通识课程建设的重要环节，事实上，应用型本科院校的人文通识课程教材更应该契合自身的办学特色与生源特点，强化课程的实用性与针对性，同时积极响应新文科理念的要求，建设呼应时代特色的教材内容，进而不断丰富自身的形式与内容。具体言之，应用型本科院校的人文通识课程教材应成为有效联结"过去与未来"的桥梁，在突出文化传承的同时，也要指引时代的新道路。习近平总书记曾指出："当代中国正经历着我国历史上最为广泛而深刻的社会变革，也正在进行着人类历史上最为宏大而独特的实践创新。这种前无古人的伟大实践，必将给理论创造、学术繁荣提供强大动力和广阔空间。这是一个需要理论而且一定能够产生理论的时代，这是一个需要思想而且一定能够产生思想的时代。"[①] 对此，应用型本科院校的人文通识课程教材也应该在构建"中国话语"的努力中贡献自己的力量。一方面，人文通识课程的教材内容必须以传承和弘扬中华优秀传统文化为基础，通过对中国语言文字、文学艺术与文化等多方面内容的介绍，做到层层递进、以点带面，让学生领会到中国传统文化的厚重与博大精深，从根源上加强学生对中国传统文化的理解与认同。另一方面，人文通识课程作为应用型本科院校的公共基础课，在教材编排上还应该考虑到学生的专业背景等影响因素，适当增添反映经济社会发展新变化、科学技术进步新成果的教学内容，使学生在学习过程中能够了解当前时代与科技的发展趋势，做到与时俱进，不断激发其创新意识。

结　语

"当一个国家的高等教育发展到高级阶段的时候，一定是人文社会科学教育繁荣的时期……。没有哲学社会科学、没有文科教育的繁荣，高等教育就是低层次的、初级阶段的教育。如何振兴文科，推动文科教育进入新

---

① 习近平:《在哲学社会科学工作座谈会上的讲话》,《人民日报》2016年5月19日第2版。

时代的发展阶段，这是当下高等教育面临的重要问题。"[①] 新文科是我国高等教育在新形势下提出的人文社会科学的全新发展道路，而人文通识课程是建设新文科的重要组成部分。在应用型本科院校建设新文科理念下构建的人文通识课程，可以借助自身的教学资源与学科平台，实现传统人文通识课程的转型和发展，在科学研究与文化传承中取得平衡，从而为区域经济和社会发展输送全方位均衡的复合型人才。

①　吴岩：《加强新文科建设 培养新时代新闻传播人才》，《中国编辑》2019年第2期，第4—8页。

湾区人文与文化引领

湾区人文图景中的"特区精神"

深圳大学　吴俊忠

　　粤港澳大湾区由珠三角 9 个城市和香港、澳门 2 个特别行政区组成，形成了"9+2"的区域组合模式。大湾区在地理概念上是广义的岭南，有广府文化、潮汕文化、客家文化、特区文化等多种文化形态，构成了特色鲜明的湾区人文图景。而在这色彩斑斓的人文图景中，被习近平总书记纳入中国共产党人精神谱系的"特区精神"，无疑是一道光彩耀目的亮色，更是湾区人文精神的重要内涵。

　　习近平总书记在庆祝改革开放 40 周年大会上的讲话中指出："改革开放铸就的伟大改革开放精神，极大丰富了民族精神内涵，成为当代中国人民最鲜明的精神标识！""特区精神"是改革开放精神的重要内涵和突出表现，把特区精神置于大湾区人文图景中加以论述，既是对改革开放精神的大力弘扬，也是对湾区人文精神的形象解读。

一、"特区精神"的概念提出与历史沿革

　　"特区精神"是在我国改革开放进程中自然形成的精神文化形态，也是经济特区改革创新精神的形象表述，体现出奋发图强、勇猛精进之势能和注重实干、不尚空谈之品格，具有清晰的"身份标识"和树立形象、凝聚人心、引领发展之功能。

　　"特区精神"概念最早由深圳经济特区于 1987 年提出，并将其概括为"开拓、创新、献身"。1990 年，中共深圳市委常委会决定将"特区精神"的内涵加以扩充完善，增加了"团结"二字，把"献身"改为"奉献"，同时把"特区精神"更名为"深圳精神"，以增强深圳人的使命感和责任

感。至此，"深圳精神"（或称有深圳特色的"特区精神"）完整地概括为"开拓、创新、团结、奉献"八个大字。进入 21 世纪，中共深圳市委与时俱进，组织全市人民开展深圳精神大讨论，集思广益，凝铸共识。中共深圳市委三届六次全会对"深圳精神"（"特区精神"）进行新的概括，形成了新的表述："开拓创新、诚信守法、务实高效、团结奉献"。

2018 年 4 月 13 日，习近平总书记在庆祝海南建省办经济特区 30 周年大会上的讲话中，对"特区精神"的内涵进行了新的概括。他指出，经济特区要勇于扛起历史责任，"发扬敢闯敢试、敢为人先、埋头苦干的特区精神，始终站在改革开放最前沿"。这表明，"特区精神"不管由何地提出，其实质是深圳、珠海、汕头、厦门、海南五大经济特区改革创新精神的整体概述。所有特区都要在新时代深化改革扩大开放的历史进程中，继续发扬已经形成的"特区精神"，"先行先试，大胆探索，为全国提供更多可复制可推广的经验"。

2019 年 8 月 9 日颁布的《中共中央 国务院关于支持深圳建设中国特色社会主义先行示范区的意见》（以下简称《意见》），遵照习近平总书记对"特区精神"的新概括，要求深圳"进一步弘扬开放多元、兼容并蓄的城市文化和敢闯敢试、敢为人先、埋头苦干的特区精神"。《意见》阐明了"特区精神"在深圳建设中国特色社会主义先行示范区过程中的作用和内涵，赋予"特区精神"在新时代的新功能。

2020 年 10 月 14 日，习近平总书记在深圳经济特区建立 40 周年庆祝大会上的讲话中进一步指出："要弘扬以爱国主义为核心的民族精神和以改革创新为核心的时代精神，继续发扬敢闯敢试、敢为人先、埋头苦干的特区精神，激励干部群众勇当新时代的'拓荒牛'。"总书记的这段话，把特区精神和民族精神、时代精神并列，使"特区精神"升华为深圳特区建设先行示范区的精神动力和所有特区奋进新时代的精神资源，目的是要求广大干部群众在新时代大力弘扬和继续发扬这些精神。

2021 年 2 月 20 日，习近平总书记在党史学习教育动员大会上的讲话中又进一步指出："在一百年的非凡奋斗历程中……形成了井冈山精神、长征精神、遵义会议精神、延安精神、西柏坡精神、红岩精神、抗美援朝精神、'两弹一星'精神、特区精神、抗洪精神、抗震救灾精神、抗疫精神等伟大精神，构筑起了中国共产党人的精神谱系。"至此，特区精神成为中国共产党人精神谱系的重要组成部分。

2020 年 10 月 9 日，中共深圳市委六届十五次全会期间正式发布了重新提炼概括的"新时代深圳精神"："敢闯敢试、开放包容、务实尚法、追求卓越"。这 16 个字的"新时代深圳精神"，进一步彰显了"特区精神"的深圳特色，反映出深圳作为先行示范区的精神风貌，既与中央有关精神保持高度一致，又体现出深圳鲜明的城市特色。这可以视为"特区精神"在深圳的又一次升华。

二、特区精神的丰富内涵与文化功能

深圳特区的先行先试和先行示范是"特区精神"内涵与功能的生动阐释和形象例证。

敢闯敢试是"特区精神"的首要内涵，也是改革开放赋予特区的"先天"品格，是特区履行使命的精神动力。"深圳的重要经验就是敢闯。"敢闯的前提是思想解放，冲破旧观念旧体制的束缚，先行先试，敢为天下先。深圳的改革举措数以百计，国内率先，国际闻名。有的改革促成了国家宪法的修改，有的改革促进了文化市场的形成，有的改革填补了国家法治体系的空缺，有的改革推进和完善了社会主义民主进程……所有这一系列改革，都是在"特区精神"的激励下，以大无畏的政治勇气和强烈的使命担当，一步一步闯出来、试出来的。

敢为人先是"特区精神"的突出体现，既有"闯"的精神，又有"创"的劲头。在深圳，无论是提出"时间就是金钱，效率就是生命"的新观念，还是敲响土地使用权拍卖第一锤，或者是破天荒地举行文稿拍卖，都体现出"敢为人先""敢于第一个吃螃蟹"的英勇气概和"破冰"精神。不仅促进了全国的思想解放，而且推进了社会主义市场经济的形成与发展。

埋头苦干是"特区精神"的实践品格。无论是"深圳奇迹"，还是"深圳速度""深圳模式"，都是广大深圳建设者一步一个脚印干出来的。不埋头苦干，深圳就不可能成为全国高新技术产业发展的一面旗帜；不埋头苦干，深圳就不可能创造出世界工业化、现代化、城市化史上的罕见奇迹；不埋头苦干，深圳更不可能成为中国特色社会主义先行示范区。深圳市委大院门前的孺子牛雕塑所展现的拓荒牛精神，正是特区人埋头苦干的形象写照。

三、"特区精神"在深圳"三区叠加"进程中的文化引领与精神驱动

中国特色社会主义进入新时代，改革开放开始新征程。深圳再一次被赋予先行示范、破冰探路、建设中国特色社会主义先行示范区的重任，成为粤港澳大湾区的核心引擎。经济特区与先行示范区、粤港澳大湾区"三区叠加"，具有明确的战略定位和发展目标，目的是把深圳"建成具有全球影响力的创新创业创意之都"，和"竞争力、创新力、影响力卓著的全球标杆城市"，成为我国建设社会主义现代化强国的城市范例，为全国提供可复制可推广的成功经验，"以一城服务全局"，"以一城影响全国"。深圳要履行这样的历史使命，没有经验可循，没有模式可依，必须按照中央的顶层设计，主动承接试点，敢于破冰探索，努力把蓝图变为现实。在这样的历史背景下，"特区精神"是湾区人文特质的重要体现，也是达到先行示范战略定位和发展目标的重要精神动力，具有不可替代的文化引领和精神驱动功能。在新时代深化改革的"新的历史关头"，深圳要先行示范，必然要遇到和解决"很多前所未有的新问题"，必须保持"拓荒牛"的本色，把"特区精神"文化内涵转化为推进改革试点的强大精神动力，在新的高度继续发扬"敢闯敢试、敢为人先、埋头苦干"的精神，以大无畏的精神气概，勇往直前，所向披靡，创造出更多可供全国复制和推广的成功经验，引领全国，再创奇迹。

特区精神文化引领和精神驱动作用的一个重要方面，是按中央的要求创建现代城市文明典范。以特区精神为核心内涵的深圳城市文化，客观具有文化的高品位和文明的独特性，为创建城市文明典范奠定了坚实的基础。

衡量现代城市文明有三个基本维度，一是高品位文化，即城市的文化观念、文化设施、文化活动和文化传播，都能体现出高于一般的时尚、新颖和前沿；二是高质量发展，即城市能够做到五个文明协调发展，生产方式先进，城市韧性强大；三是高品质生活，即市民的生活方式科学现代，文化含量足，生活质量高，生活既富裕又典雅。对照这三个维度，深圳可发挥特区精神得天独厚的文化优势和精神魅力，有针对性地加大城市文明典范的创建力度。可以侧重在以下几个方面着力：1.举办更多的特色鲜明的国际性节庆活动，强化城市的形象标识；2.对现有的国际性城市符号

（如"设计之都"等），进一步充实其内涵，举办各种类型的比赛、评比等活动；3. 从理论上梳理提升深圳的现代文化观念体系，进一步充实其精神内涵，并使之转化为市民的自觉精神意识；4. 进一步加强与有关国际组织和国际联盟的联系，参与国际性城市的评比排序活动；5. 进一步优化深圳现有的先进生产方式及其产出效应，增强显示度和知名度。

总之，深圳要通过各种有效的文化传播形式，把"特区精神"传播到湾区的各个城市、各个地区，让"敢闯敢试、敢为人先、埋头苦干"成为湾区人共同信奉的精神资源，成为推动大湾区改革发展的精神动力。同时，要进一步提升深圳在国际先进城市中的竞争力、创新力和影响力，促进深圳与国外先进城市的交流互鉴，在大湾区城市群体中更好地发挥引擎作用，带动湾区城市的文化交流，让深圳的城市文化形象更加鲜明地在湾区中凸显出来，在国人心目中树立起来，在世界先进城市中彰显出来。到那个时候，深圳作为全球标杆城市和城市文明典范就名副其实、影响深远了。

深圳构建城市文明典范的场景策略

深圳大学　赵全伟

芝加哥大学特里·N. 克拉克（Terry N. Clark）教授等学者认为以"舒适物"（amenity）为导向的要素组合可以构建蕴含多元文化价值观与不同生产、生活方式的"特定文化环境"，即场景。不同"场景"蕴含特定的文化价值因素，不同群体受文化价值观因素吸引，从而催生高级人力资本与新兴产业的集聚效应，推动城市更新与发展。① 可以看出，城市文化"场景"的构建已成为城市发展的重要组成部分。芝加哥学派城市研究团队依托场景理论针对城市发展的研究范式对当前中国城市更新、发展具有启发和借鉴意义，推动金元浦、陈波、范周、齐骥、范玉刚等国内学者对场景理论的引介。

谈场景理论，首先要明确场景理论的两个重要概念，即"蜂鸣"与"舒适物"。"蜂鸣"一词源自英文原词中的 buzz，意指"嗡嗡声"，比喻以文化参与、文化活动和文化事件，激励和启发具有创新和活力的群体行动，从而产生出引起关注、令人兴奋、使人活跃和让人融入其中的文化氛围和文化场域。② "蜂鸣"指在空间维度上具有一定指涉范围的辐射力，造成"蜂鸣"强弱的条件与产生这种"蜂鸣"的介质有关。"舒适物"是场景理论中衡量空间文化的基础信息，而文化"舒适物"是城市文化的物质载

---

① 李和平、靳泓、Terry N. Clark、蒋文：《场景理论及其在我国历史城镇保护与更新中的应用》，《城市规划学刊》2022 年第 3 期，第 102—110 页。

② T. N. Clark, *Can Tocqueville Karaoke? Global Contrasts of Citizen Participation, the Arts and Development*, UK: Emerald Publishing Ltd, 2014, p.103.

体。① 文化"舒适物"的判定并不纯粹以具有显著文化表征的物体为圭臬，而是涵盖了城市中所有的建筑。② 可以看出，文化"舒适物"的概念触及了城市的各个角落，并将城市作为一个"整体"进行考察，这也契合了刘易斯·芒福德关于城市是人的栖息之所，同时也是文化的"容器"的思想。深圳依托"双区"建设，着力构建城市文明典范。在场景理论的视域下，探究"舒适物"与"蜂鸣"在城市发展中的作用，提出扩大"蜂鸣"辐射的广度，增加文化"舒适物"营造的文化体验深度，提升深圳文化培育强度等策略，希冀对深圳构建城市文明典范意义提供些许参考。

一、深圳构建城市文明典范的文化挑战

深圳曾被称为"文化沙漠"，文化资源要素的发掘、生产、消费均处于粗糙状态，文化特色不显、文化发展定位不清、文化建设成果不彰、文化资源分布不均等成为城市发展的痛点，当然这也是国际、国内许多城市所面临的共性问题。但是，深圳的城市文化建设已经成为制约深圳发展的一个显著短板，尤其是随着深圳经济的持续繁荣，文化资源供需矛盾变得更加突出。

首先，深圳城市文化特色不显。深圳城市文化发展在 2010 年以前还处以不温不火的状态。2010 年以前深圳致力于发展经济，着力成为国家经济发展的排头兵，GDP 从 1979 年的 1.9638 亿元增加到 2018 年的 24221.9771 亿元，深圳市经济增速十分迅猛，可以看出发展物质文明的坚韧决心与辉煌成就。深圳市经济增长的同时，城市化率也逐年上升。2005 年深圳全面、率先完成农村城市化改造，成为全国首个无农村城市。③ 与此同时，得益于经济发展优势，深圳吸引了千万级的非户籍人口，2021 年末，深圳市常住非户籍人口 1211.77 万人④，人数是常住户籍人口的 2 倍有余。可以看出，深圳的城市文化建设有两个基本常量，即全面城市化与大量外来人口的涌

---

　　① 　陈波、林馨雨：《中国城市文化场景的模式与特征分析——基于31个城市文化舒适物的实证研究》，《中国软科学》2020 年第 11 期，第 71—86 页。

　　② 　同上。

　　③ 　深圳市史志办公室编：《诠史述志集》，深圳：海天出版社，2011 年，第 45 页。

　　④ 　深圳市统计局、国家统计局深圳调查队编：《深圳统计年鉴 2022》，北京：中国统计出版社，2022 年，第 3 页。

入。基于这两个明确的常量，深圳城市发展的逻辑就变得很清晰了。一是满足城市居民的文化需要，这里突出"城市"这一特点，城市文化将是未来深圳文化发展的"主旋律"；二是要满足"多元"人群的文化需要，这里强调了"多元"，但是并非倡导多元，而是在"多元"的基础上，达成一种"共识"。换言之，这是为了达成一种"和谐"的势能，这种"共识"的形成需要城市居民这一"共同体"形成一种接受与认可的集体品格。当代的城市建设更多的是关注经济建设，而这种结果所带来的文化效应是城市"本土要素的虚无化"。①究其根本，这种"虚无化"就是缺乏上述的文化"共识"。

其次，深圳城市文化发展定位不清。城市文化定位是城市发展一个重要的表征，通过鲜明的"口号"或者说一种凝练的城市文化表达，在展望城市未来发展方向的同时，还在无形中塑造着城市人群的认同感和凝聚力，提升城市人群发展、建设的参与感。这里，笔者用城市人群而非城市居民，缘于城市是一个开放的空间，居于其中的人有着不同的身份，也是为了区别于"居民"这一具有城市管理秩序成分的称谓。深圳就是一个典型的混合城市，这里的"居民"（户籍人口）所占比例不大，反而非户籍人口成为深圳城市人群的"大多数"。基于上述深圳两个"常量"的分析，深圳城市文化发展定位的复杂程度就不言而喻了，深圳迫切需要一个城市人群达成"共识"的文化定位，以构建符合自身城市"品格"的发展策略。目前，深圳尚缺乏一个持久、明确的城市文化发展定位的表达，过去"时间就是金钱，效率就是生命""来了就是深圳人""鼓励创新、宽容失败"等表达已经不能很好地概括深圳未来城市文化发展的定位，反而这种频繁出现的"口号"、众多涌现的"观念"让深圳城市文化发展不能形成一个"共识"，也缺乏一个清晰的引导。

最后，深圳城市文化资源分布不均。如上述所言，深圳城市文化发展在2010年出现"转折"式发展，深圳也正是在这一年将特区版图扩展至宝安、龙岗等原"二线关"内，深圳特区对原关内的四个区的文化建设的投入比其他区要高。例如，深圳市南山区聚集了深圳华侨城、锦绣中华、世界之窗、南头古城等一大批文化景点，反观与之比邻的文化产业发展较快

---

①　张鸿雁：《城市定位的本土化回归与创新："找回失去100年的自我"》，《社会科学》2008年第8期，第64页。

的龙华区，观澜版画村 2006 年才与中国美协、深圳文联和区政府签署意向
书而正式开发，观澜山水田园 2009 年才被国家旅游局评定为 4A 级景区，
可以说龙华等原关外地区的文化发展迟滞于原关内四区。深圳各区不仅文
化基础设施建设发展不均衡，各区文化行业从业人员人数差异也较为明显。
从图 1 可以看出，原关内四区的文化相关从业人员的数量对其他区而言具
有整体优势，疫情期间属于特殊情况，所以笔者选择疫情前的数据，能真
实反映深圳各区文化相关从业人员的数量。

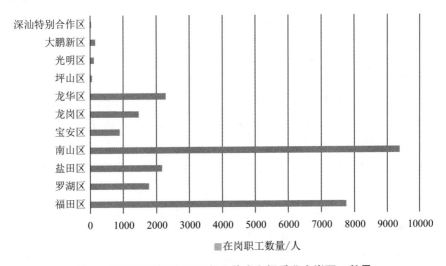

图1　2019 年深圳各区文化、体育和娱乐业在岗职工数量

（数据来源：《深圳统计年鉴 2020》）

二、深圳构建城市文明典范的使命与理念

2019 年 8 月，中共中央、国务院出台《关于支持深圳建设中国特色社
会主义先行示范区的意见》，明确提出深圳打造城市文明典范的战略定位，
用五个"率先"对深圳提出了更高层次的要求，希望深圳成为新时代举旗
帜、聚民心、育新人、兴文化、展形象的引领者。"举"是坚守中国特色社
会主义发展道路不动摇，"聚"是在发展过程中，让老百姓有获得感和幸福
感，被深圳构建城市文明典范的成效所吸引，"育"是将城市文明典范建设
的"深圳模式"总结为可推广、可复制的经验，推动城市向好发展。通过

"举""聚""育"推动深圳城市文明典范建设的文化勃兴，推动深圳塑造城市文明典范"城设"，形成展现"中国道路"的典范舞台。"兴文化"则是判断深圳构建城市文明典范成效的一个主要标准，是深圳走向全球的内在驱动，也是深圳获得持续增长的内在要求。

首先，关注深圳构建城市文明典范的使命担当。文化是社会生产和人类认识活动发展到一定阶段的产物，是人类在社会实践过程中所创造的物质财富和精神财富的综合。[①] 文化以其内在的浸润力和外在的辐射力成为城市精神的重要呈现，成为城市竞争力和可持续发展的关键所在。[②] 可以说，从狭义上来说，构建城市文明典范就是文化建构的引领示范。

其次，关注深圳构建城市文明典范的理念。深圳构建城市文明典范的理念表现在以下几个方面。

一是秉持文化流动论。文化不是静止不变的，文化犹如一条流动变化的河流，生生不息。文化的流动现象，可以做两个方面的理解：第一是指一种文化体系从古至今的变迁过程，即文化的不断更新和发展；第二是指在不同文化类型的相互交流与融合中，一种文化同时或相继地被他种文化所借鉴和吸收，从而形成一种文化从它的原生地出发广泛地大范围地流动的壮观图景。[③] 深圳坚持"文化流动论"的文化观是一种务实与创新结合的新文化观，深圳不囿于文化底蕴的不足，也未因文化积淀不够而裹足不前。文化流动的观念成为一种新的"拿来主义"，让深圳可以快速引进、吸收外部优秀文化资源要素，并以此为养料，培育自身特色城市文化。"全球全民阅读典范城市"正是在这种"文化流动论"观念下的产物，可以看出深圳城市文化的建构首先重视吸收人类文明成果，阅读成为一个非常好的切入点，"深圳读书月"至今已经开展了 22 年，已经成为深圳文化建设的典型"符号"，不断吸引城市新移民加入其中。

二是持续增加文化供给。保障文化供给，是一个城市保持活力、展现魅力的有效途径。深圳是一个超过两千万人口的特大移民城市，市民对文化的需求旺盛而多元。《深圳市 2021 年国民经济和社会发展统计公报》显示，深圳市第一产业增加值占全市地区生产总值的 0.1%，第二产业增加值

---

① 刘芳君：《文化的系统审视》，《系统科学学报》2007 年第 4 期，第 90—93 页。

② 李凤亮、刘晓菲：《全球文化创新资源集聚与深圳城市文明典范构建》，《特区实践与理论》2021 年第 5 期，第 73—81 页。

③ 周正刚主编：《文化哲学论》，北京：研究出版社，2008 年，第 191 页。

比重为37.0%，第三产业增加值比重为62.9%。人均地区生产总值173663元（按年平均汇率折算为26918美元），增长5.0%。可以看出，深圳已经从生产型经济社会向服务型经济转变，这也预示着深圳在构建城市文明典范时，满足文化服务供给是一项持久而艰巨的任务。

三是引导凝塑城市文化品格。深圳作为一个快速成长起来的城市，既摆脱了历史沉疴的羁绊，也没有过多条条框框的束缚，可以大笔挥洒未来城市想象的蓝图，可以汇集全国和全球的人才资源，共筑城市的文化品格。同时，深圳对多元文化的包容性和开放性，也让深圳在发展的过程中凸显出一种"青春"的跳脱和不确定性，这既有好的一面，可以不断推出适合自身品格构建的措施和政策；不好的一面则是造成城市品格型塑过程缺乏稳定性，如今天要打造"创新之城"，明日要塑造"设计之都"，建设缺乏长远的规划，宣传城市形象的口径又难以统一，不但造成市民对城市品格认知的模糊和困惑，也让外界对深圳的城市印象呈现一种不确定的"流观"状态，深圳城市品格塑造的"多变"，不利于构建稳定的"城设"，外界对深圳的认知呈现"雾里看花"的状态。深圳得益于"求变"的历史闯劲，但是"多变"亦是城市发展大忌，会造成一种城市发展定位的散乱化倾向，不利于城市文明典范建设。

以"舒适物"和"蜂鸣"视角考察深圳构建城市文明典范的文化实践，有利于丰富城市发展研究的内容。从城市文化的合法性识别、城市文化戏剧性发现、城市文化真实性体认三个维度重新审视城市的文化参与和文化建构，诠释城市是文化容器的共识，将文化构建与城市建设有机结合，有利于加强人与城市的内在联系，"舒适物"和"蜂鸣"为文化内嵌于城市建设提供了一个着力点。

三、重新审视城市文化建构的三个维度

首先，注重城市文化合法性识别。"合法性"是指场景通过文化符号传达出来的某种价值理念或行为方式的合理性、合规性。只有识别出城市文化的合法性，才能够正确认识城市文化发展所处的位置，合法性识别可以根据扎根理论、GIS（地理信息系统）等方法进行。针对城市文化基础数据（历史文献、实地考察、社会调研等）进行收集，还可以结合大数据和空间数据等进行综合搜索。

场景理论认为城市文化的合法性包含传统主义、自我表达、领导力、功利主义、平均主义五个方面。其中，城市传统主义让城市继承城市历史脉络，并将历史传统嵌进城市发展基因。自我表达是城市在发展过程中展示城市声音的一种方式，城市借助文化活动、艺术行为等将城市的生活变成可感知的具象化行为，自我表达涉及每个参与者对城市文化的响应和反馈。能够产生这些声音的基础需要文化设施的参与。与以往孤立地讨论生活文化设施不同，场景理论强调文化设施与社区、文化实践活动、人群的协同和互动，生活文化设施只有在互动中才能最大限度地实现其价值。[①]人们置身于一个特定的文化空间之中，受其影响形成特定的价值取向，从而能吸引相关的人力资本，在这些人力资本集聚的基础上，可以指导文化消费实践，以此推动城市发展。城市合法性是文化建构带给人们愉悦感和获得感的基础，所以，合法性是构成城市文化的基本要素，是发现城市文化戏剧性的前端。值得一提的是，合法性注重对"人"的关注，以自身适恰的表达将人纳入场景建构之中，"人"作为场景体认的主体被置于核心地位，不再是过去环境的"适应者"，而是构建场景的灵魂。没有人存在的区域只能作为单纯的"场所"，而非场景。"场景"一定是"人"积极参与互动后的结果。

其次，注重城市文化戏剧性发现。只有承认"人"的主体性之后，才能根据人与环境的有效互动，产生一种契合两者关系的表达，即"场景"的戏剧性，表现为一种对于故事的演绎，对于戏剧冲突的表达，是一种表现自我的方式。这种戏剧性包含亲善、违规、张扬、时尚、正式五个层面。城市文化的戏剧性展现是在城市文化合法性识别的基础上进行的。"戏剧"本身就带有表演性质，城市的外在形象是构成戏剧性呈现的一个重要因素，就如同京剧演员们在上台表演之前选择的妆容，不同的妆容塑造成不同的典型人物。红脸的关公、白脸的曹操，戏剧性所表达的内涵首先具象于演员的外在形象，同时与台下的观众达成一种默契，即一种文化共识。艺术欣赏只有在共识的基础上才能进行，不然就会营造出"关公战秦琼"的荒诞感。城市的戏剧性寻求与市民达成一种心理共识，城市文化所展现的或亲善或张扬的戏剧性形象，是城市居民所能清晰体认的具象表达。场景理论中的"舒适物"概念，就是达成文化共识的产物，"舒适物"能够让人感

---

①　范周：《雄安新区发展研究报告 第1卷》，北京：知识产权出版社，2017年，第125页。

到舒适、愉悦与快乐，从而形成人与环境的有效互动，并从中获得一种文化的"集体无意识"，在不经意间达到一种潜意识的文化体认，这种文化体认进一步强化了"我"的心理文化属性，将历史与神话和当下的"场景"贯通，心理舒适感和文化认同性的统一提升了"我"对自身的体认，表现为"时间"和"空间"的统一。所以，城市文化建构首先就应该关注"舒适物"的构建，没有足够的"舒适物"就缺乏城市文化"场景"的搭建，城市文化的戏剧性的呈现就不明显。

最后，注重城市文化真实性体认。没有足够的城市"舒适物"，则难以体认城市的身份，以及缺乏体认城市文化价值的渠道。城市文化真实性是合法性和戏剧性的本源，类似于中国人对"真、善、美"的追求。冯友兰曾经对"真、善、美"三者进行了区分，认为就普通所谓真善美来说，"真"是对于一句话说的，"善"是对于一种行为说的，"美"是对于一种形象说的。①结合场景理论的合法性、戏剧性、真实性，也可以说合法性（善）是一种行为，戏剧性（美）是一种形象，真实性（真）则是一句话。一句真实的话就是一个完整叙述，在此基础上，场景理论对场景真实性的考察所着眼的本土、种族、国家、社团、理性五个维度正是可以作为文化表达的重要内容。

文化场景的搭建，应遵循真实性原则，结合自身的文化要素资源形成具有本土性的文化表达，并继承和发扬民族的文化特质，才能参与到国家的文化构建之中。

四、重新塑造城市文化魅力

以场景理论的真实性、戏剧性、合法性三个维度对城市文化建构进行审视，深刻理解这一理论的整体性、多元性、动态性特征，有利于展现城市的文化魅力。城市文化建构以场景建构的方法可以推动城市义化建构由城市文化吸引和城市文化认同向城市文化自信转变。

首先，营造城市文化吸引。城市根据自身不同的文化资源禀赋，其真实性、合法性和戏剧性的呈现也各有侧重。场景理论遵循一套体系化的测度、分析手段，将不同空间的文化优势展现出来，并依据测度、分析结果，

---

① 冯友兰：《新人生论》，王碧滢编，北京：北京出版社，2019年，第110页。

给出相应策略建议。城市作为一个大的空间体，对其进行测度、分析无疑工程量浩大，也不具备操作的可行性。但是，对特定文化空间的测度、分析，并以此指导"场景"的营造则具有积极的意义。城市文化"大空间"是由一个个文化"小"空间组合而成的，城市所展现的吸引力就是这些文化"小"空间营造的场景聚集而成的。场景理论认为在自然构建的"舒适物"之外，还包括人工建构的设施（图书馆、博物馆等）、社会经济结构、本地居民的价值观和态度，这些均具象地表现了城市的吸引力。以营造"舒适物"为基础的文化"场景"建设，夯实文化"基建"，拓大城市文化"舒适物"集聚的影响力和吸引力，有利于集聚城市文化要素资源，形成具有城市文化基因的文化禀赋，也有利于构建舒适的城市氛围，并以此展现城市文化魅力。

其次，构建城市文化认同。集聚文化"舒适物"资源，是展现城市吸引力的重要抓手。只有完成规模化"舒适物"建设，才能满足市民文化需求，才能促进市民或外来者对城市产生文化认同感。不同于政治身份认同，这种文化上的认同是由城市给予的城市品格所表征的，城市品格经过长期凝聚，构成一种类似于"人设"概念的"城设"印象。例如，巴黎的"城设"是时尚，这种"城设"隐含着一种浪漫的想象。巴黎所呈现的城市文化吸引着全球不同国家和不同地区的人们。巴黎城市通过构建众多文化"舒适物"将巴黎的文化魅力展现了出来，《蒙娜丽莎的微笑》作为一个典型的文化"舒适物"，其营造的文化场景吸引了无数游客，基于"舒适物"建构而成的文化空间，在展现魅力的同时，也蕴含一种对法国文化的认同，与此同时，进一步强化巴黎是时尚之都、艺术之都的魅力"城设"。

最后，构筑城市文化自信。城市以构建文化"舒适物"的方式打造文化场景，通过特定的文化场景，提升城市的文化魅力，从而让市民对城市有了清晰的体认，并最终对城市文化有所了解、认同。城市的认同是城市引育人才、实现创新发展的基础。以纽约为例，纽约有大小博物馆150余座，大量文化"舒适物"所营造的文化"场景"让不同的人对纽约所呈现的文化魅力有不同的认识，换言之，多元的"场景"满足了多元的文化"需求"。纽约凭借开放、包容的移民城市特征，通过"舒适物"营造的场景持续增强城市文化自信，纽约的"百老汇"是艺术家心目中的"艺术殿堂"，其展现的城市吸引力有着无与伦比的"蜂鸣"和影响力。所以说，文化"舒适物"是构建城市文化的重要物质基础。"舒适物"越来越多地被看作是促进城市发展的重要变量，而不仅仅是生产和经济增长的附属物，逐渐摆脱了城市政策与规划的边缘地位。①城市文化自信的塑造首先从文化"舒适物"的有效供给开始，上述深圳的城市文化发展就遵循了这样的规律，在 2010 年之前，深圳的城市文化处于发展粗放阶段，2010 年之后，深圳的城市文化发展迈向了一个新台阶，得益于大量图书馆、博物馆等文化"舒适物"的持续增量，深圳城市文化发展进入"快车道"，深圳成为"全球全民阅读典范城市"，深圳通过构建"舒适物"不断增添城市人文气息，也在无形中塑造了深圳这座城市的文化自信。

五、打造深圳城市文明典范的场景策略

2010 年之后深圳文化发展出现转折式上升，得益于政府加大投入建设普惠型公共文化服务体系的战略实施，持续推动基本公共文化服务供给（公共图书馆人均图书量、人均公共文化设施等）提质扩容；同时，文化产业增加值占 GDP 比重稳步提升。②对文化的重视和投入，让深圳这座原先被视为"文化沙漠"的城市显现出勃勃生机之势。2013 年，深圳被联合国教科文组织授予"全球全民阅读典范城市"荣誉，深圳城市文化建设的实践和成效获得了外界的持续关注。在这样的基础上，还应从以下方面进行提升。

一是提升深圳城市文化"舒适物"供给水平。深圳的城市文化建设处于不断完善的阶段，提升文化"舒适物"供给水平，有利于推动城市文化迈向高质量发展。第一，加快推动现有文化"舒适物"规划建设。加快推进深圳"新十大文化设施"建设，不断扩大深圳文化"舒适物"供给范围，营造多元性、整体性、动态性文化建设氛围。第二，以国家文化数字化战略为契机，联通已建、在建文化"舒适物"，利用数字技术为文化赋能，提高深圳城市文化传播力，推动"文化 +""数字 +""场景 +"融合发展，提升深圳城市文化建设层级。第三，推动城市精品文化"舒适物"建设，凝聚"城设"显著表征。加快识别深圳城市文化特征，分析城市文化精神内核，提炼深圳城市文化表征。

---

① 吴军、王桐、郑昊：《以舒适物为导向的城市发展理论模型——一种新的国际城市研究范式》，《国际城市规划》2022 年 7 月 8 日网络首发，第 1—16 页。

② 深圳市社会科学院课题组、董晓远：《深圳转变经济发展方式取得实质性进展——关于"深圳质量"监测情况的报告》，《特区实践与理论》2016 年第 1 期，第 50—53 页。

　　二是助推深圳城市文化"蜂鸣"效应。"蜂鸣"效应依托不同场景产生文化的辐射力，不同的受众置身于文化"蜂鸣"之中，感受城市文化的浸染，"蜂鸣"的强弱与文化"舒适物"的建构有关，如果文化"舒适物"零散分布，会造成低"蜂鸣"状态，难以承担城市文化传播的重任。深圳现阶段文化"舒适物"的建设处于"补课"阶段，城市文化发展长期处于粗粝发展状态，近些年的文化建设成效并不能弥补过去文化建设的短板，所以深圳当下在积极推动城市"十大文化设施"建设，努力补足文化供给的短板，虽然多个文化"舒适物"建设为深圳城市文化建设提供了"硬"基础，但是也存在相当的"理想化"色彩，以深圳歌剧院建设为例，以年轻人居多的深圳缺乏欣赏歌剧的受众基础，歌剧欣赏本身带有的高知识素养要求也难以适应当下"流观"审美的主流，建设深圳歌剧院所表征的文化有可能会出现"水土不服"的问题。虽然有这样的隐忧，也应该看到深圳构建文化"舒适物"的迫切心态，一方面要补足功课；一方面要不断试错。

　　可以说，深圳的城市文化建构与深圳城市发展的调性是一致的，摸着石头的"闯劲"有可能会遭遇困难，但是构建具有典范意义的城市文化与城市文明的方向是明确而坚定的。深圳可以依托"双区"建设的历史机遇，彰显自身城市文化的辐射力。第一，提高城市文化覆盖率。制定全域文化要素资源分发机制，充分考虑全市居民人口构成，提供精准化服务，注重青少年儿童的文化场景营造，聚焦文化资源要素向弱势群体倾斜，保证城市文化的公平性。第二，持续提升城市公共文化服务水平。公共文化服务是满足人民基本文化需求、实现人民基本文化权益的主要途径。不断优化公共服务结构，聚焦新时代文化需求，以城市居民需求为中心、以市场需求为导向不断提升服务层级。第三，拓宽城市文化宣传渠道。注重城市文化向外输出，展现城市文化发展成就，不断吸引各类人才目光，充分彰显城市"文化软实力"。

　　三是释放深圳城市文化"场景红利"。城市发展，不仅要构造场景，更要明确场景红利的生成、扩大与分享逻辑，这样才能使城市品质的提升建立在坚实的微观基础之上。场景的产生、壮大进而对场景内外人群产生影响的过程，就是场景红利的产生与放大的变化过程。① 当下深圳城市文

---

① 魏建：《以场景红利为核心提升城市品质》，《山东师范大学学报（社会科学版）》2021年第1期，第92—100页。

化建构处于增量期，长期文化供给不足导致城市文化"舒适物"数量偏少，文化场景不能有效反映深圳文化特性，尤其缺乏对深圳城市文化特定的精准表达，导致变化的深圳始终在变化，缺乏构建表征城市文化特点的典型文化"舒适物"及其所营造的典型"文化场景"，如纽约"自由女神"、悉尼"歌剧院"、伦敦"大本钟"等。基于此，深圳应以城市文明典范建设为契机，将城市文化建设与文化"场景"深度融合，着力培养一个文化"场景"就是一个文化展示舞台的意识，以高标准打造深圳文化"舒适物"建设。首先，明确文化"舒适物"的功能定位。文化"舒适物"应根据人群分布特点，规划不同的活动时间、活动场地以及活动内容，将不同人群的文化需求纳入城市文化建设的整体性考量之中。其次，推动文化场景集聚。依据各区文化要素资源禀赋，针对性地制定契合各区特色的文化场景。以"点、线、面"的整体逻辑，推动全市文化场景系统化建设。最后，构建文化场景建设动力机制。以政府政策为引导，充分发挥市场效能，实现文化场景的社会效益和经济效益相统一。

论湾区人文建设中科幻文化的引领作用

深圳大学　江玉琴

当前湾区人文主张与建设现状

2017 年全国两会上，政府工作报告正式提出建设"粤港澳大湾区"。2019 年 2 月中共中央、国务院印发实施《粤港澳大湾区发展规划纲要》，由此，建设粤港澳大湾区正式成为国家重大战略。《规划纲要》中明确提出，要"共建人文湾区"。2020 年 12 月 24 日，《粤港澳大湾区文化和旅游发展规划》出台。《规划》明确，到 2025 年，人文湾区与休闲湾区建设初见成效；到 2035 年，宜居宜业宜游的国际一流湾区全面建成。从中央政府到深圳政府，全面开启大湾区发展建设。

基于《粤港澳大湾区发展规划纲要》与《粤港澳大湾区文化和旅游发展规划》，众多学者纷纷进行政策解读并建言献策。针对"人文湾区"的内涵，曹峰做了三个层次的理解，即人文湾区首先呈现湾区人文精神的层次。"人文湾区"的核心是文化，而文化的核心是精神。精神层面的要素是构成"人文湾区"最基础、最高层次的要素。"人文湾区"的精神内涵应该是湾区人文精神。人文精神突出体现作为人的价值、意义和尊严等基本要素。同时，湾区人文精神属于现代中国人文精神的一种形态，是传统文化与现代文化、中国文化与西方文化、中华文化与地方文化等碰撞交融再创造的一种新的综合性精神形态。湾区人文精神是人文精神和中国现代地方精神的有机统一体。其次，湾区人文载体的层次。人文载体是人文的具体承载平台，倾向于"可见的"物质形态。湾区人文载体应该包括湾区内一切承载文化的具体物质形式、可见形态、表现平台等，如湾区城市的标志性建筑与场馆、名胜古迹、代表性街道与社区、固态文化品牌等，这些载体体现湾区城市共同拥有的独特精神面貌、民俗传统、气质气度等，是湾区独特的品牌和标识。最后，湾区人文行动的层次。人文行动是"人文湾区"的动态标识，体现"主体性人文"，集中展现湾区公民的文明素养和精神面貌。人文行动还体现在群体性行动如各类大型音乐及体育活动、志愿者活动等，以及个体性行动如公民个体参与的以践行人文精神为宗旨的行动①。因此"人文湾区"概念内涵走向的建设目标也有三个层面，分别是湾区人文精神深厚并成体系；湾区人文载体丰富并能出彩；湾区人文行动频繁。《粤港澳大湾区文化和旅游发展规划》编制研究专家组组长刘伟全面解读了这一政策，在接受采访时指出：相较于世界上已有的纽约湾区、旧金山湾区与东京湾区等"以经济为导向"的湾区，中国的粤港澳大湾区是饱含"人文"的发展理念，包含了人的发展、环境的优化、整个社会的和谐发展。粤港澳大湾区迅速崛起背后是产业的持续转型升级。未来人文资源将转化为旅游资源。"文化＋科技"是文化产业发展亮点②。

　　上述学者从政策方面做了规划层面的阐述。陈伟军则聚焦在岭南文化特点上，提出以岭南文化夯实大湾区人文底蕴。其中他指出，岭南文化中的广府文化、客家文化、潮汕文化等，是在开放、多元的海洋文化背景中孕育的。"历史文化的丰富性、厚重性以及现代文化的开放性、创新性水乳交融，为广东可持续发展提供了内驱力。"③田丰则强调，弘扬岭南人文精神是建设人文湾区的必然要求，从岭南人文精神的历史沿革建构当代岭南人文精神，以此推动粤港澳大湾区成为建设充满活力的世界文化高地④。因此应该彰显岭南文化独特魅力，推动大湾区文化繁荣发展。蒋明智则从文化遗产保护的角度，强调以非遗保护来建构大湾区文化认同。他与樊小玲提议建立粤港澳大湾区非物质遗产协同保护机制，在国家政策加持下，进

---

① 曹峰：《人文湾区的内涵及建设目标》，中工网，2021年8月6日，http://www.workercn.cn/34198/202108/06/210806095643095.shtml，访问日期：2021年11月28日。

② 南方都市报：《人文理念是粤港澳大湾区建设战略思维》，腾讯网，2021年4月4日，https://new.qq.com/omn/20210424/20210424A017TM00.html，访问日期：2021年11月28日。

③ 陈伟军：《以岭南文化夯实大湾区人文底蕴》，《人民论坛》2019年第19期，第125页。

④ 田丰：《岭南人文精神与人文湾区》，《学术研究》2022年第2期，第43—50页。

行科学规划，整合非遗业态，对接新媒体，最终夯实粤港澳大湾区的文化认同，实现"粤港澳湾区未来发展、促进国家文化认同、构建社会主义和谐社会形成推动力"①。还有学者提出搭建思想交流平台，共创湾区文艺共同体②，以粤港澳大湾区电影构建文化共同体叙事策略③，以及粤港澳大湾区文化旅游融合的主张④。

基于上述国家政策红利与湾区社会经济发展的利好趋势，本文认为，在上述学者的建议基础上，我们可以发挥科幻文化在建设湾区人文精神和人文载体中的具体作用，尤其是发挥科幻文化对科技圈和文化圈的引领作用。粤港澳大湾区已经成为引领中国科技发展的前沿高地，科幻文化正在粤港澳大湾区繁荣发展，科幻产业也正强力推动湾区经济建设。因此科幻文化正在形成新的热点和爆点，势必成为引领粤港澳湾区人文建设的新阵地。

科幻文化发展与湾区人文建设

根据有关学者梳理的各国湾区文化建设经验以及与粤港澳大湾区的对比来看，粤港澳大湾区与世界三大湾区——旧金山湾区、东京湾区、纽约湾区相比，具有"中国创新要素和资源要素聚集的重要地区之一"，"注重科技创新，并且在这方面成就尤为突出"，湾区内交通巨型枢纽促进沿线经济要素流动，"带动了湾区各城市之间的资源整合"，同时具有产业优势，呈现出产业规模大、产业集聚极具优势以及第三产业发展很快等特点⑤。因此在粤港澳大湾区的优势情境下，我们可以发挥科技优势，推动科幻产业与科幻文化的大力发展。

（一）科幻文化的科技特性

科学是否建构了一种特殊的文化形式？这一直是科学家与人文学者论

---

① 蒋明智、樊小玲：《粤港澳大湾区非物质文化遗产的协同保护》，《文化遗产》2021年第3期，第9页。

② 《粤海风》编辑部：《共塑湾区人文精神，建立区域文化共同体——"首届粤港澳大湾区文艺合作峰会"综述》，《粤海风》2021年第12期，第4—8页。

③ 温立红：《粤港澳大湾区电影构建文化共同体叙事策略研究》，《电影文学》2022年第4期，第3—10页。

④ 周建新、王青：《粤港澳大湾区文化旅游融合：现实需要、发展基础和优化路径》，《福建论坛》2021年第6期，第36—45页。

⑤ 参阅林贡欣、徐广林：《国外著名湾区发展经验及对我国的启示》，《深圳大学学报》2017年第5期，第25—27页。

辩的问题。阿兰·格罗斯（Allan Gross）梳理了科学与文化之间的关系，认为在西方历史上有三次科学与文化的交织。第一次是公元前 7 世纪在希腊殖民地上生活的泰雷兹（Thales）预测了日食，这一点在希罗多德和亚里士多德那里都有记载。这一记载表明在古希腊那里开启了对物理事件与物质结构的调查，也意味着科学的开始。但古希腊科学与我们当代科学概念之间并没有产生一种跨越时间的关联性，因为亚里士多德和阿基米德等古希腊科学家的探索精神并没有在西方历史上得到足够关注。第二次科学的诞生发生在中世纪晚期的西欧，但它没有产生如军事工程学、学校管理学等学科系统的文化实践。第三次科学潮流发生在 16 世纪的西欧，在这时科学被紧紧抓住，而且在 17 世纪，人们开设了很多科学课，如物理学、化学、地理学、生物学、天文学、数学等，也产生了大量的科学家。到 1840 年，"科学家"一词开始第一次作为专门词语出现，取代了以往的自然哲学家。到 19 世纪末，科学已经成为一种系统完备的文化实践。尽管工业革命改变了西方，但它只是技术而不是科学，正如瓦特是工程师而不是科学家。

　　格罗斯发现，曼哈顿计划改变了所有，这也是第一次将科学与技术糅合起来，物理原理上让原子弹成为可能，技术上让它变成事实。除此之外，科学还与政府管理联合起来，拥有顶级权力的国家政府可以掌控足够的资源来让实业获得巨大成功。科学也因此成为布鲁诺·拉图的一种适应性的术语，即技术—科学，一种数百亿的"大"：大科学、大医药、大政府和大工业。"对我们而言，技术—科学并不是一种文化实践；它是特定的文化实践，是具有起源上的欧洲中心主义，美国建构的特色，全球分布的文化实践。"[①]

　　相较于格罗斯定义的科技文化特性，奥特（Richard van Oort）进行了科学文化的探索。他提出这样的问题："科学本身不是一种文化吗？"在他看来，科学家们必须与其他科学家产生关联，他们使用的概念对他们所在的研究社群来说也是具有高度特殊性的。"我们因此可以确定地指出，科学家推进一种不同的文化，这种文化并不必要为不熟悉科学社群的特定知识的外来者熟悉。"[②]他同时举例 C. P. 斯诺在 1959 年剑桥大学举行的讲座"两种文化"中已经讨论了科学文化是一种不同且特殊的文化。斯诺认为科学

---

　　① Alan Gross, "Science and Culture", *American Literary History* 7, no.1 (1995), p.170.

　　② Richard van Oort, "Science and the Idea of Culture", in Kris Rutten, Stefaan Blancke, Ronald Soetaert, ed., *Perspectives on Science and Culture*, Purdue University Press, 2018, p.54.

家讲一种语言，人文学者讲另一种语言，因此其实是有两种不同的社群。盖尔纳（Gellner）则在《思想与变化》（1964）一书中，将科学与人文之间的不同看作是特点上的鲜明和清醒的时尚。他认为科学概念是技术性的，很难为非专业人士所理解，但他们本身在认知上是强有力的。人文概念则是非技术性的，相对容易理解，但他们是"认知虚弱无力的"，尤其是人文知识在揭示和掌控物理世界的时候就更没有力量。但人文知识的基本概念很容易为人所获得，因为他们与所有的人性相关。

本文认为，科幻文化首先建立在对科学文化的认识与认同基础上，认识到科学不仅包含技术发展，更是影响并生成人类生活方式的一种文化表现。这也是吴福仲等人所指出的，科幻文化既包括具象的科幻产品和服务，也包含了与之相关的价值信念及生产生活方式。作为一种文化形态，它嵌入社会生活的各个面向，并发挥着特定的社会价值。因此科技文化呈现出这几个特点，如技术面向是科技预言、文艺面向是社会批判、产业面向是幻想消费①。科技文化的这种特性呈现在了文学创作与文学阅读中。因此科幻文学反映了科技文化的想象力与社会批判性。

（二）科幻文化的青年特性

20世纪60—70年代是西方青年文化最风起云涌的时代。青年社群开始在社会生活中发挥重要作用，并积极参与政治文化建设。以斯图亚特·霍尔为首的英国伯明翰学派将青年活动与社会现象纳入学术讨论范畴，开启了青年文化研究新领域。他们把青年群体的生活方式、时尚风格、语言口号等作为研究对象，并将青年群体纳入社会、政治、经济、文化等社会结构中，探讨了青年群体在形象表征背后的阶级、种族、性别的反抗与诉求。这个时期的科幻创作也将这种青年文化反抗机制带入叙事作品中，赛博朋克小说成为这一形态的突出载体。

赛博朋克本身就是技术文化与青年文化的结合体。赛博指向控制论指导下的高科技发展，技术带来的生活方式与生活品质的改变。朋克则指向反叛与不服从性。"对一些人而言，朋克意味着反抗服从性或者反抗父母、学校、工作和社会。……对其他一些人来说，它意味着控制自己的生活，并无须等待别人的帮助或赞同你的想法而做某些事情。对另外的人来说，

---

① 吴福仲、张静、林天强：《谁在定义未来——被垄断的科幻文化与"未来定义权"的提出》，《南京社会科学》2020年第2期，第142—144页。

朋克是一种大声的、快速风格的音乐，有最少的装饰或生产，但有很多的用心和忠心。"[1]赛博朋克基于计算机技术和信息网络，想象了人类未来的生活方式与人类主体的变异。在赛博朋克小说中的网络朋克牛仔则往往是突破网络规范与资本权力的底层技术员。因此就如赛博朋克运动的推动者之一布鲁斯·斯特林所认为的，赛博朋克是科幻小说在信息时代、都市和跨国公司蔓延的时代合乎逻辑的发展结果[2]。但它本身也呈现出对技术与跨国公司的霸权批判。

（三）科幻文化的网络交互特性

计算机技术的发展催生了网络媒介与网络文化。电子邮件、网站、博客、社交软件等新媒介技术正在剧烈地改变我们的生活。网络文化也是数字文化，网络空间就是数字化空间，具有虚拟现实与虚拟主体能动性。穆尔将网络文化看作是赛博空间的一部分呈现，因为赛博空间可以"作为一种创制可能的世界的本体论机器来加以理解"[3]。我们正在走向赛博社会，我们的身体也越来越与赛博空间关联在一起，人类智能和信息编程建构的模型所生成的感觉、想象和智能都因无须受到生理的和地理的局限，而产生认识论的突变。我们的身体也正在成为可以渗透的屏幕，"我们正在成为元－有机体"[4]。我们每一个人都在人类—计算机—信息演进的过程中重叠并进入彼此，赛博空间将人类活生生的存在紧密关联在一起。青年群体对赛博空间的使用，以网络传播平台为载体发展并演绎自己的文化，生成了"网络青年亚文化"。

以哔哩哔哩（bilibili）为例，它是中国年轻人聚焦度最高的文化社区和视频平台。这个网站成立于2009年6月26日，2018年3月28日在美国纳斯达克上市。因年轻人的喜爱，哔哩哔哩也被称为B站。B站早期是ACG（动画、漫画、游戏）内容创作与分享的视频网站。目前已经成为涵盖7000多个兴趣圈层的多元文化社区。生活、娱乐、游戏、动漫、科技是B站主要的内容品类和业务板块。B站成为年轻人分享日常生活、知

---

① Sharon M. Hannon, *Punk: A Guide to an American Subculture*, Santa Barbara & Denver & Oxford: Greenwood Publishing Group, 2010, p.1.

② 方凡：《美国后现代科幻小说》，杭州：浙江大学出版社，2012年。

③ ［荷］约斯·德·穆尔：《赛博空间的奥德赛——走向虚拟本体论与人类学》，麦永雄译，桂林：广西师范大学出版社，2007年，第31页。

④ Ollivier Dyens, "The Emotion of Cyberspace: Art and Cyber-Ecology", *Leonardo* 27, no.4 (1994), p.327.

识、游戏的平台，甚至以弹幕的方式成为文化狂欢的场所。黎杨全认为弹幕文化呈现的是人类社会正在兴起的新的视听环境。弹幕文化盛行是社交媒体深入发展的结果，呈现出"社交型"文艺场景，群体性讨论生成了文艺作品本身不具有的艺术效果，但同时也肢解了作品，在文化象征形式上，文艺呈现出由传统叙事走向网络时代数据库的趋势[①]。金雪妮发现，在网络文学中科幻主题和"修仙文"有机结合起来，如网络文学《C 语言修仙》，由此金雪妮提出，如果我们将科幻的流行视作未来的心灵之旅，将"修仙"的流行视作与神秘过去的重新联结，那么这两者被嫁接起来创造出与现实世界不同的或然世界，科幻或许也可以被当作一种当代的神话建构[②]。这表明科幻文化已经糅合了多种艺术表现手段，成为青年社会生活与文化思想的一部分。网络科幻小说集合了玄幻、魔幻等元素，成为建构类和推测类等科幻小说，而且在文本特征上呈现出元素的多样性、乌托邦等特点。

科幻文化在湾区人文建设中的引领作用

（一）以科幻文化凝聚青年奋斗精神，引领青年创造力

中国科幻文化发展一直与中国科技兴邦的理想紧密结合在一起。贾立元曾在中国科幻与科幻中国的概念辨析中指出，科幻中国最大的特点在于"它变形现实和叙述未来的能力"[③]。科幻一方面帮助我们认识现实世界中荒谬的事物，达到社会批判和启蒙的功能；另一方面以富于想象的未来形象感召国民，以建造一个进步强盛的未来中国。"可以说，文化批判与梦想复兴这两大主题在科幻中获得了独特的表达，并主宰和塑造了中国科幻的历史命运和现实面貌。"[④] 从 20 世纪初期到今天中国科幻的发展无一不在呈现出这一特点。针对当代中国科幻作家的写作特点，贾立元认识非常深刻，他指出，"科幻作家虽试图超越民族国家的限制，从宇宙的宏观视角去审视人类文明，尽可能打开无限想象空间，但中国人的身份则驱使他们去延续

---

① 黎杨全:《走向交往诗学：弹幕文化与社交时代的文艺变革》,《南京社会科学》2021 年第 4 期，第 140—148 页。

② 参阅王侃瑜:《"科幻中国：异形，异次元，异托邦"工作坊实录》,公众号：四十二史，2021 年 4 月 29 日。

③ 贾立元:《中国科幻与科幻中国》,《南方文坛》2010 年第 6 期，第 34 页。

④ 同上。

20世纪中国文学构建现代民族国家的主旨，试图以写作促进民族精神的革新，而世俗凡人的身份又使他们视科幻为自我救赎的良方"。① 这其实也是科幻作家兼学者的吴岩在他的专著中指出的，"科技乌托邦"是中国当代科幻小说的中心母题②。宋明炜在梳理中国科幻文学史时也认识到，自20世纪初开始，"'中国将会变成超级大国'就成为中国科幻小说的中心母题，这在一定程度上是清帝国崩塌前夜在晚清知识分子中广泛弥漫的危机感所诱发的文学想象"。③ 从20世纪初梁启超的《新中国未来记》（1902）到刘慈欣的《三体》，无一不是在更迭这一主题。而发展神话则是中国当代科幻小说的另一重要母题。

中国当代科幻小说就在这种期待下努力前行。任一江将中国当代科幻小说归纳为四副面孔，认为这四副面孔分别是人类文学、科技文学、观念文学和推演文学，并指出中国当代新科幻文学"不再是漂浮于现实世界之上的空洞所指，亦不再是臣服于传统文学之下的归顺子民，它以其独特的叙述结构和思维方式在传统文学主流之旁另立门户"④。但中国科幻文学的发展始终与中国科幻文化发展的特殊语境和社会期待密切相关。王瑶认为西方科幻小说诞生于现代资本主义所开启的工业化、城市化与全球化进程，科幻作品中的一些素材也往往来源于现代科技的真实历史进程，而中国科幻文学是受到西方科幻文学的影响而产生的，且在20世纪初将科幻文学中的科技与想象看作是一种现代化的幻梦，"督促'东方睡狮'从五千年文明古国的旧梦中醒来，转而梦想一个民主、独立、富强的现代民族国家"⑤。这在某种程度上仍然延续的是科技兴邦的理想。科幻文学始终承载着中国20世纪初科学与启蒙的重任。

青年科幻爱好者在青年文化中积极建构科幻话语。中国科幻小说的发展也呈现了中国力图在想象力与科技发展的路径中获得未来领导权的期许。张卫在讨论中国科幻片的发展时就提出，我们在观念、奖励、战略与舆论上全面推进中国科幻事业。他强调，我们应该在观念上以科技战略引领科

---

① 贾立元：《中国科幻与科幻中国》，《南方文坛》2010年第6期，第36页。

② 吴岩：《科幻文学论纲》，重庆：重庆出版社，2011年，第107页。

③ 宋明炜：《中国当代科幻小说的乌托邦变奏》，《中国比较文学》2015年第3期，第102页。

④ 任一江：《文学新境与审美路标——论中国当代新科幻小说的四副面孔》，《北京社会科学》2018年第9期，第53页。

⑤ 王瑶：《火星上没有琉璃瓦吗？——当代中国科幻与"民族化"议题》，《探索与争鸣》2016年第9期，第120页。

幻创作，科技成为科幻的现实土壤，科幻为科技发展开启想象空间，推动科技的发展和创新；在社会现实层面制定专项奖励，在荣誉之上推动产业升级，即在国家级电影奖项上设置科幻专项奖；在战略布局上要给予多渠道的政策导引；在舆论上则应该积极鼓励，理性批评，呵护前行[①]。这也引导中国中青年学者敏锐意识到科幻文化的意识形态特性并提出中国的"未来定义权"概念，即"以科幻文化定义未来的'权力'与'权利'"[②]，力图在科技预言、社会评判和产业激活等方面发挥重要作用。这一概念显然彰显了中国科幻作家与科幻批评家致力于中国科幻参与全球科幻创造进程并致力于其领先地位的意图，他们认识到科幻文化生产中的意识形态争夺，以未来阐释权和建构权来实现科技发展与文化发展的前沿性。

（二）以科幻本土资源创建科幻人文话语与理论体系

科幻小说作为一种文学类型产生后，就有学者不断归纳其文学特性，力图挖掘科幻小说作为文学叙事的独特性。萨姆尔·德拉尼（Samuel Delany）认为，"科幻小说不是关于未来……它是在建立此地此刻的对话，一种作家能达到的尽可能丰富和错综复杂的对话"。[③] 托马斯·迪斯科（Thomas Disch）也指出："科幻小说并不是预示未来，而是检测现在"。[④] 科幻理论家苏文认为科幻是"一种认知陌生化的文学"，"一种虚构性'新异'是其叙事的主导"，"科幻叙事的特征和内在价值体现在认知、陌生化和乌托邦三个范畴"[⑤]。这里苏文主要针对科幻小说的美学特征进行了勾勒与描摹，他的这一认识也普遍为科幻研究者认同并接受。克拉森（Thomas D. Clareson）则明确提出，科幻小说呈现了现实主义的另外层面，即幻想就是现实主义的另外层面，"科幻小说的幻想已经与我们称之为主流的'现实主义'表征化地存在于一体——贯穿在现代小说中"[⑥]，但科幻小说并不只

---

① 张卫：《中国科幻片的前行痕迹与未来发展》，《电影艺术》2020年第4期，第147–148页。

② 张铮、吴福仲、林天强：《"未来定义权"视域下的中国科幻：理论建构与实现路径》，《南京社会科学》2021年第1期，第155页。

③ S. R. Delany, *Shorter Views: Queer Thoughts and the Politics of the Paraliterary*, Hanover, NH: Wesleyan University Press, 1999, p.343.

④ Thomas Disch, *The Dreams of Our Stuff Is Made of: How Science Fiction Conquered the World*, New York: Simon and Schuster, 1988, p.91.

⑤ 转载自黎婵：《认知陌生化：赫·乔·威尔斯科幻小说研究》，北京：科学出版社，2019年，第7页。

⑥ Thomas D. Clareson, ed., *Science Fiction: The Other Side of Realism*, Bowling Green: Bowling Green University Popular Press, 1971, p.3.

是文学现实主义或文学自然主义，它更是科学新时代的文学回应。西方学者还力图辨识科学现实主义关于科学对真理的追寻，他们认为，科学理论与哲学论辩都致力于认识科学探索是否接近于真理，科学的目的是对现实世界进行描述和解释，科学现实主义就是致力于认识科学革新，超越现象表象，认识事物的真相①。这也是萨提发现的，"科学现实主义者根据科学知识、进步或者无法直接观察到的现实特性来为现实主义辩护"②，因此科学现实主义是一种科技哲学论辩。

相对于西方学者将科学现实主义作为一种哲学认知来辨析，将科幻的幻想作为与现实相伴随的一种认知层面，中国学者则将科幻小说置于现实语境中观照，从批评视角提出科幻现实主义的观点。

姜振宇梳理发现，中国科幻作家郑文光是最早提出科幻现实主义观念的人。1981年郑文光在文学创作座谈会上正式提出科幻现实主义概念，认为"科幻小说也是小说，也是反映现实生活的小说，只不过它不是平面镜似的反映，而是一面折光镜……采取严肃的形式，我们把它叫做科幻现实主义"③。科幻现实主义就是社会性的科幻小说，用科幻小说的形式来表现我们的社会现实，或者是"提倡写现实主义的科幻小说"，通过幻化、变形来呈现比现实主义作品更真实的现实。姜振宇认为郑文光的这一科幻现实主义概念既有误区也有启示。误区在于科幻现实主义对现实主义和浪漫主义的理解都存在系统性的问题，导致作者消解了预言性的要求后，仍然深陷在科学性的魔咒中。但这一概念也给中国科幻小说创作以启发，分别是在描写对象上，郑文光等人以关注现实问题来突破科学主题、科学构思的垄断，在科学的阐释上，郑文光将其视为理想化乃至幻想的工具，从而悬置了对于科幻小说科学性的要求。这其实集中反映了一代科幻作者深刻的现实焦虑与强烈的自我认同欲望。他们所试图传达的基本理念，也成为中国科幻的理论与实践发展的重要资源④。陈楸帆将科幻现实主义解释为："科幻在当下，是最大的现实主义。科幻用开放性的现实主义，为想象力提

---

① 参阅 Stathis Psillos, *Scientific Realism: How Science Tracks Truth*, London and New York: Routledge, 1999.

② Juha Saatsi, ed., *The Routledge Handbook of Scientific Realism*, New York: Routledge, 2018, p.1.

③ 郑文光：《在文学创作座谈会上关于科幻小说的发言》，中国科普创作协会科学文艺委员会编：《科幻小说创作参考资料》1982年5月第4期。

④ 姜振宇：《贡献与误区：郑文光与"科幻现实主义"》，《中国现代文学研究丛刊》2017年第8期，第78—91页。

供了一个窗口，去书写主流文学中没有书写的现实"。①中国的科幻现实主义糅合了西方幻想与现实二元整合论、科学现实主义的探讨，但更具中国本土特性，以文学作为认识现实与预言甚至警示现实的类型，实现科技与文学的社会功用。

（三）建构新科幻人文美学

哔哩哔哩网站作为新型青年文化虚拟社区，在科幻文化与青年文化的交融中呈现出新的特色，本文认为他们正在建构"伊托邦"美学。

B站主要用户群体为"Z世代"人群，"Z世代"是源自美国、欧洲西方世界的流行用语，意指在1995—2009年出生的人，这一代人是digital native（数字原住民），一出生就接触互联网、即时通信、智能手机和平板电脑等科技产品，并伴随科技一起成长，自身有着强烈的科技使命感②。凯度（Kantar）《Z世代消费力白皮书》显示，中国是拥有世界上最庞大Z世代人群的国家，而B站作为Z世代聚集的基地，被誉为最大的年轻人文化社区。作为互联网原住民的Z世代人群，天然地具有对科技的亲密感与青睐性，在伴随科技急速发展起来的新世代文化中，Z世代人群所追求的娱乐与过去截然不同，其所代表的青年亚文化反对传统的一元性，强调自我和多元观点表达，追求新奇与高科技。

伴随科技成长起来的Z世代人群，从小便享受着科技带来的种种便利，他们对科技的想象多呈现出乐观态度。在B站发布的视频内容涉及科幻情节探讨、科技文明发展和人工智能时代的想象，保持理性的向往姿态。发布者将真实生活、大型游戏、现实科技等融入视频剪辑中，展示出一种接地气的科幻想象和全新的美学视角——"伊托邦"美学。"伊托邦"（E-topia）的概念于2001年由威廉·J.米切尔提出，是由电子（Electronic）和乌托邦（Utopia）组成的，简单来说就是未来人类电子社会。不同于以往人类与机器人处于两极对立的赛博朋克想象，伊托邦更加平和、中性，既没有极端浪漫，也没有绝望荒野，趋近于科技极端发展下的未来社会形态。VR（虚拟现实）、无人驾驶汽车、随身智能手表等，这些曾经只存在于科幻文学作品中的科技产品，真实地被现代人不断实现着。而且只要人们有幻想，就存有实现的可能性，故科幻文化逐年来随着青年文化不断成

---

① 陈楸帆：《对"科幻现实主义"的再思考》，《名作欣赏》2013年第28期，第38页。

② 一诗二画：《2020年bilibili内容营销报告》，2020年3月，https://blog.csdn.net/m0_37586850/article/details/105337243，访问日期：2020年4月6日。

长壮大，拥有了一席之地。

二十年前，"伊托邦"尚且只是科幻概念，而如今，"伊托邦"已成为Z世代群体致力于构建的未来科技世界。科幻电影、文学的兴起，也让科技有了成长和讨论的空间：人们从造人的欲望中走出，力求摆脱细胞束缚，探索意识上载，想要延长生命——像影视剧《西部世界》和《黑镜》中所探讨的；人工智能也不再局限于躯体性存在，尝试以更高级的意识存在融入人类社会，比如电影《她》（Her）中的萨曼莎，尼尔·史蒂芬森的《雪崩》中的"Metaverse"——超元域想象，到了这个阶段，人类本身对身体的关注度开始降低，人与科技也许能够开启全新的融合发展阶段，在这种自然共生状态下，也许人类才得以摆脱主体思想，完成去人类中心化的进程，进入后人类时代。"伊托邦"也许是一种怀有希望的未来社会形态，这也是Z世代群体在科幻文化中所展望和致力于构建的未来可能性。

不仅如此，Z世代群体强调自我和多元观点表达，追求的是新奇、轻松和简单的诉求。他们反对宏大叙事，以后现代主义审美模式消解权威和中心，用荒诞和嘲讽寻求新的狂欢，科幻文化中蕴含的对传统权威和人类中心主义的批判性思考，实际上就是新世代人群所寻求的解构和反抗的表现。德里达、德勒兹等后现代主义哲学家们提出了新的哲学话语，而Z世代群体则围绕后现代哲学话语展现出新的美学视角和时代想象，他们在讨论科幻的同时，也依托B站平台产生和建构起自己的话语，不论是"鬼畜"视频、弹幕互动还是"一键三连"，其中交织着青年文化、网络亚文化和科幻文化的底蕴、共通与成长。

结语：走向湾区科幻人文——一种建设性目标

科幻文化作为当前中国青年文化最喜爱且最积极参与的领域，正在焕发出勃勃生机。但科幻文化也不乏对未来预言的消极主义和虚无主义。我们应该建立积极的科幻文化体系，积极引导青年文化的未来理想与话语表达，力图在全球科幻文化中呈现自己的未来定义权和领导权。

本文认为科幻文化可以从以下两个方面建构更适应青年文化发展的路径。

1. 以科技想象建构乐观的科技文化。生物技术与信息技术的发展在更新和急剧改变人类的身体与生存状态。我们在互联网中的生活（赛博空间）

彰显了这一新的生存模式。人类已有的智能在信息编程建构的模型中，感觉、想象和智能都超越生理和地理的局限而发生生物学和认知论的突变，这形成一种突变认识论革新。我们的身体正在变化成为可以渗透到屏幕的物理存在，我们也正在成为元－有机体。智能人文针对这一现状，即机器渗透我们，我们也在渗透机器并由此联结创造出赛博身份，理解这种人—计算机—信息演进重叠并彼此进入的新形态，讨论这种新生态学。这种研究将打破内在个体的疆界，同时也打破机构、领域与时区的疆界，颠覆个体的想象与思想，以一种看不见的方式达到持续的扩张并包容新的思想可能性和新的现实模仿。以乐观现实主义精神审视新的交互存在状态，以新认识论、新方法论来重新认识这个技术与人文交叠的世界。

2. 建立智能人文观念。万维网的盛行已使我们现有的生活方式发生巨大改变。我们居住的世界与空间也在发生变革。赛博文化成为一种新文化形态，"是一种探讨人们和电子技术怎样交互在一起的思考方式，我们怎样生活在一起"①，在这里它成为一种嵌入式的实践和表征母体。因此赛博文化包括思考表征、意义、意象，即我们集结起来叙述新技术怎样发生了变化或怎样正在发生变化，或将怎样改变我们生活，这也意味着这些表征与意象在建构"我们"。同时这些象征性故事也为我们包裹赛博文化提供了意义的框架和定义的集结。贝尔认为，赛博文化研究是一个复杂的领域，不仅利用多样化学术传统和理论视角，而且反映出研究方法的多样性②。赛博文化已经将技术与人紧密联系在一起，来构建一种新生活方式与文化形态。智能人文就是对这种新文化形态的审视与探索，是面向电子自然而生发的技术—文化记忆屏幕化的深思。在这里，"不仅技术概念产生了突变，技术本身也被看作是一种突变的过程或者逻辑"③，因此要去理解技术生活的奇幻所表征的不确定主体与客体，认识当代人类主体与工具化世界的关联，用新的方式来想象世界、人类与技术的关系。

---

① David Bell, *Cyberculture Theorists: Manuel Castells and Donna Haraway*, London & New York: Routledge, 2007, p.5.

② David Bell, *Cyberculture Theorists: Manuel Castells and Donna Haraway*, London & New York: Routledge, 2007, pp.9–10.

③ R. L. Rutsky, *High Tech: Art and Technology from the Machine Aesthetic to the Posthuman*, Minneapolis & London: University of Minnesota Press, 1999, p.17.

和光同尘，与时舒卷

——当代工笔画与大湾区人文建设

深圳大学　李大成

1949 年以来，当代工笔画的践行者们，以至诚之心，冥冥之志，秉持传统文化的艺术精神，以精湛的工笔技艺绘出了时代的气象，为人民留下了诸多作品。当代工笔画发展的近百年中，画家们紧跟时代的浪潮，谦逊问学，勇于创新，用秀丽的画卷道出了"日月之行，若出其中；星汉灿烂，若出其里"的壮志豪情，以大海般的气势开拓着中国工笔画新的发展与变革。中国工笔画在当代已经取得了显著的探索成果，不断融合南北绘画的思想，并呈现出鲜明的绘画特色，对促进中国美术的发展有着重要作用。

传承传播中的与时俱进

中国改革开放 40 余年，中华大地已然翻天覆地，每一个城市的振兴发展都在诉说着时代的变迁，时代对一个民族和国家有着重要的意义，值此"中华民族伟大复兴"之际，中国美术家协会理论委员会、深圳市社科联、深圳大学联合举办了"工笔时代——2020 中国工笔画学术邀请展"及学术研讨会，本次展览与研讨会以线上和线下结合的方式举行，在实践和理论两个方面展开探索和研究，参展作品将汇编成册，并于画册中编录参展艺术家的创作感悟。古诗云："四象悟心"，从自然之理当中，当代工笔画家通过自身的绘画体验获得不同的心灵体悟，这份体悟便是画家对世界的思考和洞察，独特而珍贵，因此将理论与画作相对应地系统汇编成册也是本次活动的重要特色。展览与研讨会聚焦"工笔与时代"的主题，立足大湾区的人文建设和深圳先行示范的区域特色，以展览为契机链接广东及全国的当代画家，激发画家新时代的创作热情，促进中国工笔绘画的繁荣与发展，展览涵括中国南北不同地域、不同年龄的画家的作品，以一定的学术代表性，传递当代中国工笔画的成就与特点，让中国工笔画在多元开放、兼容并蓄的当下"和光同尘，与时舒卷"。

中国工笔画历史悠久，当代工笔画发展蓬勃，深圳大学顺应时代潮流，于 2019 年成立了喻继高中国工笔画研究院，大力弘扬和传播中国工笔画艺术。喻继高先生是我国当代杰出的工笔花鸟画大家，长年耕耘于艺术实践和艺术理论的研究，其创作和理念影响了 20 世纪以来的诸多工笔花鸟画家，是继陈之佛、于非闇之后又一对中国文化艺术事业发展有着杰出贡献的代表性画家。本次展览和学术研讨会由深圳大学喻继高中国工笔画研究院承办，展览得到了中共深圳市委宣传部、深圳市文联、中国美术家协会、中国工笔画学会、深圳市美术家协会的大力支持。展览筹备期间得到了全国工笔画家的积极响应与参与，纷纷投来了当代画界的诸多代表性作品，为此次展览的精彩呈现做出了重要贡献，在此深表感谢！古语云："心生而言立"，通过颇具代表性的中国工笔画学术展览，向人民和世界传递工笔画的精神与内涵，在中国当代文化艺术中树立起工笔画的学术特色，确立和拓展中国工笔画在当下社会发展中的文化价值。

湾区建设中的人文支撑

自 2017 年以来，粤港澳大湾区的国家战略工作逐步推进，广东省成为连接香港、澳门的重要桥梁，成为中国参与全球发展、国际化建设的重要区域。粤港澳大湾区的建设，不仅是经济和市场的国际化，更需要着力于中国文化的传播，中国文化价值的实现，中西文化的融通。中国传统文化是大湾区建设的生命力，是中华民族的信念体现，是实现人类命运共同体的文化基石，因此湾区建设需立足中华民族优秀的传统文化，凝聚中华民族的精神力量，实现文化湾区的发展，以区域文化带动经济发展，推动未来中国的繁荣与稳定。中国工笔画作为中华传统文化的重要代表，正站在大湾区人文建设的浪尖，站在时代发展的前沿，承载着重要的社会责任，正所谓："夫画者，成教化，助人伦"，绘画与社会的人文脉络息息相关。中国工笔画此次展览的举办，正是通过汇集中国当代优秀的工笔画艺术作品，凝聚全国各地的艺术家，加强传统文化交流，增进地域特色之间的融合，为粤港澳大湾区的人文建设注入鲜活动力和文化支持。

深圳作为粤港澳大湾区架构中重要的珠三角沿海城市，在城市发展和人文建设上迎来了新的历史机遇和挑战，并在粤港澳大湾区的人文建设中有着至关重要的引领作用。深圳大学立足深圳的地域特色，是中央、教育部和地方高度重视的特区大学，办学以来担任着国际化人才培养、国际化科研合作、国际化师资建设、国际文化交流的重要社会责任，本次展览在深圳大学举办，充分体现了深圳大学文化交流与教育培养等国际优势。深圳大学从人文的视角沟通了国际文化、艺术的走进来与走出去，在湾区人文建设中积极开展平台搭建和实现平台共享，在文化传承和传播中起到了极具时代意义和学术价值的作用。

文化复兴中的文质并重

文化复兴是"中华民族伟大复兴"的重要内容，传统文化不仅是艺术实践的发展，还需要重视文艺理论的研究。《论语》云："质胜文则野，文胜质则史，文质彬彬，然后君子。"艺术作品的内容和形式是相互关联的，艺术风格和形式表现在外，艺术观念和理论表现在内，二者统一于作品当中，内外相济，文质兼备。当代中国工笔画艺术实践充满了创新与活力，而中国工笔画理论还需要进一步发展壮大，来支撑和引导艺术实践的发展方向。中国工笔画实践和理论之间的差异需要当代文艺工作者不断努力，进一步推动理论建设工作，增强中国工笔画的艺术自主性与独立性，实现传统文化艺术在继承和传播中的完整性。基于此，深圳大学喻继高中国工笔画研究院发挥自身的地域优势和教育优势，搭建实践与理论的交流平台，将开创性地建设中国工笔画学科的总数据库，涵盖中国近代重要的绘画作品和理论创新，以系统的发展思维，科学的发展方式，将中国工笔画融入湾区人文建设中，实现传统中国工笔画在当代的发展意义。

大湾区文学中的空间叙事和城市书写

——以深圳文学为例

深圳大学　欧宇龙

前言

2019 年《粤港澳大湾区发展规划纲要》提出粤港澳大湾区发展战略，粤港澳大湾区的使命不仅仅是经济建设，还有文化建设。通过文化建设，打造一个共同的精神家园，有助于建构共同的文化认同和身份认同，更好地推动粤港澳大湾区的发展。2017 年 12 月 21 日，深圳举办了首届粤港澳大湾区文学发展峰会，对大湾区文学的构建进行了热烈的讨论。随后又在广州、澳门、汕头等地举办了大湾区文学发展峰会，还有相关的理论研讨会的开展、工作坊的建立以及杂志的创办，使得粤港澳大湾区文学的构建取得了巨大的进展。本论文以深圳文学为例，通过对深圳文学中的空间叙事和城市书写进行研究，有助于我们了解深圳的发展轨迹和生活在其中的人们的生存状态，更好地推动深圳城市建设发展。

2019 年深圳高举新时代改革开放旗帜，建设中国特色社会主义先行示范区，2020 年则是深圳建立经济特区 40 周年。这座城市的飞速发展吸引了众人的目光，而它成功的背后没有其他经验的借鉴，凭借的是"敢冲""敢闯"的劲头。"三天一层楼"的深圳速度，蛇口提出过众人皆知的口号"时间就是金钱，效率就是生命"，都让深圳创造出了一个个发展奇迹，曾经的南方小城成为各地人民蜂拥而至的大都市。如此重视经济建设的深圳曾经被扣上"文化沙漠"的帽子，被认为是一座榨干青年人生命精力的城市，人们的眼里只有金钱和各种欲望，没有精神层面的追求。这是一种过时的看法，早期的深圳的确文化设施匮乏，但在 2004 年提出了"两城一都"的理念，要打造"图书馆之城"、"钢琴之城"和"设计之都"，实施"文化立市"战略。以及从 2000 年创办读书月以来，形成了一股全民阅读的良好氛围。40 年间深圳出现了很多优秀的作家作品，除了像谢宏这样的本土作家之外，还有移居过来的彭名燕、邓一光、杨争光、曹征路、相南翔等作家，以及来深圳打工凭借文学创作改变命运的王十月、林坚、张伟明、周崇贤、郭建勋等。城市和文学是相辅相成的，"在路过而不进城的人眼里，城市是一种模样；在困守于城里而不出来的人眼里，她又是另一种模样；人们初次抵达的时候，城市是一种模样，而永远别离的时候，她又是另一种模样。每个城市都该有自己的名字"①，通过这些作家的作品我们可以更加立体地去认识这座奇迹之城。而深圳独特之处在于它是一座新兴城市，其历史底蕴不及北京、上海、南京这样的城市厚重，所以作家多从空间的角度去切入，通过空间叙事来塑造人物和书写城市。空间叙事并不是简单地描写某一具体空间样貌或是人物的活动背景，"文学的空间叙事不仅关注同一空间内部的复杂意义关系，更注重不同空间之间上下文的互动关系，以及空间再现方式与人物形象、主题意涵之间的有机联系"②。本文试图从公共空间、私人空间和心理空间三个角度去分析深圳文学的空间叙事特点。在不同的空间中人们转换着不同的角色、状态，抒发着对这座城市的种种复杂情感。

一、公共空间：日新月异的特区形象

深圳的高楼大厦不是一夜之间平地起的，而是从一座经济落后的县城发展起来的，虽然发展得很快速，但在作品中我们也能看到其变化的过程。在薛忆沩的作品《流动的房间》中，曾经的深圳是周围有着绵延不断的群山、河流上驶过破旧不堪的货船的。而发展之初的深圳是分为关外和关内的，在吴君的《亲爱的深圳》中，对关外的描写是让人觉得跟普通县城差

---

① ［意］伊塔洛·卡尔维诺：《看不见的城市》，张密译，南京：译林出版社，2012 年，第126 页。

② 苏加宁：《社会转型与空间叙事——美国早期哥特式小说研究》，吉林大学博士论文，2017 年，第 6 页。

不多的，有着破旧的民房、混乱的市场，满地的鸡屎鸭屎，很多人光着膀子在街上走着。而关内是迥然不同的景象，在邓一光的作品《轨道八号线》中，关内有着又直又宽的马路、非常气派的高楼大厦，会展中心的玻璃穹顶的灯光能把天空照亮。很多外来务工者把进入关内看看国贸大厦和深南大道当作"深圳梦"。早期从关外进入关内是不容易的，关内和关外已是历史概念，关内包括南山区、罗湖区、盐田区和福田区，而关外是指经济特区以外的深圳辖区。非深户籍的人员进入关内需要办理边防证或深圳暂住证，这是两个对立的世界，通过对两个对立起来的空间的对比描写，折射出了贫富阶层差距。而随着特区经济飞速发展，这样的空间隔绝渐渐消失。随着地铁的四通八达，不同区之间的联系日益密切，一个个标志性建筑拔地而起。在邓一光的深圳系列小说中，大量深圳城市地标映入眼帘：红树林、市民中心、梧桐山、世界之窗、欢乐谷……同样的，在吴君的小说中也频频出现深圳真实的地理坐标："天鹅堡""关外""百花二路""深圳西北角""二区到六区""十九英里""樟木头"等。这显然是作家刻意而为之，通过一个个具有深圳特色的公共空间把这座城市给立体化，一方面让我们看到深圳日新月异的发展轨迹，另一方面把深圳的特色面貌展示出来，区别于其他城市书写。如果是没来过深圳的人看到这样的空间叙事后会对深圳留有一定的印象，而如果是生活在这座城市当中的人读到这样的作品时会倍感亲切，感觉自己也是作品中的一个角色，我们共同书写着这座城市的故事。

穿梭在这样变化迅速的公共空间中的人们对这座城市产生了又爱又恨的感觉。当第一批移民来深的劳动者面对这座重焕新生的城市时，他们的心中是充满了激情和热血，打算要在这里开创奇迹的。邓一光在作品《想在欢乐海岸开派对的姑娘有多少》中提到最初的开发者们："一个年轻人怀里抱着他八个月大的孩子来到深圳，他是基建工程兵，他把南山炸掉了，再把蛇口炸掉，然后去炸更多的地方。轰，轰，一半的红树林没了，滩涂和渔村消失掉，三十年，一座城市拔地而起，成为世界上最年轻的大都市"。[①]也正是因为这座城市处在高速发展的阶段，所以充满了各种机遇，吸引了各地的人们过来，想要抓住机遇改变自身命运。深圳就像是他们心中的"乌托邦"，他们是带着希望和梦想过来的。高层次人才来深能凭借

---

① 邓一光：《你可以让百合成长》，深圳：海天出版社，2014年，第400页。

人才引进政策顺利落户，打工者也能凭借辛勤劳动获得各种各样的工作机会。"没有人偷懒。在深圳你根本别想见到懒人。深圳连劳模都不评了，评起来至少八百万人披红挂绿站到台上。但没有人管这个，也没有人管你死活。深圳过去提倡速度，现在提倡质量，可在快速跑道上跑了三十年，改不改惯性都在那儿，刹不住。"① 在高速运转的城市中人们也如同机械齿轮一样高速运转着，只有坏掉才会被迫停下来。只要你想来，深圳就张开怀抱欢迎你，外来人口的大量涌入造就了这座城市极大的包容性，邓一光的作品《要橘子还是梅林》提到，在市民中心广场上总会有几个流浪汉在悠闲自在地散步。你可以自由选择你想要的生活，但是机遇和挑战是并存的。人口的激增让这座城市也慢慢变得拥挤起来，邓一光的作品《北环路空无一人》中有这样一句有意思的描写："窗外的北环路也不整洁，有时候它塞得厉害，路上和立交桥上堵满各种各样的车辆，像一大群赶来斗殴却找不到厮打对象的蟑螂，你也不能说它们错了"。② 谁都没有错，都想要抓住改变命运的机会，所以当踏入深圳这个空间后，就自觉地遵循"优胜劣汰""适者生存"的法则。邓一光的作品《籣杜鹃气味的猫》提到这样一件事，莲花山公园在刚建园时因为缺少经验，许多植物被盲目地移植过来，选种错误造成的环境不适使它们难以大面积养护，因此不得不在之后的年份中不断置换。这其实包含了一种隐喻，那些被深圳淘汰的年轻人们就像这些选种不对的植物，无法在这里存活下来。

在深圳文学的公共空间叙事中我们看到了日新月异的特区形象，这座城市发展迅速并持续向前奔进，而踏入其中的人们也被裹挟着不停往前冲，有些人能蜕变重生，而也有些人黯然离去。在这飞速发展的公共空间中人口不断流动，流动会给人带来一种漂泊感，但也会给人们的生活带去各种未知和不确定性。

二、私人空间：压抑空虚的生活状态

一提起"深圳"，人们想到的是高薪的工作机会、现代化大都市、"世界之窗"……这些辉煌闪耀的名片把深圳塑造成一个"天堂"，但也很虚

---

① 邓一光：《深圳在北纬 22°27′~22°52′》，深圳：海天出版社，2012 年，第 88 页。
② 邓一光：《你可以让百合成长》，深圳：海天出版社，2014 年，第 97 页。

幻缥缈。对于生活在其中的人来说，日常化的状态才是他们真实的生活。不管这座城市创造了多少发展奇迹，也离不开柴米油盐的日常。如果说深圳文学中公共空间的描写让我们看到了一个宏观意义上的深圳的话，那关于私人空间的描写则让我们更加能凝视在深圳的人们的生活状态。如果只关注到深圳高歌猛进的激昂状态的话，那么我们就会忽视个体的情感诉求。而部分深圳作家敏锐地观察到了大时代发展洪流下人们的精神空虚和被压抑的生存空间。

初来乍到的外地人，最先要解决的就是居住问题，所以作品中关于"出租屋"的空间描写非常多见。那些怀揣梦想兴致勃勃奔赴而来的年轻人多是来自农村或是经济较落后的地区，当他们来到深圳被大城市的繁华景象晃花了眼之后，才意识到深圳的寸土寸金，所以为了节省开销只能租在偏远的郊区或是城中村。在邓一光的《在龙华跳舞的两个原则》中，工厂打工者都居住在简陋狭窄的楼房里，房间只能摆下一张床，洗澡需要下楼去打热水。吴君的《陈俊生大道》里的打工者们要十六个人甚至更多人住一间，蚊帐把房间隔成若干个小块，每个人的私人空间就是自己的床。东西不能放在公共领域，一旦放在公共领域就会被其他人拿走。还有在王十月的《寻根团》中对城中村的描写是这样的："马有贵的租屋在这城市的一处城中村，这里密密麻麻都是亲嘴楼，马有贵住的那一片，百分之八十的租户来自楚州，他们多在附近的工厂打工，因老乡们住在一起，就把这里的城中村变成了楚州的一个村。"[1]邓一光的《我们叫作家乡的地方》描写到一位农村来的母亲因为记不住城中村迷宫似的地形和集装箱似的楼群，结果出了趟门后找不到回家的路，被吓得大哭。如果她要去到市中心，需要换乘各种公交地铁，可想而知她会更崩溃。外来打工者并不能立刻融入深圳这座大城市，相反他们还是一起居住在廉价且偏远的地段，被高昂的住房租金挡在了"天堂"之外。"它的狭小、逼仄、拥挤和昏暗，不安全与不卫生，它的'非人'般的日常存在，令所有关于'人'的尊严的话题抛诸脑后。对'出租屋'的书写，是深圳作家的热点，也是伤痛，因为这里暗含着'身份'、'尊严'与'金钱'的冲突与较量。"[2]他们的生活圈子很小，除了工作以外就是回到自己狭小的出租屋，为了能尽可能地赚更多

[1] 王十月：《开冲床的人》，深圳：海天出版社，2012年，第174页。
[2] 王素霞：《深圳：日光下的文学虚构》，深圳：海天出版社，2015年，第66页。

钱寄回老家或是改变目前窘迫的状态，他们避免去到中心地带消费，所以日常生活基本上是两点一线。可能他们在豪华的地段工作，下班后却要回到破旧拥挤的出租屋生活，这样鲜明的落差让他们倍感空虚和压抑，让他们意识到他们还没有成为真正的"深圳人"。居住在如此狭小的私人空间，人们感情生活也是匮乏的，在邓一光的《你可以让百合生长》中，城中村的自建房每平方米住着三个人，他们很孤独但也不会去谈情说爱，而是滥交，只是为了发泄肉体的欲望。更有甚者没有条件去满足欲望，在吴君的《陈俊生大道》中，主人公因为住的是集体宿舍，当自己的老婆来陪住时，只能到外面开房。而很多来打工的夫妻即使租着单间，工作下班后早已疲累不堪，在这破旧简陋的房间里根本没有欲望激情的喷发。

　　而生活条件稍好的外来者可能居住环境会好一些，他们拥有自己充分的私人空间，能够做自己想做的事情不被外人打扰。这就是大城市的好处，在薛忆沩的作品《同居者》中男女主人公因为喜欢彼此而同居，但不想结婚的他们受不了身边人的逼婚决定离开："他们离开了对他们有看法的城市。他们来到了这座几乎没有任何人认识他们的城市，这座全中国最'开放'的城市。他们在罗湖区租了一套很小的房子。他们买了一张小号的双人床。他们仍然像从前那样趴在床上打牌、下棋、看电视、改作业……当然还有做爱。"[1] 如果是在农村或小县城，根本就不会存在秘密，往往是各种事传千里，毫无隐私可言。所以许多人逃离家乡来到像深圳这样的大城市就为了切断那些让人窒息的联系，好让自己能过上自己想要的生活。吴君的《亲爱的深圳》里生活在农村的程小桂因为爱写诗被婆家嫌弃不想好好过日子，家人都看不惯她留着时髦的长指甲，她的老公李水库把她写诗的日记本给撕了，她毅然决然地离开了家来到深圳打工。而在深圳生活的她慢慢挺直腰杆，人也变漂亮了，完全没有乡下人的样子，还会拒绝丈夫对她的索爱。城市相对于乡村而言非常注重和尊重私人空间。但切断联系的同时其实也会带来孤独，"拥有与尊重私人空间，这是一种文明的进步，因为它是对个体意识的尊重。但同时，也是对传统乡村伦理的一种埋葬，那种大家庭式的、不分彼此的、远亲不如近邻的文化伦理正在城市中渐渐

---

　　① 薛忆沩：《出租车司机——"深圳人"系列小说》，上海：华东师范大学出版社，2013年，第154页。

消失"①。人们来到城市，住进了漂亮的小区房，重重门锁把自己和其他人隔绝开，对门的邻居可能一年到头都不会见一面。所以一旦自己面临了人生挫折，处在人生低谷之时，也只能在深夜里独自舔着伤口。

除了对居住私人空间的描写以外，还有对工作私人空间的描写，同样也是狭小压抑的。邓一光的《万象城不知道钱的命运》中的主人公德林是杂工组组长，他在深圳最发达的商圈工作，但真正属于他的区域只有狭小的杂物间。偌大的万象城只有杂物间才属于他，在这里他可以抒发自己的情绪，可以休息，可以跟周明明偷情。当他情绪失控的时候他就把自己关在黑暗的杂物间里默默流泪，哭够了就把眼泪擦干，继续出去工作。在吴君的《深圳西北角》中王海鸥和她母亲两人开了一间小店，赚得不多，只要这间小店没了，她们就得饿死，找不到任何人能够借钱，也没有钱去找个地方住一晚。还有在薛忆沩的《出租车司机》里主人公是一名出租车司机，没日没夜地在城市中穿梭跑单，吃饭休息都在车上。当他在深圳工作了十五年要离开后发现这座城市虽然他已经跑了个遍，但根本留不下他的任何痕迹，他只是这座城市的一个过客。这样狭小压抑的私人空间让他们对深圳这座城市感到无比陌生，根本无暇经营自己的日常生活。同时日新月异的公共空间也导致了私人空间的不稳定，在蔡东的作品《无岸》中柳萍在深圳有两套住房，已经过着非常人能想象的优渥生活了。但当她的女儿要去国外上大学，为了让女儿接受好的教育掏空了她的积蓄，最后还要卖房子以支撑用度，生活水平急转直下。不管你拥有着怎样的私人空间，当受到外在公共空间的变化的影响甚至是挤压时，你都只能默默接受。

三、心理空间：精神困境与突围

当来深圳追梦的年轻人受到日新月异的公共空间和空虚压抑的私人空间交错碰撞的时候，他对深圳这座城市有了自己的理解和看法，离开还是坚持？顺从还是反抗？"心理空间是人们在思考和交谈时为达到理解和采取行动之目的而建构的概念模块。"②深圳文学给我们呈现了不同的心理空间叙事，让我们看到生活在这座城市里的人们的精神困境和突围。

---

① 刘洪霞：《消费主义、私人空间及女性救赎——蔡东小说的城市叙事》，《名作欣赏》2020年第19期。

② G. Fauconnier, M. Turner, *The Way We Think*, New York: Basic Books, 2002, p.40.

在这飞速运转的现代化城市里，人们只要稍微停歇脚步就会被时代所抛弃。当所有的人都在拼命往前冲的时候，你也不得不咬着牙跟上队伍的脚步。这是一座城市在经济建设蓬勃发展的上升期里会出现的问题。谢宏的《我很重要吗》里的主人公认为自己的工作与清洁工人无异，都是城市的一个零件而已，对城市来说可有可无，你退下了，总有人会替上去。当"我"走在大街上，觉得自己跟这座充满活力的城市格格不入，"但当我坐在宿舍里安静的书桌边，或在僻静的路上散步回来时，疲倦就会在寂静中袭上心头，我只有拼命地用读书看听众来信或工作来驱走这种让我害怕的念头——我老了吗？因为这种心态与这座充满活力的新城很不相配"[①]。你不能喊累，因为你不可以累。面对这样的困境，有人选择了逃离，逃离这样高压的生活，选择返回家乡。薛忆沩的"深圳人"系列小说中就塑造了一批"逃离"深圳的人物形象，他们是普通的出租车司机、女秘书、物理老师、小贩……不能说他们是失败者，只能说他们不适应这样的生活，跟自己的想象有出入，只好无奈地选择退场。

经济发展必然带来消费主义盛行，经济的发展让人们拥有了更多的资本，购买力有所提升，购买欲望也在逐渐增大，反过来又推动经济发展。但如果引导不当，必然会陷入一种恶性循环，导致人们的幸福感慢慢消失。蔡东的小说《无岸》中的柳萍几天不逛山姆超市就浑身难受，家里摆满了各种奢侈品，虽然很多都派不上用场，但只要想到无法拥有它们就感觉无比空虚。在她心中深圳就是便利繁华的代名词，生活在其中的自己也要尽情享受，别人拥有的，自己也要拥有。身为大学教师的她，跟同事聊天也都是聊最近出国去了哪里游玩，都在比赛谁的购买力强，谁最会享受。"消费社会以最大限度攫取财富为目的，不断为大众制造新的欲望需要。在个人暴富的历史场景中，每个人都感到幸福生活就是更多地购物和消费，消费本身成为幸福生活的现世写照，成为人们互相攀比互相吹嘘的话语平台。"[②]为了不断满足消费欲望只能不停地投入工作中，成为一台麻木的赚钱机器。邓一光的小说《深圳在北纬 22°27′~22°52′》中的男女主人公两人在疲于工作期间都做了奇怪的梦，他是个工程师，在疲于梅林关道路工程工作时老是梦到自己是在草原上自由驰骋的马，而她是在热带雨林中飞舞

---

①　谢宏：《我很重要吗》，深圳：海天出版社，2012 年，第 208 页。

②　王岳川：《消费社会的文化权力运作——鲍德里亚后现代消费社会文化理论》，《北京大学学报》2002 年第 4 期。

的蝴蝶。在飞速运转的城市中人们面临着巨大的工作压力，渴望回归自然摆脱社会，渴望自由，这是一种心理层面的反抗。吴君的《亲爱的深圳》中李水库认为深圳固然很漂亮，但是让他无所适从，因为总是让他找不到太阳。在老家他抬头就能看到太阳，太阳在头顶说明要吃午饭了，太阳斜下河说明一天的工作结束了，这样的生活才能让他安心。邓一光的《轨道八号线》中对城市进行了批判，"城市里的大多数霓虹灯都不好看，它们太张扬了，急不可耐，你甚至能听见它们的喘息声，就像长满了疥藓的某种大型动物，让人心里发慌。它们真该学学野外的星空，那是它们的祖宗，看看它们怎么做才能又明亮又安静。它们真该学学它们的祖宗"[①]。他们在心理层面把城市和自然对立起来，认为城市让人浮躁不安，人只有回归自然才能让内心平静。蔡东的《无岸》里的大学教授柳萍虽然摆脱不了消费主义的控制，但她的桌面永远摆着《闲情偶寄》《随园食单》这类饱含禅意的书籍，也偶尔神往幽静的乡村。虽然她的反抗失败了，但也的确是一种突围方式。蔡东笔下的主人公大都在深圳有了安稳的生活，她们会偶尔暂时逃离城市，喘口气再回来继续生活，这也是现在大多数深圳人的常态。

深圳文学还给我们展现了孩子的心理空间，小孩的生活比成年人简单很多，除了学习就是玩乐。但在深圳生活的小孩也面临着巨大的学业压力。在邓一光的《你可以让百合生长》中，"我"是个成绩很差的学生，同时内心叛逆，觉得这样追求分数的生活很没意思，为此还写了一首歌叫《分数宝贝》，"知识的海洋又深又冷，天才宝贝都是机器"，"分数宝贝，我在哪里才能躲开你？"[②]而成绩优异的小孩也没有过得轻松自在，薛忆沩《神童》里的"我"是个因为各方面表现都很优秀被众人吹捧的"神童"，因此在"我"心里，"我"把自己当作一个完美的小孩，不容许出任何差错。可以看出深圳小孩的压力巨大，在同龄人的攀比中上各种各样的培训班，生怕被别人比下去，在深圳这样的"神童"太多。而"我"并不是健康的，"我"对大十五岁的表姐产生了爱意，青春的躁动，被钢琴老师性骚扰想过要自杀，而这些都是父母和世人所不知的。以上的两个"我"最后都因为一位老师而改变了心里的想法，恢复了正常人的生活。《你可以让百合生长》中的"我"被老师发觉了音乐方面的天赋，可以凭借音乐而不是考试

---

① 邓一光:《你可以让百合成长》，深圳：海天出版社，2014年，第314页。
② 邓一光:《你可以让百合成长》，深圳：海天出版社，2014年，第40页。

分数来让自己拥有新的人生。《神童》里的"我"被老师伤害后意识到自己其实就是一个普通人,也有解决不了的难题,也会受伤,于是脱下"神童"的枷锁轻松生活。

不管是大人还是小孩,深圳文学通过心理空间叙事让我们看到他们所面对的精神困境,在飞速运转的城市生活里无法掌握自己的命运和生活节奏,找不到自己的人生目标,只好选择盲从,过于注重物质上的享受而忽略了精神层面的滋养。只有让自己慢下来,才能冷静思考,做出合适自己的选择。

结语

在文学中公共空间、私人空间和心理空间不是割裂存在的,它们之间是相互影响、相互联系的。就像前文提到的那样,空间叙事不是静态地描绘某一具体空间,而是让我们看到不同空间之间的关系以及人物形象在不同空间的呈现。通过关注深圳文学的空间叙事,能够让我们更加立体地去认识这座城市以及生活在这座城市的人们。当生活在简陋、狭窄的私人空间的人们走出自己的房间,来到光鲜亮丽、日新月异的公共空间时,仿佛又有了坚持下去的动力,在心理层面对这座城市又有了更为复杂的情感。深圳文学中有一类是赞美深圳的奋力拼搏精神,有一类是批判深圳的冷血无情,这两种作品对深圳这座城市的认识都是片面的,我们既要看到深圳辉煌的一面,也要看到背后的艰辛和痛苦。正如吴君的小说《亲爱的深圳》结尾所说:"也许你只看过我的光鲜的外表,可是,你并不知我的曾经,也许你只羡慕我的成功,可是,你不知道,我正用幸福藏住了疼痛……"[①] 人和城市其实是相互需要的,城市需要人的建造,人也需要城市里的便利丰富的现代生活。所以当我们兴致高昂地踏入像深圳这样的城市之时,不要迷失自我,坚定自己的内心,为自己想要的生活奋斗拼搏!

---

① 吴君:《亲爱的深圳》,广州:花城出版社,2009年,第40页。

"饶宗颐文化论坛"综述

变局下湾区人文的融合与引领

——第三届深圳大学"饶宗颐文化论坛"综述

深圳大学　王顺然

第三届深圳大学"饶宗颐文化论坛"于 2021 年 11 月 30 日至 12 月 1 日在深圳举行。此次论坛由深圳大学、中国社会科学院世界文明比较研究中心联合主办，深圳大学饶宗颐文化研究院承办，论坛主题为"变局下湾区人文的融合与引领"。

受疫情影响，本次论坛采用线上、线下结合方式进行，来自中国内地和中国香港、美国、法国、日本的共计七十余位专家学者、文化机构和文化企业界代表参加了本次论坛活动。深圳大学副校长李永华教授、中国社会科学院哲学所党委书记王立胜研究员、深圳大学饶宗颐文化研究院创院院长刘洪一教授分别代表主办方、承办方致欢迎辞，并就论坛宗旨、主题意义等做了介绍。深圳市委网信办副主任张忠亮先生代表深圳市委宣传部出席，并对"饶宗颐文化论坛"高端的学术品格和重大的现实意义给予充分肯定。饶学联汇创会会长饶清芬女士从香港发来视频贺词。开幕式由深圳大学社科部主任田启波教授主持。在主办方、协办方的共同努力和专家学者们的积极参与下，第三届深圳大学"饶宗颐文化论坛"取得圆满成功。

在第三届深圳大学"饶宗颐文化论坛"召开期间，与会的中外学者围绕"湾区人文的传承与融合""湾区人文精神的特质内涵""湾区人文精神的价值与引领"等论坛分议题，从哲学、文化学、政治学、社会学、史学、文学、科幻、人文地理与区域研究等不同角度，打破学科界限，运用跨学科视野与方法，展开了广泛深入的研讨。大家一致认为，变局之下湾区的发展充满挑战与机遇，湾区人文建设在湾区融合和文化引领方面具有重要作用；近代以来，粤港澳湾区作为国家门户在中西文化碰撞交流中占有重要历史地位，积淀了宝贵的爱国传统和精神财富；在国家建设的新时期，湾区引领改革开放风气之先，为民族复兴伟业做出了新贡献；当前，在深入贯彻中央《粤港澳大湾区发展规划纲要》和深圳建设中国特色社会主义先行示范区的历史节点，湾区的人文建设及其精神特质，必将发挥不可替代的引领作用。

国务院参事王京生先生以《用人文精神助力强大创新市场，为粤港澳大湾区赋能》为题发表主题演讲，他对会议主题的三个关键词"变局""融合""引领"进行了精辟解读，并以历史的纵深与当代政治、经济、文化景观相结合的视角，对人文精神助力湾区创新发展做出深入阐述。他特别指出，粤港澳大湾区是国家的一个战略布局，香港特区政府首次提出共建"香港北部都会区"发展策略构想，在空间观念及策略思维上跨越了港深两地行政界限，带来空前的机遇。同时，湾区人文建设要尊重文化的多样性，将岭南文化的存量、新型文化的增量多维度、多层次地融入内容丰富的当代湾区人文形态中。国际中国哲学学会创会会长、美国夏威夷大学哲学系终身教授成中英先生在题为《湾区人文精神价值的建立及引领》的演讲中认为，粤港澳大湾区有丰富的历史、经济、文化资源，融合力、适应力很强，粤港澳大湾区的经济发展世人瞩目，尤其需要人文的支持，人文是人之存在的目的所在。中国社科院哲学所党委书记王立胜研究员在以《从中国道路看"儒家传统—共产主义"文明新形态》为题的演讲中指出，由中国道路所引领的人类文明新形态生长于中华文明的传统之上，同时又具有新型的、现代化的表达方式；马克思主义与儒家传统在中国式现代化新兴道路的发展过程中，在更为广泛的价值追求层面产生了深刻的共鸣。山东行政学院原党委书记、山东省委党校儒学研究中心主任孙炬教授在《关于重塑中国新经学的几点思考——纪念饶宗颐大师首倡重塑中国新经学 20周年》的报告中，系统阐释了饶宗颐先生的新经学构想，并在此基础上从经学史、思想史和哲学史的角度分析了中国经学的历史演变，呈现了他对"新经学"架构体系的新思考。

中华美学学会会长、深圳大学美文院院长、深圳大学特聘教授高建平从"人文地理学"的学术视角切入，强调湾区人文应该凝结为中国乃至世界文化网络上的结点，以其特质形成向周边区域的文化辐射。中国工程院院士、香港大学原副校长李焯芬教授以饶宗颐先生编写《潮州志》为典范，认为《香港地方志》的编写将为香港文化的发展提供"存史""自治""教化""研究"等重要助力。中国社会科学院哲学所副所长单继刚研究员以李小龙融合中西文化哲学的个案为例，强调中学与西学区分的相对性，对体用、道术的辩证互为做出新解，指出随着中西融合的深入将会产生全新的文化表现。

日本福冈国际大学国际交流学院院长海村惟一教授结合《两界书》的日文翻译，对《两界书》中的"六合思想"之于当下湾区人文建设的启发意义做出了富有学理的阐释。深圳大学马克思主义学院院长傅鹤鸣教授在发言中分析了文化知识的不确定性与文化建设所面对的困难，提出了大湾区文化建设的思路。深圳大学印度研究中心主任郁龙余教授强调了大湾区的建设不但不能离开深圳乃至广东的历史积淀，还应该借鉴丝绸之路历史的经验。福建师范大学中文系欧明俊教授在发言中提到，要将湾区精神上升到国家战略，要和内地文明形成合力。法国阿尔多瓦大学李晓红副教授谈到，要加强中外文化的交流，促进湾区的人文发展，取长补短才能共建人类文明共同体。深圳大学城市文化研究所所长吴俊忠教授认为，特区精神是中华精神的文化重要组成部分，也是湾区人文图景当中的一个突出亮点，应成为大湾区文化的引导力。

深圳大学人文学院执行院长沈金浩教授、深圳大学美学与文艺批评研究院副院长李健教授、深圳大学人文学院党委书记问永宁教授、《深圳大学学报》常务副主编董世峰教授、深圳大学人文学院江玉琴教授也分别以《清代的反鸦片诗》《中国传统文化与湾区人文精神》《清末深圳地区基督教时新小说》《湾区的数字风险及伦理问题》《论湾区人文建设中科幻的作用》为题做了精彩的主题发言。《江淮论坛》副主编张亨明教授、《南昌大学学报》副主编周子翼教授等参加论坛并做了精彩点评。

刘洪一教授对会议做了简要的闭幕总结，他认为本次会议主题鲜明，体现了时代命题和现实要求；学术观点具有前瞻性，体现了一定的历史深度与理论高度；研究方法跨界整合，是新文科建设的一次有益实践；会议传承了论坛高端化、国际化的办会特色，深圳大学联袂中国社会科学院世界文明比较研究中心共同举办本届论坛，开辟了"饶宗颐文化论坛"的新格局；会议论题极其重要，许多方面要真正破题尚待继续努力。

边界的意义：跨学科跨文化的理论与实践

——第四届深圳大学"饶宗颐文化论坛"综述

深圳大学　王顺然

2022 年 12 月 2 日，第四届深圳大学"饶宗颐文化论坛"在深圳改革开放干部学院举行。此次论坛由深圳大学和中国社会科学院世界文明比较研究中心联合主办，深圳大学饶宗颐文化研究院承办，来自中国内地及中国香港、美国等地各高校和机构共计七十余位专家学者、文化机构负责人，通过线上线下结合的方式，围绕"边界的意义：跨学科跨文化的理论与实践"的会议主题展开深入而富有成效的研讨。

深圳大学副校长徐晨、中国社会科学院哲学所党委书记王立胜代表主办方致欢迎辞，并就论坛宗旨、主题意义等方面做了介绍，指出近年来跨学科研究成为我国乃至世界学术发展的重要趋势，跨文化研究在构建人类命运共同体的时代背景下也被赋予崭新内涵；以历史和发展的眼光辩证地看待不同学科、异质文化的边界与超越、界限与融合，探讨跨学科跨文化研究的内在机理和创新实践，是时代的重大课题；同时，在深圳建设中国特色社会主义先行示范区的历史节点，湾区的人文建设及其精神特质，必将发挥不可替代的引领作用。深圳市委宣传部二级巡视员韩望喜代表市委宣传部致辞，对"饶宗颐文化论坛"国际化、高端化、前瞻性的学术品格，以及此次论坛主题的理论与现实意义给予充分肯定。深圳市社会科学院院长吴定海、饶学联汇创会会长饶清芬致辞祝贺。开幕式由深圳大学马克思主义学院院长傅鹤鸣主持。

　　联合国教科文组织"孔子奖章"获得者、国家文化艺术智库特聘专家王京生以《人类文明新形态与城市文明典范》为题发表主旨演讲，从对人类文明新形态的理解和认识、城市文明典范是人类文明新形态的集中体现、围绕"五个典范"筑牢城市文明典范根基三个方面加以深入阐释。他认为"人类文明新形态"是中华文明和中华文化创造发展的结果，是与世界文明互鉴的结果，是"五大文明"协调发展的结果，是我们党执政理念探索和实践的结果，是科技创新发展、文化创意繁荣的结果。他指出，将底蕴薄弱的文化产业做成深圳市的战略新兴产业和支柱产业十分不易；筑牢城市文明典范根基，对深圳先行示范区建设而言是重大课题和艰巨任务。深圳的城市文明典范建设，要成为文化创造性转化和创新性发展的典范，成为世界城市文明互鉴交流的典范，继续成为文明城市创建的典范，成为以人民为中心、实现全过程人民民主的典范，成为科技创新创意发展的典范。

　　国际中国哲学学会创会会长、美国夏威夷大学哲学系终身教授成中英在题为《区域分野与跨界整合》的主旨演讲中，通过分析"宇宙自然与世界的区域分野""区域分野与边界问题""中西界限的同异"等问题详述了"界限"的哲学意涵，他认为"静中有动，静极而动"是一个基本的宇宙规则。基本秩序来自差别性的建立与区域分野，因此也就有所谓边界的概念。一个事物不可能和另外一个事物完全等同，除非有更高一个层次来进行差异的整合，把两个不同的领域融合为一或建立两者之间的沟通关系，使界限和限制成为相对的存在。哲学的起源从某种意义上说，就是认清界限，掌握区域与层次，建立沟通关系和可能的整合与认同。成中英教授从希腊哲学、西方上帝观与老子、《易经》、《论语》及儒家生命哲学等的相互比较中，揭示了中西古典哲学的基本差异，并指出西方的"存在本体二元主义"在今天仍然让人感觉到一种存在的焦虑，如何找到一个统合二元差异的终极本体根源，把一个外在超越的二元世界纳入一个内在的本体活动范围之中，中国哲学的"本体一元主义"和中国哲学的包含性与跨越性，为解决"界限的不可跨越与可跨越"问题提供了方向和可能。成中英还对当代中西哲学中的一些谬误与贡献做出了具体的评析。

　　全国政协委员、中国出版集团党组成员于殿利以《学术创新，贵在方法》为题，从学术本体的角度讨论跨学科研究方法论问题。他认为现代科学最重要的方法就是学科的划分，因为分类而产生了知识，不同学科沿着自己的轨道前行，给人们提供了更深入、更透彻地认识世界、理解世界的机会和途径。然而学科成于专，亦受制于专。一门学科只提供一种研究范式和一种研究目标，而事物是多元性和复杂性的存在。同时，知识具有互释特性，学科内部的知识需要通过另一个学科的术语或概念来解释。既然不同学科的知识经常是缠绕在一起的，那么，跨学科研究方法的运用就是必要的，且一定是实现学术创新、获得新知的重要途径。

中国社会科学院哲学所副所长、《哲学动态》杂志主编单继刚在题为《翻译伦理：忠实是义务吗？》的主旨演讲中，通过生动地举例，提出"背叛如果导致善的结果，忠实地翻译是否还是译者应该坚守的义务"这一问题。他认为，无论是认识论的层面，还是价值论层面，翻译是否应该忠实于原义的问题都需要被反思。事实上，是否把忠实当成翻译的标准，或应当履行的道德义务并不重要，因为在认识论意义上忠实翻译不容易做到；而在政治和意识形态意义，以及更宽泛的价值意义上，忠实翻译更没有做到的必要性。同时，如果从翻译对于文化发展的促进作用来看，翻译要忠实的对象、忠实的内容是什么，才是首要思考的问题。一部作品，对于源语言的读者和经翻译后所面对的目标语言读者，其内涵价值是不一样的。我们要对翻译价值的理解进行一种哥白尼式的转化，要在文化交流的视域下重新理解翻译的有效性，不是译文围着原文，而是原文围着译文来转，服务于特定的目标或者方案。如果转换的合理性得到辩护，那么伪翻译也不再是一个道德难题。

中国人民大学哲学院院长臧峰宇以"问题意识"引导的比较哲学研究入手，发表题为《文化的实践转化与文明新形态的实践创造》的主旨演讲。他讲到，比较哲学并不是将不同哲学传统中的概念、范畴和价值进行无目的的类比，而是具有明确的问题意识，是研究者在时代语境中对于传统问题的再发现。比较哲学固然在一定程度上存在着一种不可议或者不可通约的问题，但比较双方相互的理解和对话是一种实际的需要，这种需要就促使具体概念和学术问题的兼容性、通约性成为一种共同的研究对象。他进一步指出，今天面对深刻复杂的全球性问题和中国问题，我们既要保持传统的优势，又要超出传统思维的框架，要在世界语境中理解地方性知识。通过彼此理解和现实的关照，将一种地方性的知识上升为共有的知识，以思想的内在活力对于影响人类生活的若干新兴领域的现象做出一种哲学的诊断。在这个意义上比较哲学研究需要展现一种高阶状态，以此来提升中西哲学互鉴和会通的层次。

在题为《跨界、交叉与融入——作为方法论路径的跨学科研究》的主题演讲中，南方科技大学人文社会科学学院院长、讲席教授陈跃红通过例举近年来做跨文化研究所面临的实际问题，以方法学为切入，引入对跨学科跨文化研究的学科壁垒、跨学科准入条件的讨论。他谈到，学科具有自身的知识结构、认知模式和方法体制，这些就是一个学科的核心结构，用学科专业的视野认识世界、认识事物和处理现象就建立起学科的边界，这个边界也就是"专业的壁垒"。可以说，学科的准入条件就是它的边界、它的壁垒。而现在，单向度"跨学科"的问题比较突出，即用你所在的学科去孤立地研究别的学科看似共有的问题。单向度"跨学科"导致了自说自话的困境；真正的跨学科，首先要求研究者达到跨学科的准入门槛，利用学科交叉思路，建立以问题意识为中心的研究，再以多向度跨学科方法路径进入目标问题，构成一个多学科会诊模式。

复旦大学国家文化创新研究中心主任孟建提出"超学科"概念。在《超学科：关于人类文明形态研究的若干思考》的主题演讲中，他认为从学科建设到学术研究，如果要在跨学科的基础上上一个大的台阶，只有"超学科"才能满足当前我们时代对学术发展的要求。他讲到，如何研究人类文明新形态，是放在我们人文哲学社会科学工作者面前的重大课题。以往研究所用的方法多为历史学方法、考古学方法、文化人类学方法、文化社会学方法。这些研究的好处是方法论比较明确，专业性很强。但这样一来，各自的研究方法对文明形态这样一个重大问题缺乏统观的视野，缺乏系统的方法，便难以实现重大的研究突破。从单学科到多学科，从多学科到大学科显然是研究方法的不断结合提升。当发展到超学科阶段，允许不同的学科在研究当中汇流激荡，实现临界的突破，这样产生的成果才是最有可能获得新意的。

中国工程院院士、香港大学原副校长李焯芬以《跨文化交流与互鉴》为题，从西方文明互鉴的历史中发掘跨文化交流的深层意涵。他讲到，历史上跨文化交流互鉴的最早典型是古埃及与古希腊。公元前1世纪，古埃及代表着地中海沿岸最先进的文明，古希腊学者便到古埃及留学学习，希腊著名的历史学家希罗多德，以及一些著名的希腊科学家，包括泰勒斯、毕达哥拉斯、柏拉图等都去过古埃及学习，并在学习中获得超越而创造了古希腊文化。到公元9世纪阿拉伯帝国兴起，阿拔斯王朝也非常重视文化交流，这使得中世纪伊斯兰哲学家、科学家辈出。欧洲学者认为，欧洲现代文明、现代科学的产生，包括文艺复兴、宗教改革、科学革命、启蒙运动与工业革命，直接受益于当时伊斯兰文化的传播，受益于文明、文化的互鉴。反观中国，我们自古也有文明互鉴的传统，历史上的丝绸之路便是典型代表。习近平总书记指出："文明因多样而交流，因交流而互鉴，因互鉴而发展。"可以说，文明的硕果无一不是在交流激荡中产生，文化交流与借鉴是文明发展的动力之源。

美国叶史瓦大学伯纳德·雷夫研究院副院长孔慕仁（Cohen）发表题为《古代犹太圣人以斯拉与孔子之比较》的主题演讲。他认为，生活在政治混乱时代的孔子，以礼崩乐坏作为社会问题的根本，终其一生宣扬周礼，并向人们阐释传统礼乐文化所蕴含的价值观。而每个文明在发展过程中都会出现这样的人物，比如《圣经》记载的拉比以斯拉（Ezra）也是这种孔子式的人物，他在文化危难之际，为所有人宣读传统律法的故事，以此重塑其文化传统的内在秩序。

在上午最后一场主旨演讲中，深圳大学饶宗颐文化研究院院长、文科资深教授刘洪一以《边界的意义与跨学科跨文化的底层逻辑》为题指出，边界通常被视为空间范畴，但在实际的思想认知中表述了界限（bounds）、差异（difference）、领域（kingdom）等的存在论本体意义，揭示出差异是世界的本质，界限是万物的根据；同时还表述了界分（distinguish）、界定（define）、限定（restrict）等的认识论工具意义，对事物的属性数量加以义界测度。学科是对学问（事物）的分科研究工具，研究"有"的一部分；跨学科旨在克服边界壁垒和学科的程式化、游戏化，从逻辑根基出发，以界为元工具建构起新的认知范式和认知工具，目的是达致对事物本原本性的接近。文化是由一系列层级不同的秩序体系构成，而价值是文化运行的核心，跨文化的本质是对差异的文化秩序、价值级序的联结，包括文化秩序的差异并存、兼容互补、采借演化，以及价值界阈的排他、纠缠、交换和动态平衡等，其中价值评判（价值估定，valuation）、价值观缓冲和思想的通约起着重要作用。面对文化的复杂系统和不同学科的子系统，在信息海量增长、价值急遽叠变的条件下，旧的认知工具显然不够用了，时代不仅呼唤新的知识范式，更呼唤新的思想工具，呼唤建立有效的差异文化共处与交流机制。

论坛期间，各位专家学者围绕"跨学科与学术创新""跨文化与人类文明新形态""湾区人文的特质与使命"等论坛分议题，结合各自最新研究，从哲学、文化学、政治学、经济学、社会学、史学、文学、人文地理、物理学等不同角度，打破学科界限、运用跨学科视野与方法，展开了广泛深入的研讨。

南方科技大学社会科学高等研究院院长、讲席教授周永明在题为《河流水道研究与"路学"的拓展》的演讲中阐释了"路学"的概念。他认为路学是对道路与人、社会和环境复杂关系的跨学科或者多学科的研究。通过多视角的学科介入，来考察研究对象给不同的社会面或者自然社会带来的变化和影响，这种影响可以是正面的也可以是负面的。可以说，"路学"是跨学科研究很好的样本与示范。美国得克萨斯大学达拉斯分校人文艺术学院顾明栋教授发言认为，传统儒家的"内圣外王"在当代的社会生活中或已失去了政治哲学理论的价值，但在处理个人和社会的关系方面，仍然具有一定的精神意义和伦理价值，以现代思想资源充实这一古典思想，可以重新构建合乎时代需要的"内圣外王"之道。中国人民大学哲学院特聘教授、哲学与认知科学跨学科平台首席专家朱锐聚焦"生命的边界"，他从马图拉纳的生命哲学入手，认为生命是一个认知过程，而整个生命的环境或者生命的世界，都是通过界或区分去定义生命。认知有一个进化过程，这种进化过程就是区分发展、扩展的过程。区分变得越来越高级，生命也越来越高级。界定是一个动态的概念。生命点自组织性带来了生命的一般性，而生命在历史过程中不断区分、不断自我界定的认知过程是生命的特殊性。中国人民大学哲学院温海明教授则以卫礼贤的周易翻译为例，谈及跨文化传播意义。他谈到，《周易》在西方的广泛传播，得益于卫礼贤对《周易》的细致翻译，千方百计地将中国哲学意识的核心内容传递给西方人，让中华民族之外的世界人民感悟易道的至大精微。同时，在翻译的过程中，他从一个译者变成了易经文本和智慧的共同创作者，并提醒我们华夏民族重新虚心地领会易道，让古老智慧再次焕发新的生机。这种文化传播的双向作用力，也是一个值得注意的现象。美国人类学会会员王海龙认为，通过分析中西人类学思想渊源，可以让我们更好地理解中国古代思想家在人类学领域里的思考和贡献，并在国际人类学研究中呈现出中国思想家对人类学问题学术思考的特质。南方科技大学人文社会科学中心副教授张晓芳以经济物理学在中国的理论创新为例，谈及在"边界"的探索中实现学科的交叉与融合，并认为可以将"边界"转化为"交界"而寻找跨学科研究的落脚点，以此推进新工科、新理科建设，比如用复杂物理学的理论来解决经济学面临的问题，这是经济学领域也是物理学领域的一个新的发展方向。

来自主办方深圳大学的专家学者，也为此次论坛贡献了精彩发言。印度研究中心主任郁龙余教授从"中西印三通"的治学实践出发，谈及"北季（羡林）南饶（宗颐）"的跨学科、跨文化研究治学方法。他认为，文化通过交流互鉴，使自身文化基因与"外来文化的摩擦、搏击、竞争、交流、融合"，就在这种"边际效应"中推动文化不断发展进步，显现出"边界的意义"。城市文化研究所所长吴俊忠教授长期关注深圳城市文明发展，他谈到深圳人文特质在改革开放的历史进程中逐渐形成，这是粤港澳大湾区人文特质的独特体现。"创新求变、开放包容"的特质显示出深圳城市文化的高品位和城市文明的独特性，为创建城市文明典范奠定了坚实的基础。广东技术师范大学原校长郭杰教授通过观察古代选本的多重社会作用，展示了对于具体问题如何实现跨学科的研究。他认为，经典是民族文化的根脉，经典的权威性既植根于代代相传的连续性，又植根于涵盖广泛的社会认同性，这里就体现了文化秩序的生成逻辑。《深圳大学学报》常务副主编董世峰教授从伦理学的角度聚焦"三次分配"问题，他认为三次分配本质上是伦理学问题，初次分配和再次分配有着分配原则上的伦理缺陷，单一以"能者多劳多得"为分配原则，容易忽略弱势起点不公平以及劳动过程的不公平，造成了贫富悬殊加大，而三次分配实现财富分享原则，缩小贫富差距，有利于实现社会和谐稳定。人文学院江玉琴教授从跨学科视角，重新审视中国海洋科幻文学的发展，认为海洋科幻文学走向世界的过程也是人类海洋扩张的过程，应该把握深圳创建全球海洋城市的机遇，将海洋科幻文学的发展融入这个浪潮之中。

另外，深圳大学社会科学学院原院长徐海波、深圳市社科院任珺研究员等参加论坛并做了精彩点评。深圳大学饶宗颐文化研究院青年学者、博士生等也参加了此次论坛，并在论坛主旨讨论环节向各位专家提问请教，现场学术氛围热烈。

闭幕式上，刘洪一教授对此次论坛做了简要总结，他认为本次论坛主题鲜明，体现了时代命题和现实要求，对跨学科、跨文化的底层逻辑进行了理论深化和实践创新，对建设人类文明新形态的内涵、意义、要求、路径等进行了深入阐释，并对湾区人文精神的特质和实现进行了新的探索，论坛展示了与会学者的最新思想成果，体现了前沿化、高端化、前瞻性的学术特点。

图书在版编目（CIP）数据

边界的意义：饶宗颐文化论坛文集：2021—2022 /
刘洪一主编 . — 北京：商务印书馆，2023
ISBN 978-7-100-22711-7

Ⅰ．①边… Ⅱ．①刘… Ⅲ．①社会科学－文集 Ⅳ.
① C53

中国国家版本馆 CIP 数据核字（2023）第 127849 号

边界的意义
——饶宗颐文化论坛文集（2021—2022）
刘洪一　主编

商 务 印 书 馆 出 版
（北京王府井大街 36 号　邮政编码 100710）
商 务 印 书 馆 发 行
艺堂印刷（天津）有限公司印刷
ISBN　978-7-100-22711-7

2023 年 8 月第 1 版　　　开本 710×1000　1/16
2023 年 8 月第 1 次印刷　　印张 16¾
定价：85.00 元